U0902440

■ 河南师范大学学术专著出版基金资助

移风易俗与秦汉社会

YIFENG YISU YU QINHAN SHEHUI

贺科伟 著

中国社会科学出版社

图书在版编目（CIP）数据

移风易俗与秦汉社会／贺科伟著．—北京：中国社会科学出版社，2014.8（2017.5 重印）

ISBN 978-7-5161-4651-4

Ⅰ．①移…　Ⅱ．①贺…　Ⅲ．①移风易俗-社会制度-研究-中国-秦汉时代　Ⅳ．①D691.9

中国版本图书馆 CIP 数据核字（2014）第 186050 号

出 版 人　赵剑英
责任编辑　王半牧
责任校对　李小冰
责任印制　李寡寡

出　　版　中国社会科学出版社
社　　址　北京鼓楼西大街甲 158 号
邮　　编　100720
网　　址　http：//www.csspw.cn
发 行 部　010-84083685
门 市 部　010-84029450
经　　销　新华书店及其他书店

印刷装订　北京市兴怀印刷厂
版　　次　2014 年 8 月第 1 版
印　　次　2017 年 5 月第 2 次印刷

开　　本　710×1000　1/16
印　　张　14.75
插　　页　2
字　　数　245 千字
定　　价　45.00 元

序

贺科伟毕业四年了，前两年虽也来过武汉，但未单独交谈。最近一次见面时间长一点，听他讲述几年来的工作和学习，甚为欣慰。听的过程中我感到有不少亮点：比如他讲工作中如何调动和发挥他人的积极性，这是学习和工作中最主要的一条；又比如他对自己学习和研究领域情况的掌握和分析，不仅熟悉而且有自己的见解，这是学术研究中不可或缺的一条。我看到贺科伟成长了，逐渐成熟了，所以非常欣慰。

现在即将出版的博士论文，让我看看他的修改稿。我翻看一下后，也很高兴。几年前的东西，看起来仍不失新鲜感。本来，经过认真研究、深思熟虑写出来的东西，是不会过时的，贺科伟这部即将出的书稿也是如此。“移风易俗”确实是一个关系思想文化、社会生活乃至国家政治的问题，历史的研究必然给人们以许多启发。秦汉时期移风易俗问题引起学者们的广泛关注，成为学术讨论的重要对象。秦汉时期的统治者，为实现“行同伦”、“六合同风，九州共贯”的理想，构建了一系列的制度在社会的各个层面积极推行移风易俗，通过统一的国家机器通过儒学教化、舆论批判、法律控制等手段对风俗进行干预和引导，利用风俗的强大规范性和约束力，潜移默化的对社会进行着控制，成为礼制、法律、行政控制手段之外的另一种社会秩序维护力量。贺科伟通过梳理秦汉时期移风易俗思想的发展脉络及特点，探讨秦汉时期移风易俗制度的构建及其对社会的塑造和影响，揭示了移风易俗在秦汉政治生活和社会控制中的重要作用。

这本书虽然只是讲的秦汉时期的“移风易俗”，同样也是有启发意义的。贺科伟的书稿是在史料拓展和研究视角上下过一些功夫的，思路清晰，条理清楚，是一本有参考价值的书籍。

我还听到贺科伟关于秦汉史研究、图书馆学研究的一些很好的想法，我想将会很快看到他各方面更多更好的成果。

熊铁基

2013 年 5 月 4 日

中文摘要

秦汉时期移风易俗问题引起学者们的广泛关注，成为学术讨论的重要对象。秦汉统治者认为统一的王朝需要统一的风俗，并构建了一系列的制度积极推行移风易俗，希望借此达到天下风俗齐同的效果。本文旨在通过梳理秦汉时期移风易俗思想的发展脉络及特点，探讨秦汉时期移风易俗制度的构建及其对社会的塑造和影响，揭示移风易俗在秦汉政治生活和社会控制中的重要作用。

秦汉移风易俗思想的历史嬗变。秦统一天下后，在法家统治思想的影响下，形成了“以法治俗”的移风易俗思想。到了汉初经济凋敝，统治者选择了黄老道家思想作为统治意识形态进行“无为而治”，以陆贾、《淮南子》等为代表的汉初黄老道家主张通过无为、“因”、“顺”、“从其俗”，进而提出“以道齐俗”的主张。到了西汉中期，武帝采纳了董仲舒“罢黜百家，独尊儒术”的主张，确立了儒家思想为维护封建统治秩序的基本纲纪。汉初黄老道家“以道齐俗”的移风易俗思想被儒家“以礼易俗”的移风易俗思想所取代，封建统治者开始强调通过教化“整齐风俗”，注重以经治国，以礼易俗，欲将一切风俗习惯纳入儒家的道德规范之中，并形成“六合同风”的局面。

秦汉移风易俗制度的构建。秦始皇在“以法治俗”的移风易俗思想指导下制定了一系列的制度整饬风俗，以立法的形式清除恶俗，并通过“吏”的师教把严密的法令和封建伦理秩序推行到秦朝的社会基层，以求实现对各地风俗的整齐。到了汉代儒学独尊地位确立以后，统治者积极推行“以礼易俗”，在中央设置司徒掌管教化，同时中央还派遣风俗巡行使者巡行四方观览各地风俗，敦促各地风俗美善；并对地方各级行政长官的道德教化、美善习俗作了规定；在基层设置三老、孝、悌、力田等专职督导教化、垂范乡里、敦厚风化。

秦汉移风易俗的社会实践。秦汉政府在施政的过程中积极推行移风易俗，利用统一的国家机器行政力量干预社会风俗的走向，把上层文化中的礼制贯彻到基层社会中，从诞育到丧葬的人生礼仪风俗的塑造，到信仰风俗的移易及社会风气的扭转等诸多层面的社会风俗整合。“以礼易俗”的移风易俗思想在大一统的局面下被确定为官方意识形态，通过儒家教化实现风俗整齐，对于汉代乃至整个封建时代社会秩序的稳定发挥了重要的作用。

移风易俗与秦汉社会控制。俗而礼，礼而俗，进而由“礼”而“法”的发展过程。以礼化俗，礼不断渗透、制约和整合着俗。法也在社会实践中不断改造和约束着俗的发展，俗在礼和法的双重影响和约束下前行，调控着民间社会秩序。儒学被确立为统治意识形态之后，汉代统治者在“以礼易俗”的移风易俗思想指导下，把儒家伦理纲常观念灌输到基层社会之中，并形成良风美俗，以其强大的力量规范和调节着人们的行为方式，使人们去自觉维护和遵守封建王朝的统治秩序。随着儒家学说不断的社会化，儒家价值观念不断向社会的纵深处渗透，“以礼易俗”成为后世封建统治者遵循的重要治国理念。

关键词：秦汉；移风易俗；思想；制度；实践；社会控制

目　录

绪　论

一　选题缘起及意义

“风俗”是历代相沿积久成习的风尚、习俗，[①] 指一定地域的人们的共同心理素质的长期积淀；“移风易俗”：移、易：改变，改换；即转移风气，改变习俗。风俗作为一种社会软控制手段，通过人们的习惯对社会的控制作用，规范着社会成员的价值观和行为方式。由于风俗关乎社会之治乱、国家之兴衰，历代思想家和统治者都十分重视移风易俗。据《孝经》记载，孔子提出了“移风易俗，莫善于乐”[②] 的命题，说明孔子在当时的年代里就较深刻认识到了“移风易俗”的重大意义；荀子对社会风气的作用非常重视，在《荀子·王制》中把“广教化，美风俗”[③] 看作是诸侯的重要任务之一；《礼记·乐记》提出：“移风易俗，天下皆宁”；[④] 移风易俗成为“战国中期以后发展出来的政治共同理想”。[⑤] 到了秦汉时期，移风易俗问题引起士人知识分子的广泛关注，更是把风俗的移易与国家的治乱兴衰相联系，贾山说：“风行俗成，万世之基定。”[⑥] 崔寔说：“夫风俗者，国之脉诊也。”[⑦] 应劭更是

---

① 《辞海》：上海辞书出版社 1989 年版，第 1726 页。

② 《孝经注疏·广要道章》（清）阮元校刻：《十三经注疏》，中华书局 1957 年版，第 113 页。

③ （清）王先谦：《荀子集解》，中华书局 1988 年版，第 170 页。

④ 《礼记正义·乐记》（清）阮元校刻：《十三经注疏》，中华书局 1957 年版，第 1632 页。

⑤ 徐复观：《两汉思想史》，华东师范大学出版社 2001 年版，第 171 页。

⑥ 《汉书·贾山传》（汉）班固：《汉书》，中华书局 1962 年版，第 2336 页。

⑦ 《全后汉文》卷 46（清）严可均辑：《全上古三代秦汉三国六朝文》，中华书局 1958 年版，第 722 页。

在《风俗通义》中指出："为政之要，辩风正俗最其上。"[1] 秦汉统治者认为统一的王朝需要统一的风俗，希望通过移风易俗达到天下风俗齐同的效果，以此建立起统一的文化秩序。终军指出："夫天命初定，万事草创，及臻六合同风，九州共贯，必待明圣润色，祖业传于无穷。"[2] 王吉认为："《春秋》所以大一统者，六合同风，九州共贯也。"[3] 秦汉时期的统治者，为实现"行同伦"、"六合同风，九州共贯"的理想，构建了一系列制度在社会的各个层面积极推行移风易俗，通过统一的国家机器通过儒学教化、舆论批判、法律控制等手段对风俗进行干预和引导，利用风俗的强大规范性和约束力，潜移默化的对社会进行着控制，成为礼制、法律、行政控制手段之外的另一种社会秩序维护力量。因此，选择秦汉移风易俗问题进行研究具有以下三个层面的意义：

（一）从思想史的角度探讨秦汉移风易俗思想的历史嬗变，有助于拓宽秦汉思想史及学术史的研究

风俗在人们的社会生活中具有重要影响，关系到国家的治乱兴衰，引起秦汉学者们的广泛关注，并根据不同的政治、经济、思想文化形势的变化，对移风易俗提出自己的观点，以满足时代的需要，移风易俗思想在秦汉历史的每个发展阶段都会打上不同的时代烙印，不同学术流派的学者对移风易俗提出了各自不同的整齐方法，移风易俗成为学术探讨的重要对象，形成了秦代"以法治俗"到汉初黄老"以道齐俗"再到儒家"以礼易俗"的移风易俗思想的历史嬗变。

把秦汉时期移风易俗思想研究放置于整个秦汉学术史的大框架内进行探讨，显示出学术的整体关联，凸显秦汉学术内在的逻辑联系性。先秦诸子百家"争鸣"，甚至水火不容，但诸子的言论和思想，又你中有我，我中有你。这种学术思想的趋同与整合在秦汉时期愈来愈明显，汉代出现了以黄老为特色的道家思想，"其为术也，因阴阳之大顺，采

---

① 《风俗通义校注·序》（汉）应劭撰、王利器校注：《风俗通义校注》，中华书局 1981 年版，第 8 页。

② 《汉书·终军传》，第 2816 页。

③ 《汉书·王吉传》，第 3063 页。

儒、墨之善，撮名、法之要”，[①] 以及经过叔孙通、公孙弘和董仲舒发展的汉代儒家学说，理论上继承了先秦儒家学说，以从政、为政为主要目标，大量吸收和运用阴阳五行学说，兼采各家思想，构造儒家思想的新体系，这些是学术思想整合的突出表现和结果。而秦汉学者对移风易俗思想的认识和主张在这种学术的整合和趋同中产生了新的变化，反映了秦汉学术思想的发展趋势。把“移风易俗”作为秦汉思想史研究的对象，拓展了思想史研究领域，通过对秦汉学者关于移风易俗问题著述的系统整理和研究，来探讨秦汉移风易俗思想的嬗变轨迹，为秦汉思想史研究提供了一个新的视角。

（二）从制度史的角度探讨秦汉政府在移风易俗制度上的构建，有助于拓展秦汉制度史的横向研究

一定的统治理念须通过理念制度化，将自己外化为具体的制度形式从而获得实现，秦汉移风易俗思想在现实中要维护统治付诸于实践，就必须有一套行之有效的制度。秦汉时期是封建统一帝国时代的开端，在国家制度建设上具有开创奠基的意义。秦汉时期为推行移风易俗建立了一套行之有效的制度对后世影响深远，梳理清楚秦汉移风易俗制度及体系，有助于我们了解秦汉统治者对社会的控制手段，更好的理解秦汉时期移风易俗制度构建作为中国历代封建王朝推行移风易俗制度源头的重要意义。

从秦代“以吏为师”、“以法为教”进行行风俗整饬，到汉代循吏到三老竭力推行教化，秦汉时期执政者为推行移风易俗，建立了从中央到地方的移风易俗制度，特别是汉代的遣派“风俗巡行使”以观四方风俗的制度。汉武帝派遣“风俗使”巡行郡国，元狩六年诏曰：“今遣博士大等六人分循行天下，存问鳏寡废疾，无以自振业者贷与之。谕三老孝弟以为民师，举独行之君子，征诣行在所。……祥问隐处亡位及冤失职，奸猾为害，野荒治苛者，举奏。郡国有所以为便者。上丞相、御史以闻。”[②] 汉代的风俗巡行使不仅考察吏治得失，察举俊贤，存问耆老鳏寡、赈灾济贫，在很大程度上成为地方监察制度的重要补充。这种

---

① 《史记·太史公自序》（汉）司马迁：《史记》，中华书局1959年版，第3289页。

② 《汉书·武帝纪》，第180页。

源于三代周秦之制的风俗巡行使制度，在两汉时地位和作用已发生了变化，其在汉代政治生活中有着重要的地位和作用。

对于循吏、三老、孝、悌、力田风俗教化的研究学界已有探讨，但对于汉代“风俗巡行使”制度及其作用等方面的研究还有不足，如“风俗巡行使”性质、人员组成、职能分工，特别是“风俗巡行使”以中央特使的身份巡行四方时，有时兼有监察的职能，这与作为监察制度出现的州刺史之间的关系，以及与地方长吏之间的关系等，有待进一步对比考察，深入研究有助于拓展秦汉制度史的横向研究。

（三）从社会史的角度探讨秦汉移风易俗在实践中对社会的渗透及对社会的塑造和影响，有助于清晰理解移风易俗在秦汉政治和社会生活中的重要作用

思想作为时代精神的升华，往往通过诸多具体制度的形式反作用于社会。“风俗并不只是社会的产物，它也塑造和影响着社会。”① 秦汉时期是我国封建中央集权制度确立的时期，统一国家的建设，必然促成文化的融合与统一。这一时期，在“大一统”思想的指导之下，基本确立了中国文化的稳定结构与格局，风俗作为文化中的重要内容，其演进趋势也呈现出融合统一特点。秦汉移风易俗思想在大一统的局面下被确定为官方意识形态，在具体的社会实践中就是要实现其最终目标——整齐风俗，并在实践中不断社会化。统一的国家机器干预风俗走向，力图使之符合政治和意识形态，借此进一步维护大一统中央集权的政治体制。秦汉时期移风易俗的实践涉及社会各个层面，从诞育到丧葬的人生礼仪风俗的塑造，到淫祀巫风的禁绝及社会风气的变迁等，以其强大的力量规范和调节着人们的行为方式，潜移默化地对社会进行着控制。通过对秦汉时期移风易俗在社会各个层面的实践研究，有助于理解移风易俗在秦汉王朝政治生活和社会控制中的重要作用。

综上所述，“风俗作为一种文化现象，相对法律与政令等强制性控制，风俗是一种潜移默化的社会控制手段，是一种软性控制。”② 正是看到风俗的这种社会控制的功能可以为巩固封建统治服务，秦汉学者们

---

① 彭卫、杨振红：《中国风俗通史》（秦汉卷），上海文艺出版社 2002 年版，第 24 页。

② 彭卫、杨振红：《中国风俗通史》（秦汉卷），第 17 页。

著书立说阐发自己的移风易俗思想。秦汉执政者从巩固王朝统治的目的出发，制定了一系列移风易俗制度，并通过整齐风俗为其统治服务。对秦汉时期移风易俗思想进行研究，有助于拓展秦汉思想史与学术史的研究领域，秦汉移风易俗思想的嬗变正反映了秦汉学术思想的发展轨迹；而对于秦汉推行移风易俗的制度构建和社会的实践研究，有助于拓展秦汉制度史的横向研究，更好的理解移风易俗在秦汉政治和社会生活中的重要地位。

二　学术前史的回顾与分析

“为政之要，辩风正俗最其上”的移风易俗思想对后世影响深远，为历代执政者重视，而历代有识之士更是把移风易俗作为学术对象加以研究，并把移风易俗放置于兴国安邦的地位进行讨论。明末清初著名学者顾炎武在其《日知录》中就已关注秦汉移风易俗问题，专设“周末风俗”、“秦纪会稽山刻石”、“两汉风俗”等条目，认为：风俗乃天下大事，关系到国家命运，并特别赞赏东汉风俗之美，是三代以来所未曾有。20世纪以后，秦汉风俗及其相关问题已引起了海内外学者的广泛关注，迄今已取得了可喜的研究成果，一批文献资料、论著和论文相继出版和发表，从各个方面展开了论述。

（一）秦汉风俗史研究

1. 中国风俗史研究中的秦汉风俗史研究

1949年前的中国风俗史著述中的秦汉风俗研究，首先张亮采《中国风俗史》（团结出版社2005年版）是中国近代第一部风俗史学术专著，其中“驳杂时代”一章专门研究秦汉风俗。杨树达《汉代婚丧礼俗考》（上海古籍出版社2000年版）；瞿兑之《汉代风俗制度史前编》（上海文艺出版社影印本1991年版）；瞿宣颖《中国社会史料丛钞》（商务印书馆1937年版）；尚秉和《历代社会风俗事物考》（商务印书馆1938年版）等多注重历代风俗史料的收集，为秦汉风俗史的研究奠定了史料基础。

改革开放以后，新时期的民俗学和史学工作者，从民俗学的角度入手，研究中国古代民俗理论，如乌丙安《中国民俗学》（辽宁大学出版社1985年出版）；张紫晨《中国民俗与民俗学》（浙江人民出版社1985

年版）及《中国民俗学史》（吉林文史出版社1993年版）；王文宝《中国民俗学发展史》（辽宁大学出版社1987年版）及《中国民俗学史》（巴蜀书社1995年版）和《中国民俗研究史》（黑龙江人民出版社2003年版）等，这些著述注意风俗史料的搜集，都涉及秦汉风俗的内容，但对移风易俗思想的关注不够。

20世纪80年代以后，一系列的中国风俗史著作面世，极大地拓宽了秦汉风俗史的研究视野。韩养民、张来斌《秦汉风俗》（陕西人民出版社1987年版）该书叙述并分析了秦汉时代的服饰、饮食、婚俗、葬俗、礼俗的渊源、演变和发展状况；岳庆平《中国秦汉习俗史》（人民出版社1994年版）从服饰、饮食、居住、交通、婚姻和丧葬等六个方面，介绍和分析秦汉时期的习俗渊源、特点和发展状况；徐杰舜、周耀明《汉族风俗文化史纲》（广西人民出版社2001年版）及在此书基础上徐杰舜、万建中、周耀明等《汉族风俗史》（学林出版社2004年版）是系统地研究汉族风俗的形成、发展和变迁历史的专著，注重汉族风俗学学术史的研究，在《汉族风俗史》第二卷《秦汉·魏晋南北朝汉族风俗》关于秦汉时期风俗文化的论述中，就提到初露端倪的风俗学理论著作《史记》、《汉书·地理志》、《风俗通义》、《论衡》等，其所列秦汉有关风俗及其风俗学的著作，提供了一条清晰的研究移风易俗思想学术史的历史线索，但对于秦汉移风易俗思想只是简单罗列，并未深入分析；彭卫、杨振红《中国风俗通史》（秦汉卷）（上海文艺出版社2002年版）可以说是秦汉风俗史研究的里程碑，力图突破前人，采用历史文献与考古出土相互结合“二重证”的研究方法，对秦汉风俗进行了系统的研究，并对秦汉时期风俗的基本特征及其演变规律作了深入的探讨；钟敬文主编，萧放副主编《中国民俗史》（人民出版社2008年版）以民俗学理论为基础，采用文献、考古、田野调查等研究方法，对中国民俗的起源与发展作了动态的、多角度的系统描述与分析，使长期被忽视的中国民众生活史得到了全面而深刻的展现。研究时限上自先秦、下迄民国，其中由郭必恒等著的汉魏卷，按照物质民俗、社会民俗、精神民俗三个部分进行叙述，对秦汉民众生活史与风俗史进行了系统研究。

由上我们可以看出，中国风俗史中有关秦汉风俗史的研究主要是对秦汉风俗本身的研究，而对于秦汉时期的移风易俗思想论述十分简略，而且很少涉及秦汉移风易俗对社会的塑造和影响的研究。

2. 秦汉史论著中涉及秦汉风俗问题的研究

林剑鸣等《秦汉社会文明》（西北大学出版社 1985 年版）在丰富的文献、考古和文物资料的基础上，将秦汉时代文明的几个方面进行研究，包括秦汉农业、手工业、服饰、饮食、居住、交通出行、信仰、婚俗、葬俗等涉及了诸多秦汉风俗问题；谢国桢《两汉社会生活概述》（陕西人民出版社 1985 年版）；孙机《汉代物质文化资料图说》（文物出版社 1991 年版）该书结合出土文物，详细介绍了汉代农业、手工业的成就，书中附有上千幅汉代文物图样，丰富了秦汉风俗研究的史料内容；袁济喜《两汉精神世界》（中国人民大学出版社 1994 年版）中《伦理的塑造》一章中提出“汉代统治者和士人极为敏锐的看到，人是推动历史发展、创造现实世界的主体，对人的问题的探讨，是建立官方意识形态、巩固社会秩序的根本。要在一个幅员广阔、人口众多的国家施政治民，关键在于兴礼作乐，移风易俗”。[①] 韩养民《秦汉文化史》（人民教育出版社 1996 年版）中专设“风俗”一章对秦汉时期的服饰、饮食、葬俗、节俗、婚俗、礼俗等诸多方面进行考察。周振鹤《中国历史文化区域研究》（复旦大学出版社 1997 年版）从历史地理学的角度入手对秦汉风俗区域进行划分；王子今《秦汉区域文化史》（四川人民出版社 1998 年版）；黄留珠主编《周秦汉唐文明》（陕西人民出版社 1999 年版）也都涉及秦汉风俗的描述。龚鹏程《汉代思潮》（商务印书馆 2005 年版）中的第三章《风俗美善的追求》特别强调汉人重视风俗问题；熊铁基《秦汉文化史》（东方出版中心 2007 年版）书中专用一章讨论“礼仪与风俗”，虽篇幅不大，但其从思想史、学术史的高度，审视秦汉时期的风俗观，并分学术流派进行研究，强调儒、墨、道、法各家在“一风俗”和“移风易俗”问题上的不同主张，用简要的笔墨勾勒出秦汉风俗思想发展的主要脉络。

（二）秦汉移风易俗思想的研究

近年来学者们越来越关注到移风易俗在秦汉政治生活中的重要作

① 袁济喜：《两汉精神世界》，中国人民大学出版社 1994 年版，第 67 页。

用，移风易俗作为社会控制的重要手段对社会有着重要的影响。

从移风易俗角度入手进行研究的专篇论文主要有：李福泉《儒法并用　移风易俗——论秦始皇礼俗改革》（《秦文化论丛》第二辑）；臧知非《周秦风俗的认同与冲突——秦始皇“匡饬异俗”探论》（《秦文化论丛》第十辑）；孙家州、郐文玲《汉代士人“移风易俗”理论的构架及影响》（《中州学刊》1997年第4期）指出，汉代士人多以“移风易俗”作为探讨风俗的出发点和归宿点，在探讨风俗的社会作用、风俗的成因以及批判统治集团的腐朽奢侈、虚伪贪婪及社会上的各种腐风陋习，寻求变风易俗、佐治国家的有效途径的基础上，形成了系统的“移风易俗”理论；牟发松《从“移风易俗”看秦汉对地方社会的控制》（《社会·历史·文献——传统中国研究国际学术讨论会论文集》2006年）；党超《“齐整风俗”：汉王朝对社会文化的软控制》（《河北学刊》2007年第5期）一文指出：“两汉时期，齐整风俗则成为朝廷实践行政理念的一种重要手段。”等等。

关注秦汉风俗思想、风俗观念的文章主要有：丁毅华《“习俗恶薄”之忧，“化成俗定”之求——西汉有识之士对社会风气问题的忧愤和对策》（《华中师范大学学报》1987年第4期）、《〈淮南子〉的风俗论》（《学术月刊》1991年第6期）；戴黍《试论〈淮南子〉对“法”、“德”、“风俗”的糅合》（《伦理学研究》2007年2期）；陈华文、俞樟华《司马迁的民俗观》（《民俗研究》1991年第1期）；党超《论班固的风俗观》（《南都学坛》2004年第6期）；史树青《从〈风俗通义〉看汉代的礼俗》（《史学月刊》1981年第4期）；张汉东《〈风俗通义〉的民俗学价值》（《民俗研究》2000年第2期）；陈新岗《两汉诸子论风俗》（《民俗研究》2005第2期）认为，作为两汉思想家代表的诸子从理论上深刻论述了风俗的形成、演进、功能，并对两汉社会发展产生了重大影响，其文分西汉初期、西汉中后期、东汉三个部分来论述两汉诸子风俗观，提出了秦汉风俗思想发展的基本脉络，但论述不够深入。

值得关注的是党超在其博士学位论文《两汉风俗观念的政治文化考察》（北京师范大学，2008届博士学位论文）中对史料的发掘、钩沉、排列、比较，探索和发现两汉风俗观念发生、发展、嬗变、消亡的规律，以两汉诸子和政府对风俗的关注为中心，对两汉风俗观念作整体研究，分析其随统治思想的变迁而演变的趋势和特点，并进一步探讨两汉风俗观念与政治文化的密切关系。作者以政治文化为中心分析探讨了两汉风俗观念在政府统治思想变迁中的演进轨迹，可以说是两汉风俗思想的纵向研究跨出了重大的一步，对于本选题的写作有借鉴意义。当然该文也有不足之处，该文用一章的篇幅探讨两汉风俗观念的演进轨迹，但把秦与两汉割裂开来进行研究有欠妥当，秦汉作为中国封建社会“大一统”的开端，其风俗思想的嬗变也是不可以割裂的，应做一时代整体看其流变过程；另外，该文侧重于探讨风俗观念与政治文化的关系，而对风俗观念对社会各个层面的渗透及对社会的塑造和影响研究还有不足。

以上秦汉风俗观、风俗思想的相关研究各有长处，对本选题的研究有一定的借鉴作用，但又都有不足之处，或宽泛而不深刻，或只选取个案进行研究，秦汉移风易俗思想的研究还有待于进一步深化。

（三）秦汉移风易俗制度的研究

关于秦代移风易俗制度学界已有所关注。如前面所引李福泉《儒法并用　移风易俗——论秦始皇礼俗改革》（《秦文化论丛》第二辑）；臧知非《周秦风俗的认同与冲突——秦始皇“匡饬异俗”探论》（《秦文化论丛》第十辑）；［日］工藤元男，莫枯译《云梦秦简〈日书〉所见法与习俗》（《考古与文物》1993 年第 5 期）；杨瑾《移风易俗对秦文化变革的影响》（《西安财经学院学报》2008 年第 1 期）等，由于史料的限制，秦代的移风易俗制度研究尚显不足。

两汉时期，上到中央政府下到循吏和乡里三老、孝、悌、力田都在极力推行教化以美化风俗，这也被学界广泛关注，关于循吏及乡里、孝、悌、力田风俗教化的文章探讨已十分充分，在这里不一一综述。而作为汉代移风易俗制度典型出现的汉代风俗巡行使者（即“风俗使”）的研究并不多，如葛志毅《西汉遣使巡行制度及其担负的社会政治功能》（葛志毅《先秦两汉的制度与文化》，黑龙江教育出版社 1998 年版）；陈成军《试谈西汉巡行使者的职能和作用》（《中国历史博物馆馆刊》2000 年 1 期）；吴海燕、范志军《两汉“风俗使”演变及职能初探》（《河南师范大学学报》2002 年第 3 期）该文对两汉“风俗使”的制度来源、职能、人员构成及作用意义作了分析探讨；刘太祥《试论秦汉行政巡视制度》(《郑州大学学报》(哲社版) 2004 年 5 期); 廖伯源在其《使者与官制演变——秦汉皇帝使者考论》(文津出版社 2006 年版) 对秦汉时期使者的职能、特征、权限、演变等进行了全面的考证，但文中并未对汉代风俗巡行使者进行专门研究; 张强、杨颖《两汉循行制度考述》(《南京师大学报》(社科版) 2008 年 3 期); 夏增民《遣使巡行制度与汉代儒学传播》(《华中科技大学学报》2008 年 4 期) 等，这些文章对汉代风俗巡行使者制度从不同的角度进行了阐述，但对这一制度的横向考察还有待深入。

(四) 秦汉移风易俗社会实践及相关问题研究

秦汉大一统局面必然要求文化上的统一，秦汉时期移风易俗的社会实践渗透到秦汉基层社会的方方面面。本文只将论文涉及的一些相关秦汉移风易俗社会实践层面的问题作一综述。

1. 关于秦汉家庭教化问题的研究

胡青《试论汉代的家庭家族教育》(《秦汉史论丛》第六辑，江西人民出版社 1994 年版); 胡宝国《汉代的家学》(《中国古史论丛——祝贺胡如雷教授七十寿辰》，河北教育出版社 1995 年版); 岳庆平 (《汉代家庭与家族》，大象出版社 1997 年版); 王文涛《汉代家庭教育管见》(《河北师范大学学报》(教育科学版) 1999 年第 3 期); 马镛《中国家庭教育史》(湖南教育出版社 1997 年版); 郝建平《论汉代的家庭教育》(《中国社会历史评论》2004 年第 2 辑); 范嘉茹《两汉家庭教育》(河北大学，2006 届硕士学位论文); 李建业《孝与汉代家庭教育》(《东岳论丛》2007 年第 3 期); 陈超凡《汉代士人家庭教育研究》(福建师范大学，2008 届硕士学位论文) 等。上述研究著作，对秦汉时期的家庭教育的形式、内容、特点以及作用和地位多有论述，但对秦汉家庭教育在基层社会中所起到的移风易俗作用涉及较少，有待深入研究。

2. 关于汉代学校教育问题的研究

学界关于汉代学校教育问题除各类教育史、秦汉史、秦汉文化史等多有涉及，专门对汉代学校教育进行研究的论著研究成果丰厚，如晋文《以经治国与汉代教育》(《徐州师范学院学报》(哲社版) 1991 年第 4 期); 郝建平《论汉代教育对社会的影响》(《阴山学刊》1993 年第 3

期)；董继辉《汉代教育评述》(《重庆师院学报》(哲社版) 1993 年第 3 期)；张涛《经学与汉代教育》(《历史教学》1997 年第 2 期)；周永卫《两汉教育的发展历程及其特点》(《唐都学刊》2000 年第 1 期)；肖世民《论汉代学校教育》(《唐都学刊》2002 年第 2 期)；姜维公《汉代学制研究》(文史出版社 2005 年版)；陈东原《汉代之官学》(《学风》1934 年四卷 3 期)；［日］远藤佑子《关于汉代地方官学的政治机能》(《立命馆史学》14，1993 年)；毛礼锐《汉代太学考略》(《北京师范大学学报》1962 年第 4 期)；丘菊贤《东汉太学概论》(《中州学刊》1985 年第 4 期)；黄宛峰《汉代的太学生与政治》(《南都学坛》1996 年第 2 期)；秦彦士《汉代太学的考证与批判》(《四川师范大学》1997 年第 2 期)；高慧斌《汉代太学考略》(吉林大学，2002 年硕士学士论文)；范正娥《两汉太学研究》(华中师范大学，2004 届硕士学位论文)；朱子方《汉代私学之盛衰及其学风》(《东方杂志》第 43 卷第 9 期)、张鹤泉《东汉时代的私学》(《秦汉史论丛》第 5 辑)；刘良群《论汉代的私学》(《争鸣》1992 年第 5 期)；李军《论秦汉时期的私学》(《上海社会科学学院学术季刊》1993 年第 3 期)；梁嘉顺《中国私学的发展与反思》(《学术问题研究》2006 年第 1 期)；李辉《试论汉代私学教育的作用》(《长春师范学院学报》2002 年第 3 期)；刘变丽《两汉的私学教育及影响》(南京师范大学，2007 届硕士学位论文)等。汉代学校是秦汉推行移风易俗的主要途径，从移风易俗的角度考察汉代学校推行教化的范围、影响及效果，学界研究尚显不足。

3. 关于秦汉生子不举风俗的研究

吴小强《试论秦人婚姻家庭生育观念》(《中国史研究》1989 年第 3 期)利用湖北云梦睡虎地秦简《日书》的材料进行探讨，认为秦人中下层社会的婚姻家庭生育观念，既有秦楚文化交融的特点，又有与后世观念相通之处，并指出秦人生育观念不仅极为重视生育日期的选择，而且还具有朦胧的优生意识。李贞德《汉唐之间的生子不举问题》(《历史语言研究所集刊》66 本 3 分册，1995 年)；王子今《秦汉“生子不举”现象和弃婴故事》(《史学月刊》2007 年第 8 期)等，学界对秦汉生育风俗已有关注，但多是对生育风俗的现象进行的研究，而从移风易俗的角度对秦汉时期生子不举之风的控制和移易，探讨尚显不足。

4. 关于秦汉厚葬风俗与薄葬观的研究

关于秦汉葬俗的研究中厚葬风俗的研究：早在20世纪30年代杨树达《汉代丧葬制度考》（《清华学报》1932年第8卷）一文中就有论述；到20世纪八九十年代，随着考古学的发展，许多学者借助考古成果对秦汉葬俗研究日益深入，取得了许多可喜的成果。如韩养民《秦人葬俗探源》（《文史知识》1992年第6期）；李如森《汉代丧葬制度》（吉林大学出版社1995年版）、《汉代丧葬礼俗》（沈阳出版社2003年版）；韩国河的《秦汉魏晋丧葬制度研究》从考古学的角度，利用考古材料和传统文献相结合的方法，对秦汉、魏晋时期的丧葬制度进行系统、深入的研究。对秦汉丧葬风俗有涉及的著作还有：徐吉军《中国丧葬史》第四章《秦汉时期的丧葬》（江西高校出版社1998年版）；彭卫、杨振红《中国风俗通史·秦汉卷》第七章《丧葬风俗》（上海文艺出版社2002年版）；［韩］具圣姬《汉代人的死亡观》（民族出版社2003年版）；范志军《汉代丧礼研究》（郑州大学，2006年博士学位论文）等，这些著作对秦汉葬俗中厚葬风俗进行了有益的探索。

关于秦汉厚葬风俗与薄葬观研究的专篇论文：蒲慕州《汉代薄葬论的历史背景及其意义》（《历史语言研究所集刊》第61本，1980年）及其《墓葬与生死——中国古代宗教之省思》（中华书局2008年版）第八章汉代厚葬风气及其批评；龚国祥、张三夕《浅谈汉魏薄葬思想》（《武汉师范学院学报》（哲社版）1984年第6期）；段尔煜《两汉厚葬之风刍议》（《云南社会科学》1989年第1期）；陈江风《汉画像中的玉璧与丧葬观念》（《中原文物》1994年第4期）；黄宛峰《汉文帝并非薄葬》（《南都学坛》1995年第1期）；韩国河《论秦汉魏晋时期的厚葬与薄葬》（《郑州大学学报》（哲社版）1998年第5期）；徐国荣《东汉儒学名士薄葬之风和吊祭活动的文化蕴涵》（《东方论坛》2000年第4期）；王子今《霸陵薄葬辨疑》（《考古与文物》2002年第2期）；郝建平《论汉代厚葬之风》（《临沂师范学院学报》2007年第2期）等。

5. 关于秦汉淫祀问题的研究

学界关注秦汉淫祀问题的相关研究相对较少：李晓东、黄晓芬

《从日书看秦人鬼神观及秦文化特征》（《历史研究》1987 年第 4 期）；林富士《汉代的巫者》（稻香出版社（台北）1988 年版）；林剑鸣《会稽“淫风”考》（《历史研究》1995 年第 2 期）；孙家洲《汉代巫术风探幽》（《社会科学战线》1994 年第 5 期）；［韩］文镛盛《汉代巫觋的社会存在形态》（《北京师范大学学报》1999 年第 4 期）；［韩］具圣姬《汉代的鬼神观念与巫者的作用》（《史学集刊》2001 年第 2 期）；蒲慕州《追寻一己之福——中国古代的信仰世界》（上海古籍出版社 2007 年版）；宋燕鹏《两汉南北朝时期淫祀》（河北大学，2002 届硕士学位论文）中对汉代淫祀也有论述。以上论著多从淫祀的形成和表现加以考证，而对于秦汉时期淫祀风俗与政治之间的关系并没有过多的研究。

6. 关于秦汉世风问题的研究

涉及秦汉世风问题讨论：［日］狩野直喜著，梁韦弦译《两汉世风的差异》（《唐都学刊》1991 年第 1 期）；史建群《战国秦汉世风的区域性特征》（《中国史研究》1996 年第 2 期）；张强《汉高祖刘邦与西汉世风》（《陕西师范大学学报》（哲社版）1997 年第 3 期）；马新《人生哲理谣谚与两汉世风》（《民俗研究》2001 年第 1 期）；刘瑛《试论商品经济对两汉世风的影响》（《江西师范大学学报》（哲社版）2002 年第 2 期）；刘厚勤《儒学与汉代社会风气的嬗变》（《天府新论》2004 年第 1 期）；路海潮《儒学与西汉世风》（《唐都学刊》2004 年第 5 期）；郭炳洁《浅析西汉前期世风世俗化特征》（《哈尔滨学院学报》2006 年第 9 期）；郑玉东《两汉前期世风之比较》（《华北水利水电学院学报（社科版）》2007 年第 3 期）等，关于秦汉世风问题，学者们已从各个角度进行研究分析，而世风的变迁作为移风易俗的重要成果，对于检验秦汉时期移风易俗实践的效果有着重要意义，从这个意义上说，关于秦汉世风在移风易俗社会实践下的变迁有待深入探讨。

综上所述，关于秦汉移风易俗问题研究著作及论文成果颇丰，但总体上还是有不足的。首先，上述的研究成果把大部分的篇幅放在了秦汉风俗的具体内容上，而对秦汉时期移风易俗思想发展演变的研究存在不足，特别是很少在秦汉学术思想大背景下讨论秦汉时期移风易俗的思想嬗变。也就是说，从思想史的角度研究深度不够，对于移风易俗思想在秦汉的发展脉络没有一个清晰的认识。

其次，秦汉时期移风易俗是各级政府行政实践的重要内容，从秦代以法为教、以吏为师的以法治俗，再到汉代中央遣风俗巡行使观风及地方循吏、三老教民，可以说有一套完整的移风易俗制度。对秦汉移风易俗在制度层面的研究学界注意力多放在循吏、三老教化上，但对于汉代的风俗巡行使制度及其作用等方面的研究还存在不足。两汉朝廷通过派遣风俗巡行使者巡行四方观风纳谣和敦促教化来齐整风俗，以实现对社会控制。对于汉代这种派遣风俗巡行使制度的研究，学界虽有关注但还有待深入，特别是风俗巡行史在巡行四方的时候有时会兼有监察的职能，这与州刺史之间的关系，以及与地方长吏之间的关系等，有必要进行横向考察，以理清风俗巡行使在汉代官制中的职能和地位。

再次，秦汉执政者认为“移风易俗，天下皆宁”，并在日常执政中通过立法匡饬、推行教化等手段移风易俗进而渗透到社会的各个层面。学界以往关注的重点多在秦汉时期风俗的本身，而从社会史的角度研究移风易俗与秦汉政治统治之间的关联尚显不足。

最后，移风易俗作为一种潜移默化的社会控制手段为秦汉执政者所推崇，在秦汉统治思想发生了法、道、儒依次的意识形态转换的背景下，秦汉时期的移风易俗思想亦随之发生了转变，从秦代“以法治俗”到汉初黄老道家“以道齐俗”最终完成西汉中期儒家“以礼易俗”的历史嬗变。而在不同时代俗、礼、法三者之间的关系值得深入研究，如在秦代以法治国的背景下，推行法治与风俗教化的关系是怎样的？在儒家独尊地位确立以后礼法并用、引礼入法成为国家控制社会的主要手段，而儒家“以礼易俗”的努力更是渗透到社会的各个层面，并把礼的观念推广到了全社会，而此时的俗、礼、法之间的关系又是怎样？俗、礼和法都约束人的行为规范并被执政者作为统治手段所利用，但又有着完全不同的特点，俗、礼、法三者在国家对社会的控制和整合的作用及关系值得进一步深入研究。

三　研究目标、思路及研究方法

（一）研究目标及思路

本文旨在通过对秦汉移风易俗思想历史嬗变及制度与实践的考察，揭示秦汉时期移风易俗思想的发展脉络、特点及对秦汉社会的塑造和影响，以揭示移风易俗在秦汉政治、社会中的重要地位。主要从四个方面展开分析：秦汉移风易俗思想的历史嬗变；秦汉移风易俗制度构建；秦汉移风易俗的社会实践；移风易俗与秦汉社会控制。

第一章　主要探究秦汉移风易俗思想的历史嬗变。具体将从四个方面进行论述：第一，秦代法家移风易俗思想的执行——以法治俗；第二，汉初黄老思潮下的移风易俗思想——以道齐俗；第三，“儒家独尊”确立下的移风易俗思想——以礼易俗；第四，东汉中后期移风易俗思想对腐朽社会风气的批判。通过对秦汉社会和思想学术大背景下移风易俗思想的深入剖析，以求动态地描述秦汉移风易俗思想的历史嬗变过程。

第二章　主要讨论秦汉移风易俗制度层面的构建。首先，讨论秦代通过法律、制度移风易俗；然后，讨论汉代从中央到地方移风易俗制度，即从中央遣派风俗巡行使制度到地方循吏及三老、孝、悌、力田的乡里风俗教化制度。

第三章　秦汉政府推行移风易俗到社会各个层面，以其强大的力量，规范和调节着人们的行为方式，实现对基层社会的控制。从社会史的研究视角出发，选取有代表性的个案加以分析研究，第一，移风易俗社会实践的主要途径即家庭、学校的风俗教化；第二，移风易俗的基层社会实践以移风易俗对生育到丧葬的风气扭转为个案进行论述；第三，移风易俗在信仰风俗层面的控制——以淫祀之禁为例进行研究；第四，移风易俗的社会实践效果——以秦汉世风的转变为中心进行考察。

第四章　主要讨论移风易俗与秦汉社会控制之间的关系。具体通过讨论俗、礼、法三者之间的关系，来进一步揭示风俗的控制功能及移风易俗在秦汉社会秩序构建中的重要作用。考察在“为政之要，辩风正俗最其上也”的思想指导下，统一的国家机器通过儒学教化、舆论批判、法律控制等手段对风俗进行干预和引导，实现国家对基层社会的控制，维护大一统中央集权的政治体制的重要意义。

（二）研究方法

本文主要从传统文献考证出发与思想史、制度史、社会史及考古学、简牍学相结合的综合的研究方法，充分挖掘传统文献和出土文献，意图展现出秦汉移风易俗思想嬗变的历史脉络，并从制度史、社会史的角度探讨，秦汉移风易俗对秦汉基层社会的渗透和影响。

首先，秦汉移风易俗思想的研究作为思想史研究的一部分，以文献为基础展开本文研究。本书以秦汉时期对移风易俗提出代表性思想的传世文献为中心，结合秦汉时期的政治、思想、学术背景进行历史的分析，辨章学术，考镜源流，进而动态的考察秦汉移风易俗思想从法家“以法治俗”到黄老“以道齐俗”再到儒家“以礼易俗”的历史嬗变过程。

其次，本书采用纵向考察和横向比较（如汉代风俗巡行使与刺史监察制度的比较）的双重维度，并且将思想与制度结合分析，通过比较研究进一步解释秦汉移风易俗制度特点。

再次，利用社会史的分析方法，以移风易俗在社会实践个案进行分析，进而研究秦汉时期移风易俗思想在社会中的控制效果。把秦汉移风易俗思想置之于秦汉社会变迁的大背景中研究，探索俗与礼、法诸要素在秦汉社会控制中的角色关系，进一步凸显秦汉时期移风易俗的社会控制功能及意义。

四　重难点和创新点

（一）重点难点

本文重点解决的问题：

1. 从思想史、学术史的角度，动态地考察秦汉移风易俗思想从法家“以法治俗”到黄老道家“以道齐俗”再到儒家“以礼易俗”的历史嬗变过程。

2. 从制度史的角度纵向考察秦汉风俗制度发生、发展及其影响；并横向的考察风俗巡行使制度与刺史制度及地方长吏之间的关系。

3. 从社会史的角度入手，用个案分析的研究方法看秦汉移风易俗思想如何通过制度和实践渗透到社会的各个层面，并对基层社会进行控制。

本文的难点主要有以下几个方面：

第一，秦汉学者关于移风易俗多有关注，从陆贾、贾谊、贾山、《淮南子》、董仲舒、司马迁、班固、王充、王符、崔寔、荀悦、仲长统、应劭等，对移风易俗都提出了自己的观点，资料繁多，又涉及法家、黄老道家、儒家，学术思想背景及其相互关系、错综复杂，欲梳理出秦汉移风易俗思想嬗变轨迹难度较大。

第二，笔者欲从社会史的角度入手，研究秦汉移风易俗思想和制度如何渗透到社会风俗的各个层面，并对社会进行控制。但秦汉风俗内容包罗万象，纷繁复杂，就笔者目前的学术视野和研究能力而言，并不能穷尽秦汉长达四百余年的社会中所有风俗事象。如何选择有代表性的风俗内容作以个案分析，并将阐释秦汉移风易俗思想、制度与社会风俗变迁有机结合进行整体性研究是个难点。

第三，本书涉及多个学科的交叉，如思想史、学术史、制度史、社会史、法制史及考古学、简牍学、文献学等学科及相关研究方法，如何运用多学科交叉进行深入研究，这对笔者提出了重大的挑战。

（二）特色与创新之处

第一，史料上的拓展及延伸，本选题基于前四史等基本史料，以秦汉学者相关著述为中心，同时关注与选题相关的秦汉时期刻石、印章、简牍、瓦当及墓葬等考古材料。

第二，研究视角上的创新，以秦汉移风易俗问题为切入点，采用文献学与思想史、学术史相结合的研究方法，通过对传世文献梳理分析秦汉风俗思想的学术流变，即在秦汉统治思想发生了法、道、儒依次的意识形态转换，移风易俗思想亦随之发生了从秦代“以法治俗”到汉初黄老道家“以道齐俗”最终到西汉中期儒家“以礼易俗”的历史嬗变。把“移风易俗”作为秦汉思想史研究的对象，拓展了思想史研究领域，为秦汉思想史的研究提供了一个新的视角。

第三，从社会史的研究角度入手，以发展、运动的眼光审视研究对象，思想观念和学派本身多在历史发展的过程中，自身也在发生着变化，通过个案分析考察秦汉时期移风易俗的社会实践效果，并进一步揭示秦汉时期移风易俗在社会控制及国家统治政策中的重要地位。

第一章

秦汉移风易俗思想的历史嬗变

“风俗”一词很早就出现在先秦文献中，《荀子·强国》篇就有“入境，观其风俗”的记载。班固在《汉书·地理志》中给风俗定义为：“凡民函五常之性，而其刚柔缓急，音声不同，系水土之风气，故谓之风；好恶取舍，动静亡常，随君上之情欲，故谓之俗。”把由于自然环境条件不同而引发形成的习尚，称之为“风”；而由于社会环境、时代的变迁形成的习俗，称之为“俗”。应劭《风俗通义·序》说：“风者，天气有寒暖，地形有险易，水泉有美恶，草木有刚柔也。俗者，含血之类，像之而生，故言语歌讴异声，鼓舞动作殊形，或直，或邪，或善，或淫也。圣人作而均齐之，咸归于正。圣人废，则还其本俗。”① 认为“风”是指因水土、气候、物产等自然条件不同而形成的风尚，但已介入人的评判与感情。而“俗”是由社会生活条件不同而形成的各种社会趣味、情感、欲望与行为习惯等。风俗在人们的社会生活中具有重要影响，与国家的治乱兴衰息息相关。贾山说：“风行俗成，万世之基定。”② 崔寔说：“夫风俗者，国之脉诊也。”③ 应劭更是在《风俗通义》中指出：“为政之要，辩风正俗最其上。”④ 移风易俗问题引起秦汉学者的广泛关注，并根据不同的政治、经济、思想文化形势的变化，对风俗移易的必要性、可行性提出自己的观点，以满足时代

① 《风俗通义校注·序》，第 8 页。

② 《汉书·贾山传》，第 2336 页。

③ 《全后汉文》卷 46，第 722 页。

④ 《风俗通义校注·序》，第 8 页。

的需要，秦汉学者的移风易俗思想在秦汉历史的每个发展阶段都会打上不同的时代烙印，不同学术流派的学者对移风易俗提出了各自不同的整齐方法，形成了秦代“以法治俗”到汉初黄老“以道齐俗”再到儒家“以礼易俗”的移风易俗思想的历史嬗变。

第一节　秦代法家统治下的移风易俗思想——以法治俗

一　秦统一后整合区域文化的政治需求

公元前221年，秦国横扫六国，一统天下，并积极开疆拓土，北伐匈奴，南降百越，东击辽东，西南制服巴蜀、筰、夜郎、滇等族，把“东至海暨朝鲜，西至临洮、羌中，南至北向户，北据河为塞，并阴山至辽东”① 的广袤疆域统一于秦王朝政权之下，建立起空前统一的多民族封建中央集权国家，实行“海内为郡县，法令为一统”②，使“大一统”的理念转化成了客观的政治现实。

随着国家统一的实现，疆域不断的扩展，短期内通过军事手段完成了政治上的统一，但并没有改变春秋战国以来因各国经济文化发展不平衡及诸侯国之间的扩张兼并和融合中形成的具有不同地域特色的区域文化圈。班固在《汉书·地理志》中从当时地理区划、社会、风俗文化等角度把天下分成：秦地、魏地、周地、韩地、赵地、燕地、齐地、鲁地、宋地、卫地、楚地、吴地、粤地等十三个区域。③ 汉代许慎曾在《说文解字·叙》中生动的描述了当时各地风俗文化之间的迥异：“分为七国，田畴异亩，车涂异轨，律令异法，衣冠异制，言语异声，文字

---

① 《史记·秦始皇本纪》，第239页。

② 同上书，第235页。

③ 李学勤先生在其《东周与秦代文明》中提出“七个文化圈”：中原文化圈、北方文化圈、齐鲁文化圈、楚文化圈、吴越文化圈、巴蜀滇文化圈、秦文化圈。（《东周与秦代文明》，文物出版社1984年版，第11页。）王子今先生把秦汉分为十二个文化区（《秦汉区域文化研究》，四川人民出版社1998年版）。周振鹤先生在《中国历史文化区域研究》一书中，就试图从区域文化的角度，来揭示秦文化的特征及其与其他六国文化的差异（《中国历史文化区域研究》，复旦大学出版社1997年版，第282—294页）。

异形。"[①] 在《淮南子·览冥训》中也有相似的记载："七国异族，诸侯制法，各殊其俗。"[②] 秦国与东方各国之间在风俗文化等方面更有着较大差异。秦孝公以前，秦人僻在西陲与东方诸国交流有限，东方六国一直视秦为"夷翟"认为秦人野蛮，诈而无信，杂戎狄之俗。商鞅变法之后，东方六国更是视秦为虎狼。如苏秦游说楚威王："夫秦，虎狼之国也，有吞天下之心。"[③] 这种对秦文化的贬斥和歧视，正反映出了东方六国与秦之间的文化差异。秦在短期内以武力平定东方六国，"战胜而有其地，非其民倒戈也"。东方六国被秦灭国后，其对秦早已根深蒂固的风俗文化歧视并没有被消除，在秦统一后反而会更加抵触，"六国公族，散处闾巷之间，……欲复其宗庙，情也"。[④] 而"秦取天下多暴"，进一步加剧了民众敌视情绪，导致秦与东方各国之间文化堑壕进一步加深。

由此可见，在秦统一六国后，其建立的庞大而辽阔的疆域上虽然在军事上、制度上和经济上等物质层面完成了统一，但更深层次的文化心理方面的统一并不是一朝一夕通过强制手段能够完成的，秦始皇要文化上减少统一的离心因素，建立统一的新文化秩序，那么整合东方六国的风俗文化，将秦的风俗文化模式推广到六国，就成为一种势在必行的历史趋势。

二 以法治俗——秦代移风易俗思想的确立和发展

秦翦灭六国完成了政治统一，建立疆域空前庞大的封建集权帝国，秦始皇想使江山永固，将自己亲手打造的帝国基业千世万世延传下去，风俗文化整合必然提到议事日程。而这时，如何整合风俗文化，通过什么手段进行整合，其指导思想理论就变为一种极为迫切的需求。

---

① （汉）许慎撰，（清）段玉裁：《说文解字注》，上海古籍出版社 1981 年版，第 757 页。

② （汉）刘安等著，刘文典撰，冯逸、乔华点校：《淮南鸿烈集解》，中华书局 1989 年版，第 212 页。

③ 《史记·苏秦列传》，第 2261 页。

④ 北京师范大学中文系章太炎著作译注小组注：章太炎《秦政记》《秦献记》评注，北京人民出版社 1974 年版，第 9 页。

（一）以法为治的传统　以法治俗的前提

秦自孝公任用商鞅变法后，确立了秦“以法为教，以吏为师”[①] 的政治传统，其统治思想就为法家学说所占据，商鞅用法家治理秦国“以连什伍，设告坐之过”[②]；立法以威，“燔诗书而明法令；”“塞私门之请，而遂公家之劳，禁游宦之民，而显耕战之士。”[③] 并由此逐渐确立了封建君主专制，秦国也从西陲小国，而跃居为藐视群雄的一方霸主，法家学说就成为其克敌制胜的思想武器，并为秦后代统治者所秉承。

韩非反对“法先王”的复古思想，在新兴地主积极改革进取精神指导下，进一步发展和完善了前期法家的法治政治理论，提出“法”、“术”、“势”相结合的治国理论。主张取缔法家以外其他各家学说，“夫冰炭不同器而久，寒暑不兼时而至，杂反之学不两立而治。今兼听杂学缪行同异之辞，安得无乱乎？”[④] “事智者众则法败，用力者寡则国贫，此世之所以乱也。故明主之国无书简之文，以法为教；无先王之语，以吏为师；无私剑之捍，以斩首为勇。是境内之民，其言谈者必轨于法，动作者归之于功，为勇者尽之于军。是故无事则国富，有事则兵强，此之谓王资”。[⑤] 力主重罚严刑反对仁义，使民威刑而不敢作乱，“夫严刑者，民之所畏也；重罚者，民之所恶也。故圣人陈其所畏以禁其邪，设其所恶以防其奸，是以国安而暴乱不起。吾以是明仁义爱惠之不足用，而严刑重罚之可以治国也”。[⑥] 正是这套“以法为教，以吏为师”强化封建君主专制的理论，符合秦国法家治国统治思想的传统，迎合了嬴政强化君主集权的要求，适应了建立大一统封建君主集权的需要。嬴政亲政以后，非常赏识韩非的法家主张，在读过韩非的《孤愤》、《五蠹》等著作后发出：“嗟乎！寡人得见此人与之游，死不恨

① 陈奇猷校：《韩非子集释》，上海人民出版社 1974 年版，第 1067 页。
② 《韩非子集释·和氏》，第 239 页。
③ 同上。
④ 《韩非子集释·显学》，第 1085 页。
⑤ 《韩非子集释·五蠹》，第 1067 页。
⑥ 《韩非子集释·奸劫弑臣》，第 250 页。

矣!”[1] 的感慨。秦始皇在政治实践中更是忠实的执行着法家思想，按照韩非的法家理论设计制定并实施了一整套巩固封建中央集权的措施。

（二）儒家思想的潜行以法治俗得以执行

法家思想虽在秦孝公用商鞅变法后定为统治思想，但并不意味着别的学说完全禁绝，儒学在秦国未被完全排斥，较长的时间内还是有相当的影响力。早在秦穆公时，就“以诗书礼乐法度为政”。[2] 到秦昭王时，荀卿游历至秦，秦昭王曾召见荀子，荀子就向昭王宣传儒学的效果。秦昭王问荀子曰：“儒无益于人之国。”荀子曰：

> 儒者，法先王隆礼义，谨乎臣子而致贵其上者也。人主用之，则势在本朝而宜；不用，则退编百姓而悫；必为顺下矣。虽穷困冻馁，必不以邪道为贪。无置锥之地，而明于持社稷之大义。呜呼而莫之能应，然而通乎财万物，养百姓之经纪。势在人上，则王公之材也；在人下，则社稷之臣，国君之宝也；虽隐于穷阎漏屋，人莫不贵之，道诚存也。……儒者在本朝则美政，在下位则美俗。儒之为人下如是矣。王曰：“然则其为人上何如?”孙卿曰：“其为人上也，广大矣！志意定乎内，礼节修乎朝，法则度量正乎官，忠信爱利形乎下。行一不义，杀一无罪，而得天下，不为也。此君义信乎人矣，通于四海，则天下应之如欢。是何也？则贵名白而天下治也。故近者歌讴而乐之，远者竭蹶而趋之，四海之内若一家，通达之属莫不从服。夫是之谓人师。诗曰：‘自西自东，自南自北，无思不服。’此之谓也。夫其为人下也如彼，其为人上也如此，何谓其无益于人之国也!”昭王曰：“善!”[3]

经过荀子的讲解，秦昭王开始认识到儒家在治理国家中的作用，因而称“善”。

从出土文献材料来看，也有大量的例子证明儒家思想在秦的潜行。

---

① 《史记·韩非列传》，第2155页。

② 《史记·秦本纪》，第192页。

③ 《荀子集解》，第120页。

湖北云梦睡虎地秦墓竹简中《为吏之道》中有许多关于儒家加强伦理道德修养方面的内容。

戒之戒之，材（财）不可归；谨之谨之，谋不可遗；慎之慎之，言不可追；綦之綦之，食不可赏（偿）。术（怵）悐（惕）之心，不可（不）长。以此，为人君则鬼（怀），为人臣则忠，为人父则兹（慈），为人子则孝。能审此行，无官不治，无志不彻，为人上则明，为人下则圣。君鬼（怀）臣忠，父兹（慈）子孝，政之本殹（也）。志彻官治，上明下圣，治之纪殹（也）。①

吏有五善：一曰中（忠）信敬上，二曰精（清）廉毋谤，三曰举事审当，四曰喜为善行，五曰龚（恭）敬多让。五者毕至，必有大赏。②

君鬼（怀），臣忠，父兹（慈）子孝，政之本殹（也）；志彻官治，上明下圣，治之纪殹（也）。③

文中所载明显的反映了儒家思想的影响④，其中的“为人父则兹（慈），为人子则孝”、“君鬼（怀）臣忠，父兹（慈）子孝”、“忠信敬上”、“喜为善行”、“恭敬多让”，显然是受到了儒家伦理道德标准的影响。文中还提出了“施而喜之，敬而起之，惠以聚之，宽以治之，有严不治”⑤ 这与儒家行仁施义的思想基本相同。

出土的秦铜印也打上儒家道德修养的烙印，其中如“忠信”、“孝悌”、“仁士”、“交仁必可”、“相教”、“宜民和众”⑥ 等都反映了儒学

---

① 睡虎地秦墓竹简整理小组编：《睡虎地秦墓竹简》，文物出版社 1978 年版，第 285 页。

② 同上书，第 283 页。

③ 同上书，第 286 页。

④ 有学者认为《睡虎地秦墓竹简》中《为吏之道》的思想是儒法合流的反映。如高敏《秦简〈为吏之道〉中所反映的儒法合流倾向》，《云梦秦简初探》，河南人民出版社 1979 年版。

⑤ 《睡虎地秦墓竹简》，第 288 页。

⑥ 王辉在《〈秦出土文献编年〉续补（一）》中收录了战国晚期至秦代（下限前 206 年）的秦铜印。（《秦文化论丛》第 9 辑，西北大学出版社 2002 年版。）

思想观念在秦政治生活中的影响。

由此可见，儒学思想在秦并未被完全禁绝，儒学如一股潜流长期存在着，而且潜移默化的渗透到秦培养官吏的法律条规中，并付诸于秦的政治生活实践当中去。

秦在统一前后的政治文化环境较为宽松，注意笼络和吸收新征服地区的知识阶层来加入政权建设，“悉召文学方术士甚众，欲以兴太平”。[①] 进而达到巩固统一，稳定社会，维护统治秩序的目的。秦统治阶层为寻找适应大一统封建中央集权政治体制的指导思想，对战国时期的儒、法、阴阳、道、纵横、农家等思想学说也较为宽容，这在《吕氏春秋》的编纂上有明确的反映。秦相吕不韦“亦招致士，厚遇之，至食客三千人”[②] 编纂了这部兼儒墨、合名法，贯通阴阳五行之说的鸿篇巨制，整合诸子百家、兼收并蓄，欲博采众长建新说作为秦统一后的政治纲领、统治思想，为秦提供一个理想的治国方案和理论。《吕氏春秋》分为“八览、六论、十二纪”共二十六篇（篇又有若干子篇），兼采各家学说，儒、墨、道、法、阴阳五行、兵家、农家言均有反映。为此，后世将其学术归类出现了若干不同的见解。[③] 其实，我们不难看出，无论哪一种观点，都没有否认《吕氏春秋》的编纂受到了多种学派的影响和整合，这恰恰说明这一时期的文化环境相对宽松，除了秦主导政治统治思想的法家意外，其他的各家学说并未被灭除。而不管是哪种学术分派的学者都没有否定儒家思想对《吕氏春秋》的影响。如《吕氏春秋》吸收了儒家的“德治”、“礼治”、“仁爱”、“忠”、“孝”等理念，可见儒家思想在秦统一后依然存在影响。

秦在统一后面对东方六国在文化和风俗等方面与秦的巨大差异，开

---

① 《史记·秦始皇本纪》，第258页。

② 《史记·吕不韦列传》，第2510页。

③ 如《汉书·艺文志》称其为杂家；东汉高诱在《吕氏春秋序》中指出“此书所尚，以道德为标的，以无为为纲纪，以忠义为品式，以公方为检格”即以道德、无为的道家思想为主体；任继愈主编《中国哲学发展史》（牟钟鉴撰写《〈吕氏春秋〉——秦汉哲学史的开端》）中认为是秦汉道家思潮的开始；熊铁基认为：《吕氏春秋》是“新道家”（黄老学派）的最早代表作（熊铁基：《秦汉新道家》，上海人民出版社2001年版）；陈奇猷在《吕氏春秋校释》中说《吕氏春秋》的指导思想是阴阳家，其书的重点也是阴阳家说。（陈奇猷：《吕氏春秋校释》，学林出版社1984年版）等，众多观点，莫衷一是。

始着手整饬各地风俗，在秦代整合风俗文化的过程中，试图用刑法以强硬的方式来匡饬异俗，并在一定程度上吸收了潜行的儒家思想中的孝悌仁义、礼义廉耻等伦理道德教化，与法令结合来端正各地的陈规陋俗，进而维护君臣尊卑等级秩序，规范道德行为，实现“车同轨，书同文，行同伦”良风美俗的目的。有学者指出，“秦始皇在礼仪习俗上的改革，透露出其坚持以法家学说治国的同时，已经在悄悄地运用着儒家伦理学说的信息。”[①] 形成了秦代既强调“法度”又提倡“仁义”，即“以法治俗”的移风易俗指导思想。

泰山刻石也反映了，秦王朝把伦理道德教化变为法律条文，以法律的权威强迫推行移风易俗：

> 皇帝临位，作制明法，臣下修饬……诸产得宜，皆有法式，大义休明，垂于后世，顺承勿革。皇帝躬圣，既平天下，不懈于治。夙兴夜寐，建设长利，专隆教诲。训经宣达，远近毕理，咸承圣志。贵贱分明，男女礼顺，慎遵职事。昭隔内外，靡不清净。施于后嗣，化及无穷。遵奉遗诏，永承重戒。[②]

会稽石刻：

> 饰省宣义，有子而嫁，倍死不贞。防隔内外，禁止淫佚，男女絜诚。夫为寄豭，杀之无罪，男秉义程。妻为逃嫁，子不得母，咸化廉清。大治濯俗，天下承风，蒙被休经。皆遵度轨，和安敦勉，莫不顺令。黔首修絜，人乐同则，嘉保太平。后敬奉法，常治无极，舆舟不倾。[③]

琅琊台刻石：

① 李福泉：《论秦始皇礼俗改革》，《湖南师大社会科学学报》1993 年第 6 期。

② 《史记·秦始皇本纪》，第 243 页。

③ 同上。

> 端平法度，万物之纪。以明人事，合同父子。圣智仁义，显白道理。……匡饬异俗，陵水经地。……奸邪不容，皆务贞良。……端直敦忠，事业有常。①

芝罘刻石：

> 义诛信行，威燀旁达，莫不宾服。烹灭强暴，振救黔首，周定四极。普施明法，经纬天下，永为仪则。②

在各地刻石中强调“普施明法”、“端平法度”，用严厉的法律手段禁止男女关系紊乱所导致的淫逸风俗，同时宣扬仁义、敦忠、贞良进而端正风俗“经纬天下”，以达到和安敦勉，嘉保太平。

秦代以法治俗的移风易俗思想在出土简牍文献中已有反映，整饬风俗被立法并行成条文强制推行到基层社会之中，睡虎地云梦秦简中《语书》载秦始皇时期南郡郡守腾颁发的一篇文告中记载了，秦用法令刑法强迫铲除各地淫僻乡俗：

> 古者，民各有乡俗，其所利及好恶不同，或不便于民，害于邦。是以圣王作为法度，以矫端民心，去其邪避（僻），除其恶俗……今法律令已具矣，而吏民莫用，乡俗淫失（泆）之民不止，是即法（废）主之明法殹（也），而长邪避（僻）淫失（泆）之民，甚害于邦，不便于民。故腾为是而修法律令、田令及为间私方而下之，令吏明布，令吏民皆明智（知）之，毋巨（歫）于罪。③

秦代以法律手段整饬风俗，通过强制性手段维护君臣尊卑等级秩序，以达到“男乐其畴，女修其业，事各有序。惠被诸产，久并来田，

---

① 《史记·秦始皇本纪》，第245页。

② 同上书，第249页。

③ 《睡虎地秦墓竹简·语书》，第15页。

莫不安所”。[①] 的局面。明末清初大思想家顾炎武曾指出：“欲民之多，而不复禁其淫佚。传至六国之末，而其风犹在。故始皇为之厉禁，而特著于刻石之文。以此与灭六王并天下之事并提而论，且不著之于燕、齐，而独著之于越，然则秦之任州虽过，而其坊民正俗之意固未始异于三王也。”[②]

秦代用以法治俗的思想为指导，企图“匡饬异俗”进而整合各地风俗，希望能够整齐天下风俗，实现“大治濯俗，天下承风”[③] 的局面。但由于秦始皇后期的文化政策由原来比较开明转向极端，致使其用法过度，“严而少恩”、“仁义不施”，实行“焚书”、“坑儒”，片面使用法家学说，秦始皇“事皆决于法”，[④] 企图通过严酷法律手段以秦国文化来统一全国文化进行“匡饬异俗”，然而风俗文化传统的改变，仅仅凭靠法律和制度的强制手段来进行是不行的，更重要的是需要在文化上的认同，秦与东方六国的文化差异没有消除，百姓对统治者推行的风俗政策持疑惧态度，法律强制推行风俗的移易更加剧了这种敌视态度，秦帝国对“行同伦”的追求未能实现，反而加速了秦帝国的崩溃。

第二节 汉初黄老道家思潮下的移风易俗思想——以道齐俗

一 汉初困顿的社会现实与黄老道家学术思潮的发展

公元前221年，秦始皇“奋六世之余烈，振长策而御海内”，[⑤] 统一天下后，建立了第一个统一的封建王朝，结束了战国时代分裂战乱局面，本应治愈战争的创伤，与民休息，然而由于秦王朝“举措太众，

---

① 《史记·秦始皇本纪》，第252页。

② （清）黄汝成集释，顾炎武著：《日知录集释》，上海古籍出版社1985年版，第1008页。

③ 《史记·秦始皇本纪》，第243页。

④ 同上书，第237页。

⑤ （汉）贾谊撰，阎振益、钟夏校注：《新书校注》，中华书局2000年版，第7页。版本下同。

刑罚太极”[①] 造成赭衣塞路，囹圄满市的惨况；繁重的赋役、穷奢极欲、滥用民力，致使田园荒芜，饿殍遍地，怨声载道。到了二世更是变本加厉，《淮南子·兵略训》载：“二世皇帝，……然纵耳目之欲，穷侈靡之变，不顾百姓之饥寒穷匮也。兴万乘之驾，而作阿房之宫；发闾左之戍，收太半之赋，百姓之随逮肆刑，挽辂首路死者，一旦不知千万之数，天下敖然若焦热，倾然若苦烈。上下不相宁，吏民不相憀。”[②] 最终“一夫作难而七庙毁”，秦王朝被秦末农民大起义所摧毁。秦亡之后随之而来的楚汉战争，直到公元前 202 年汉高祖刘邦才陆续平定在反秦斗争中形成的各政治、军事集团，重新统一了中国，结束了大规模的战乱。

西汉初年，整个社会经济凋敝，满目疮痍，土地荒芜，人口锐减，百姓大量流亡，在籍民户仅存原有户籍的十分之二三，百姓痛苦不堪。《汉书·食货志》载：“汉兴，接秦之敝，诸侯并起，民失作业而大饥馑。凡米石五千，人相食，死者过半。高祖乃令民得卖子，就食蜀汉。天下既定，民亡盖臧。自天子不能具醇驷，而将相或乘牛车。”[③] 连续多年的战争，已使社会生产力受到了极度地破坏。因此，摆在汉朝统治者面前的首要任务，就是医治战争创伤，恢复和发展社会生产，稳定百姓生活，从而巩固新建立的汉王朝封建政权。正是汉初这种破败的社会局面，把黄老“清静无为”的思想作为其政治理论的指导思想也就成为必然。司马迁在《史记》中叙述黄老之学时或称道家，或称黄老，或称黄帝老子，它是先秦道家的一个流派，产生于战国中期，流行于汉初。它与老学既有联系又有区别，把《老子》作为其理论基础，经过稷下学派田骈、慎到、环渊、接子、宋钘、尹文等人的改造，同时吸收儒家、墨家、阴阳五行、名家、法家等各家思想，随着社会思想的发展逐渐形成了“黄老道德之术”。司马谈《论六家要旨》中用精炼的语言描写了其学术特征：

① （汉）陆贾著，王利器校注：《新语校注》，中华书局 1986 年版，第 62 页。

② 《淮南鸿烈集解·兵略训》，第 499 页。

③ 《汉书·食货志》，第 1127 页。

> 道家使人精神专一，动合无形，赡足万物。其为术也，因阴阳之大顺，采儒墨之善，撮名法之要，与时迁移，应物变化，立俗施事，无所不宜。①

汉初黄老之学已经摒弃了老子所主张的小国寡民、绝圣弃智的思想，既言无为，也言刑名，通过清静无为的途径达到天下大治的目的，通过无为而达到有为。班固更是直接指出了汉初黄老的思想本质，“知秉要执本，清虚以自守，卑弱以自持，此君人南面之术也”。②

汉初政治家面对社会和经济残破的现实，考虑到百姓普遍思定的社会心理，为了抚平严刑峻法和战争对百姓造成的创伤，汉初统治者选择了黄老无为思想作为治国理念，实践着“无为政治”，就是以道德为理论基础，为政必须“秉其要”、“修其本”，基本要求是“反于朴”、“达于道”，基本特点是“清静”、“自然”。“无为政治”的目的是“无为而无不为”，它既坚持“道德自然”、“贵因”、“贵柔”、“守雌节”等基本观念，又把仁、义、礼、法等思想纳入自己的体系范围。

汉初高层统治者推崇黄老思想，“君臣俱欲休息乎无为”。③ 而皇帝、后宫、诸侯王都研习《老子》，黄老思想得到充分的发展。惠帝刘盈和吕后将“无为而治”付诸实践，史称“惠帝垂拱”，高后“政不出房户”。④《史记·礼书》曰：“孝文即位，有司议欲定礼仪，孝文好道家之学，以为繁礼饰貌无益于治，故罢去之。”⑤ 东汉应劭《风俗通义·正失》云：“文帝本修黄、老之言，不甚好儒术，其治尚清静无为。”⑥ 由此可知，汉文帝是以黄老思想为指导的治国思想。窦太后及汉景帝以黄老思想治国，史籍也有所载，“及至孝景，不任儒者，而窦太后又好黄老之术，故诸博士具官待问，未有进者”。⑦ “窦太后好黄

① 《史记·太史公自序》，第3288页。
② 《汉书·艺文志》，第1732页。
③ 《史记·吕太后本纪》，第412页。
④ 同上书，第412页。
⑤ 《史记·礼书》，第1159页。
⑥ 《风俗通义校注·正失》，第114页。
⑦ 《史记·儒林列传》，第3117页。

帝、老子言，帝及太子诸窦不得不读《黄帝》、《老子》，尊其术”。[1] 窦太后立45年，历经文、景、武三个朝代，在她的影响和推动之下，“帝及太子诸窦不得不读《黄帝》、《老子》”，在此期间黄老道家思想确立了统治地位。

这股黄老思潮对汉初的权臣及学者影响是十分广泛的，且由他们把黄老无为而治的思想理念付诸于政治实践之中。《史记·曹相国世家》载，曹参为汉相国，实行清静无为的政策“其治要用黄老术”。[2]《汉书·曹参传》载他“择郡国吏长大，讷于文辞，谨厚长者，即召除为丞相史；吏言文刻深，欲务声名，辄斥去之”。[3] 司马迁盛赞说：“参为汉相国，清静极言合道。然百姓离秦之酷后，参与休息无为，故天下称其美矣”，“萧何为法，颟若画一，曹参代之，守而勿失。载其清静，民以宁一”。[4] 继曹参为丞相的陈平“少时本好黄帝、老子之术”。[5] 景帝、武帝时的汲黯，也善用黄老之术，“黯学黄、老之言，治官理民，好清静，择丞史而任之。其治，责大指而已，不苛小”。“岁余，东海大治。称之。……治务在无为而已，弘大体，不拘文法。”[6] 另一位重臣郑当时，“庄好黄、老之言，其慕长者如恐不见”。[7] 贤臣直不疑，“学《老子》言。其所临，为官如故，唯恐人知其为吏迹也。不好立名称，称为长者。”[8] 地方官吏田叔“学黄老术于乐钜公”。[9] 汉初“日者”司马季主，也习黄、老，“司马季主者，楚人也，卜于长安市东”。[10] 褚少孙补曰：“夫司马季主者，楚贤大夫，游学长安，通《易经》，术黄帝、老子，博闻远见。”[11]

---

① 《史记·外戚世家》，第1975页。
② 《史记·曹相国世家》，2029页。
③ 《汉书·曹参传》，第2019页。
④ 《史记·曹相国世家》，第2031页。
⑤ 《史记·陈丞相世家》，第2062页。
⑥ 《史记·汲郑列传》，第3105页。
⑦ 同上。
⑧ 《史记·万石张叔列传》，第2771页。
⑨ 《史记·田叔列传》，第1981页。
⑩ 《史记·日者列传》，第3215页。
⑪ 同上书，第3221页。

汉初黄老道家思想在上层统治和社会中影响深远，汉初学者正是在黄老道家潮流行下，结合当时的社会风俗流弊的现实提出了“以道齐俗”的移风易俗观点，以“道”为指导，来解决风俗易移问题，对各地风俗强调“因”顺自然，如《淮南子·齐俗训》整篇都在论述这个问题，“先王之法籍，非所作也，其所因也”。[①] “所以为法着，与化推移者也。”[②] “圣人之所以应时耦变，见形而施宜者也。”[③] “故行齐于俗，可随也；事周于能，易为也。矜伪以惑世，伉行以违众，圣人不以为民俗。”[④] 司马迁对“因”顺其俗是赞赏的，“俗之渐民久矣，虽户说以眇论，终不能化。故善者因之，其次利道之，其次教诲之，其次整齐之，最下者与之争”。[⑤]

二　陆贾“道莫大于无为”的移风易俗思想

陆贾（约前240—前170）生活于风云变幻的秦汉之际，“以客从高祖定天下，名为有口辩士，居左右，常使诸侯”。[⑥] 他亲历了从秦统一到崩溃再到西汉建立的历史过程，对秦帝国二世而亡有着切身的体会，陆贾对秦王朝的暴虐、繁奢的风气有十分深刻的认识：“秦始皇设刑罚，为车裂之诛，以敛奸邪，筑长城于戎境，以备胡、越，征大吞小，威震天下，将帅横行，以服外国，蒙恬讨乱于外，李斯治法于内，事逾烦天下逾乱，法逾滋而天下逾炽，兵马益设而敌人逾多。秦非不欲治也，然失之者，乃举措太众、刑罚太极故也。”[⑦] 正是秦王朝“以刑罚为巢”的暴虐统治方式；以及统治者穷奢极欲、滥用民力“事愈烦而天下愈乱”。秦始皇骄奢靡丽，“好作高台榭，广宫室，则天下豪富制屋宅者，莫不仿之，设房闼，备厩库，缮雕琢刻画之好，博玄黄琦玮

① 《淮南鸿烈集解·齐俗训》，第365页。

② 同上书，第361页。

③ 同上书，第360页。

④ 同上书，第347页。

⑤ 《史记·货殖列传》，第3253页。

⑥ 《史记·陆贾传列》，第2697页。

⑦ 《新语校注·无为》，第62页。

之色，以乱制度”。[①] 上行下效“天下豪富制屋宅者，莫不仿之”，打破维持正常统治秩序应有的淳朴民风。秦“以法治俗”的失败更是给汉初思想家以极大的警示，陆贾在黄老思想指导下，为稳定汉王朝的封建统治，美化社会风俗，稳定社会秩序，提出了一套以黄老“无为”思想为指导，用“仁义”为手段，以“至德”为目标的移风易俗思想。

（一）道莫大于无为，行莫大于谨敬

《新语·道基》就是“道是基础”的意思，陆贾从天、地、人三个方面论述了“道”的生成。“《传》曰：天生万物，以地养之，圣人成之，功德参合，而道术生焉。”[②] 陆贾认为“道”是天、地、人三者“参合”而生成的，天的作用是生，地的作用是养，人的作用在于以有为而成万物，完成天地自然的功德。这是老子“人法地，地法天，天法道，道法自然”思想的演进。陆贾认为，自然的“天”是不以人们意志为转移的客观存在：

> 故曰：张日月，列星辰，序四时，调阴阳，布气治性，次置五行，春生夏长，秋收冬藏，阳生雷电，阴成雪霜，养育群生，一茂一亡，润之以风雨，曝之以日光，温之以节气，降之以殒霜。……故知天者仰观天文，知地者俯察地理，跂行喘息，蜎飞蠕动之类，水生陆行，根著叶长之属，为宁其心而安其性，盖天地相承，气感相应而成者也。[③]
>
> 尧、舜不易日、月而兴，桀、纣不易星辰而亡，天道不改而人道易也。[④]

由此可知，“故世衰道亡，非天之所为也，乃国君者有所取之也”。[⑤] 因此，陆贾强调统治者必须遵循自然天道，不可偏离，应该“持天地之

① 《新语校注·无为》，第 67 页。

② 《新语校注·道基》，第 1 页。

③ 同上书，第 2 页。

④ 《新语校注·明诫》，第 152 页。

⑤ 同上书，第 155 页。

政，操四海之纲，屈伸不可以失度，动作不可以离道”。[①] 就是要掌握“无为”之道来统治天下，才能“虚无寂寞，通动无量”。[②]

陆贾的自然天道观，用来指导汉初政治，就形成了“无为”而治的思想。陆贾在《无为》开篇：“夫道莫大于无为，行莫大于敬谨。”[③]“无为”就是顺应自然；“谨敬”指的是谨慎地顺应天道、人道来办事，而不苛求百姓。“把《老子》的道常无为而无不为改造成‘道莫大于无为’，并且具体到阐述无为而治，这可以说是陆贾的理论创造。汉初的无为而治，无疑是以此为理论基础的。”[④] 陆贾举了正反两方面的例子说明施行“无为而治”的重要性。正面的例子：“昔舜治天下也，弹五弦之琴，歌《南风》之诗，寂若无治国之意，漠若无忧天下之心，然而天下大治。周公制作礼乐，郊天地，望山川，师旅不设，刑格法悬，而四海之内，奉供来臻，越裳之君，重译来朝。故无为者乃有为也。”[⑤]陆贾是用具体事例详细说明“无为乃无不为”的第一人。[⑥] 反面的例子是秦始皇的“用刑太急”，残暴、奢侈之风气，而结果是“事愈烦而天下愈乱，法愈滋而天下愈炽，兵马益设而敌人愈多”。陆贾总结秦王朝在暴虐奢侈之风下二世而亡教训，为巩固新建立的西汉王朝封建政权，主张“无为”而治，就是不要“举措暴众”，不要“用刑太极”。主张“不违天时，不夺物性，不藏其情，不匿其诈”，[⑦] 强调“君子尚宽舒以苞其身，行身中和以致疏远；民畏其威而从其化，怀其德而归其境，美其治而不敢违其政。民不罚而畏，不赏而劝，渐渍于道德，而被服于中和之所致也。”[⑧] 以“宽舒”和“柔懦”治民。要求政府和官吏不能苛扰百姓，以便安抚民心、安定社会生活，恢复被破坏了的封建经济，巩固新生的政权。

---

① 《新语校注·明诫》，第 154 页。
② 《新语校注·道基》，第 28 页。
③ 《新语校注·无为》，第 62 页。
④ 熊铁基：《秦汉新道家》，上海人民出版社 2001 年版，第 285 页。
⑤ 《新语校注·无为》，第 62 页。
⑥ 熊铁基：《秦汉新道家》，第 284 页。
⑦ 《新语校注·道基》，第 6 页。
⑧ 《新语校注·无为》，第 64 页。

（二）上之化下，犹风之靡草也

陆贾把“儒家的仁义与道家无为之教，结合在一起，开两汉儒道并行互用的学风”。[①] 陆贾正是在黄老“无为而无不为”思想指导下，“采儒墨之善”吸收并利用儒家“仁”、“义”教化等观念，推行移风易俗。

陆贾要求统治者“行仁义，法先王”，[②] 通过自己的模范榜样的行为，上行下效，潜移默化，进而教化民众以移风易俗。陆贾强调“上之化下，犹风之靡草也”。强调统治者在“化”的过程中要发挥主观能动性，即“无为而无不为”。这与孔子的“君子之德风，小人之德草，草上之风必偃”是一致的。陆贾认为国家政治的好坏与否直接取决于国君的道德品质高低。“夫王者之都，南面之君，乃百姓之所取法则者也，举措动作，不可以失法度。”[③] 陆贾认为国君的爱憎好恶直接影响百姓的生活、价值取向以及整个社会风尚的走向。他举例子说明：

> 昔者，周襄王不能事后母，出居于郑，而下多叛其亲。秦始皇骄奢靡丽，好作高台榭，广宫室，则天下豪富制屋宅者，莫不仿之，设房闼，备厩库，缮雕琢刻画之好，博玄黄琦玮之色，以乱制度。齐桓公好妇人之色，妻姑姊妹，而国中多淫于骨肉。楚平王奢侈纵恣，不能制下，检民以德，增驾百马而行，欲令天下人饶财富利，明不可及，于是楚国逾奢，君臣无别。[④]

周襄王、秦始皇、齐桓公、楚平王这些国君因不修仁义、奢侈纵恣、淫逸妄为，而导致社会风俗败坏，冲击等级制度“不能制下”、“君臣无别”。

陆贾针对秦汉之际社会上流行的骄侈享乐和背义趋利的风气提出批判，对国君追求享乐淫逸、耗民无度加以抨击，要求国君崇俭尚静

---

① 徐复观：《两汉思想史》第二卷，第63页。

② 《史记·陆贾列传》，第2699页。

③ 《新语校注·无为》，第67页。

④ 同上。

"节奢侈，正风俗，通文雅"[①] 修仁义之德，为社会移风易俗树立榜样。"故圣人卑宫室而高道德，恶衣服而勤仁义，不损其行，以好其容，不亏其德，以饰其身，国不兴不事之功，家不藏不用之器，所以稀力役而省贡献也。璧玉珠玑，不御于上，则玩好之物弃于下；雕琢刻画之类，不纳于君，则淫伎曲巧绝于下。"[②] 只有国君以身作则，重视自身在道德上的表率作用，才能从上做起、以上化下，使民心所趋，从而改变社会风俗。"故上之化下，犹风之靡草也。王者尚武于朝，则农夫缮甲兵于田。故君子之御下也，民奢应之以俭，骄淫者统之以理；未有上仁而下贼，让行而争路者也。故孔子曰：移风易俗。岂家令人视之哉？亦取之于身而已矣。"[③]

陆贾强调国君要以身作则，上行下效进行移风易俗，应该"握道而治，据德而立，席仁而坐，杖义而强"，[④] 百姓才能"怀其德而归其境，美其治而不敢违其政"。[⑤] 从秦亡的教训中得到启示，在向刘邦解释"马上"得天下不可以"马上"治时，提出了效法商汤、周武的"逆取"、"顺守"，应当"治以道德为上，行以仁义为本"。[⑥] 陆贾提出："立事者不离道德，调弦者不离宫商；天道调四时，人道治五常；……怀德者应以福，挟恶者报以凶，德薄者位危，去道者身亡。万世不易法，古今同纪纲。"[⑦] 这里讲的"万世不易法"和"常行之法也"之"法"指的就是"仁义"观念。国君治国应把行"仁义"作为自身的道德要求，把"仁"、"义"作为施政应遵循的基本准则。"仁者道之纪，义者圣之学，学之者明，失之者昏，背之者亡。""故圣人怀仁仗义，分明纤微，忖度天地，危而不倾，佚而不乱者，仁义之所治也。""夫谋事不并仁义者，后必败。"[⑧] 陆贾还认为"仁义"是调节人

① 《新语校注·道基》，第 18 页。
② 《新语校注·本行》，第 143 页。
③ 《新语校注·无为》，第 67 页。
④ 《新语校注·道基》，第 28 页。
⑤ 《新语校注·无为》，第 64 页。
⑥ 《新语校注·本行》，第 143 页。
⑦ 《新语校注·术事》，第 43 页。
⑧ 《新语校注·道基》，第 34 页。

伦道德的根本。“百姓以德附，骨肉以仁亲，夫妇以义合，朋友以义信，君臣以义序，百官以义承。……君子以义相褒，小人以利相欺；愚者以力相乱，贤者以义相治。”① 并引用《谷梁传》的话说：“‘仁者以德亲，义者以利尊，万世不乱。’仁义之所治也。”他认为，行仁义就可以建立和谐稳定的人伦秩序，从而达到“强弱相扶，小大相怀，尊卑相承，雁行相随，不言而信，不怒而威”② 社会风俗美善的效果。

（三）“至德”之世的理想风俗

陆贾希望以汉初黄老无为思想为基础，融合以儒家思想，借助儒家的“仁义”观念推行黄老无为之治的理念，而达到一个“至德”之世。

> 君子之为治也，块然若无事，寂然若无声，官府若无吏，亭落若无民，闾里不讼于巷，老幼不愁于庭，近者无所议，远者无所听，邮无夜行之卒，乡无夜召之征，犬不夜吠，鸡不夜鸣，耆老甘味于堂，丁男耕耘于野，在朝者忠于君，在家者孝于亲；于是赏善罚恶而润色之，兴辟雍庠序而教诲之，然后贤愚异议，廉鄙异科，长幼异节，上下有差，强弱相扶，大小相怀，尊卑相承，雁行相随，不言而信，不怒而威，岂待坚甲利兵、深牢刻令、朝夕切切而后行哉？③

文中所述“无事”、“无声”、“无吏”、“无民”、“不讼”、“不愁”、“无所议”、“无所听”正是陆贾所追求的理想社会风俗。众所周知，庄子提出“至德之世”，就是要求抛弃政治、文化、伦理，返回自然状态，陆贾继承了这一思想，并加以改造，把道家的“无为而治”与儒家“道、德、仁、义”结合起来，主张统治者清静无为，对人民不过多干涉，与民休息，使老百姓各务本业，“丁男耕耘于野，在朝者忠于君，在家者孝于亲”④ 进而实现天下大治，“故无为者，乃有为者也”。

① 《新语校注·道基》，第 34 页。

② 《新语校注·至德》，第 118 页。

③ 同上。

④ 同上。

这正是汉初黄老无为而无不为思想的反映，是汉初社会状况的必然选择。陆贾是在总结了秦以法治俗的失败教训，而提出的适应汉初期政治、经济与社会的发展所适应的“无为”以至德的风俗观念，强调统治者的示范作用至关重要，“移风易俗，岂家至之哉？先之于身而已矣”[①] 靠统治者的榜样力量，实现“节奢侈，正风俗”。[②]

三　《淮南子》“以道齐俗”的移风易俗思想

《淮南子》本名《淮南鸿烈》共 21 篇，是由淮南王刘安组织宾客方术之士编撰而成。《淮南子》的出现反映了汉初黄老思想经过六七十年的发展和政治实践，在社会上逐渐形成了一股强大的思潮，并达到理论的高峰。《淮南子》成书于儒学一尊的前夕，这时的学术环境较为宽松，在道家的核心思想的旗帜下，儒、法、阴阳五行等学派思想被吸收过来为之所用，正如司马谈在《论六家要旨》中所说：“因阴阳之大顺，采儒墨之善，撮名法之要”[③] 反映出了汉代学术综合化发展的趋势。《淮南子》努力构造以黄老道家思想为指导的理论体系，“纪纲道德，经纬人事”，[④] 究“天地之理”，接“人间之事”，[⑤] 备“帝王之道”，值得注意的是《淮南子》关注了风俗与政治的关系，并对风俗的形成、风俗的移易和等齐等诸多方面提出了自己的观点。

（一）世异则事变，时移则俗易

《淮南子》重视风俗对于国家统治的影响，认为风俗的败坏是政治治理不善的集中表现，直接危及国家统治。《淮南子·主术训》中指出：“奸乱之俗，亡国之风。”[⑥] 风俗直接反映了政治的成败，《淮南子·齐俗训》：“风俗浊于世，而诽誉萌于朝。”[⑦]

《淮南子》对于风俗的形成和演进提出了自己的观点，指出：“礼

---

① 《新语校注·无为》，第 67 页。

② 《新语校注·道基》，第 18 页。

③ 《史记·太史公自序》，第 3288 页。

④ 《淮南鸿烈集解·要略》，第 700 页。

⑤ 同上。

⑥ 《淮南鸿烈集解·主术训》，第 283 页。

⑦ 《淮南鸿烈集解·齐俗训》，第 357 页。

俗者，非人之性也，所受于外也。”[①] 认为风俗的形成并非是由人的先天本性决定的，而是后天受外界影响的结果，人们生活的环境对风俗有塑造作用“人之性无邪，久湛于俗则易”。在《淮南子·齐俗训》中指出：“羌、氐、僰、翟，婴儿生皆同声，及其长也，虽重象狄騠，不能通其言，教俗殊也。今三月婴儿，生而徙国，则不能知其故俗。由此观之，衣服礼俗者，非人之性也，所受于外也。”[②] 另外，强调自然环境对风俗的影响，“其导万民也，水处者渔，山处者木，谷处者牧，陆处者农。地宜其事，事宜其械，械宜其用，用宜其人”。[③] 不同的自然环境塑造了不同的生活方式和生活习惯，形成不同的风俗，“九疑之南，陆事寡而水事众，于是民人被发文身，以像鳞虫，短绻不绔，以便涉游，短袂攘卷，以便刺舟，因之也。雁门之北，狄不谷食，贱长贵壮，俗尚气力，人不弛弓，马不解勒，便之也”。[④]

在《淮南子》看来，任何事物都是随着时间的发展而变化的，“夫殷变夏，周变殷，春秋变周，三代之礼不同，何古之从”。[⑤] 风俗也不例外，“世异则事变，时移则俗易”，在《淮南子·氾论训》中进一步阐述了这一风俗因时而变的观点：“故圣人法与时变，礼与俗化，衣服器械，各便其用，法度制令，各因其宜。故变古未可非，而循俗未足多也。”[⑥] 正是这种“时移则俗易”的指导思想，《淮南子》强调统治者应该加强对风俗的改进、以适应时事的变化。“夫圣人之举事也，可以移风易俗而受教顺，可施后世，非独以适身之行也。”[⑦]

（二）贬斥礼义，提倡道德

汉初至汉武帝初年之间的六七十年间，在黄老无为而治思想的指导下，社会经济得到恢复和发展，国家殷富，侈靡之风更盛，诸侯、公卿大夫争相奢侈，“竭国靡民，虚府殚财，含珠鳞施，纶组节束，追送死

---

① 《淮南鸿烈集解·齐俗训》，第352页。
② 同上书，第352页。
③ 同上书，第357页。
④ 同上书，第18—20页。
⑤ 《淮南鸿烈集解·氾论训》，第431页。
⑥ 同上。
⑦ 《淮南鸿烈集解·道应训》，第388页。

也。”针对这种奢靡之风，《淮南子》认为是崇尚礼义带来的，大规模的礼节仪式，如宗庙祭祀、婚丧嫁娶等，必然要耗费大量的民财。《淮南子》激烈地批评了因讲究礼义而蒙蔽人们纯洁朴实的自然本性，进而造成的追求表面、虚伪狡诈的社会风气。

> 周室衰而王道废，儒墨乃始列道而议，分徒而讼。于是博学以疑圣，华诬以胁众，弦歌鼓舞，缘饰《诗》、《书》，以买名誉于天下。繁登降之礼，饰绂冕之服，聚众不足以极其变，积财不足以赡其费，于是万民乃始樠觟离跂，各欲行其知伪，以求凿枘于世，而错择名利。是故百姓曼衍于淫荒之陂，而失其大宗之本。夫世之所以丧性命，有衰渐以然，所由来者久矣。是故圣人之学也，欲以返性于初，而游心于虚也；达人之学也，欲以通性于辽廓，而觉于寂漠也。若夫俗世之学也则不然，擢德搴性，内愁五藏，外劳耳目，乃始招蛲振缱物之豪芒，摇消掉捎仁义礼乐，暴行越智于天下，以招号名声于世。此我所羞而不为也。①

《淮南子》还指出“礼义”看起来是恭恭敬敬、而布施恩德，其实是“君臣以相非，骨肉以生怨”，而“非誉相纷，怨德并行”。

> 今世之为礼者，恭敬而忮；为义者，布施而德。君臣以相非，骨肉以生怨，则失礼义之本也。故构而多责。夫水积则生相食之鱼，土积则生自肉之兽，礼义饰则生伪匿之本。夫吹灰而欲无眯，涉水而欲无濡，不可得也。古者，民童蒙不知东西，貌不羡乎情，而言不溢乎行。其衣致暖而无文，其兵戈铢而无刃，其歌乐而无转，其哭哀而无声。凿井而饮，耕田而食。无所施其美，亦不求得。亲戚不相毁誉，朋友不相怨德。及至礼义之生，货财之贵，而诈伪萌兴，非誉相纷，怨德并行。②

---

① 《淮南鸿烈集解·俶真训》，第66—67页。

② 《淮南鸿烈集解·齐俗训》，第343—345页。

《淮南子》认为礼义与道德是绝对与相对、恒常与权变的关系，《淮南子·齐俗训》中指出：

> 率性而行谓之道，得其天性谓之德。性失然后贵仁，道失然后贵义。是故仁义立而道德迁矣，礼乐饰则纯朴散矣，是非形则百姓眩矣，珠玉尊则天下争矣。凡此四者，衰世之造也，末世之用也。夫礼者，所以别尊卑，异贵贱；义者，所以合君臣、父子、兄弟、夫妻、朋友之际也。①

《淮南子》把礼义比喻为祈福、求雨的时候所使用的草狗、土笼，在用它们的时候是郑重其事，而使用过后扔在一旁与黄土、草芥没有任何区别，而道德才是恒常的。

> 世之明事者，多离道德之本，曰："礼义足以治天下。"此未可与言术也。所谓礼义者，五帝三王之法籍风俗，一世之迹也。譬若刍狗土龙之始成，文以青黄，绢以绮绣，缠以朱丝，尸祝袀袨，大夫端冕，以送迎之。及其已用之后，则壤土草蓟而已。夫有孰贵之！②

随着时代的变迁对礼义的要求也是不同的，不能拿固定的规则去适应万变的时代。道德本身无形无名，可与刚柔卷舒，可与阴阳俯仰。道德如同日月，超越于时空，贯彻始终，随顺于万物与时俗，只有掌握了道德才能通晓礼义变易的道理。我们通过文本分析来看《淮南子》主张以"道德"为本，反对虚假矫饰的"礼义"、"仁爱"，避免混淆道德之实质。因此《淮南子》主张"贬斥礼义，提倡道德"，《淮南子》主张礼因俗成，时移则俗易，反对违背事物的习性去强制事物，主张"便其性，安其居，处其宜，为其能"。③

---

① 《淮南鸿烈集解·齐俗训》，第343页。

② 同上书，第359页。

③ 《淮南鸿烈集解·齐俗训》，第347页。

（三）因顺其俗，以道齐俗

《淮南子》以“无为”的治国理念来引导社会风俗的前行。“无为者，道之宗”,[①]《淮南子》认为人在自然面前不能随意妄为，人应该顺应自然，服从自然，遵循自然界的规律。

> 所谓无为者，不先物为也；所谓无不为者，因物之所为；所谓无治者，不易自然也；所谓无不治者，因物之相然也。[②]

《淮南子》认为：“天下之事不可为也，因其自然而推之。”[③]《诠言训》指出：

> 圣人无思虑，无设储，来者弗迎，去者弗将。人虽东西南北，独立中央，故处众枉之中，不失其直，天下皆流，独不离其坛域。故不为善，不避丑，遵天之道；不为始，不专己，循天之理；不豫谋，不弃时，与天为期；不求得，不辞福，从天之则。[④]

这里所说的“遵天之道”、“循天之理”、“与天为期”、“从天之则”，实际上就是指的自然规律，《淮南子》要求人们按照客观规律办事，“循理而举事，因资而立权　自然之势”。[⑤] 因此，《淮南子》主张要遵循自然规律，“因”、“顺”成俗，《泰族训》指出：

> 夫物有以自然，而后人事有治也。故良匠不能斫金，巧冶不能铄木，金之势不可斫，而木之性不可铄也。埏埴而为器，窬木而为舟，铄铁而为刀，铸金而为钟，因其可也。驾牛服马，令鸡司夜，令狗守门，因其然也。民有好色之性，故有大婚之礼。有饮食之性，故有大飨之谊。有喜乐之性，故有钟鼓管弦之音。有悲哀之

① 《淮南鸿烈集解·主术训》，第 278 页。
② 《淮南鸿烈集解·原道训》，第 24 页。
③ 同上书，第 10 页。
④ 《淮南鸿烈集解·诠言训》，第 469—470 页。
⑤ 《淮南鸿烈集解·修务训》，第 1322 页。

性，故有衰绖哭踊之节。[①]

主张用“因”、“顺”自然的方法，以“道”来齐俗。《淮南子·齐俗训》其篇之序目云：“齐，一也。四宇之风，世之众理，皆混其俗，令为一道也，故曰齐俗。”意思就是要各地域、各民族不同的风俗等齐的存在，而通过“皆混其俗”的办法，在相互交融之中，相互渗透、相互吸收，“故以道论者，总而齐之”以达到齐同，即“令为一道也”。而并不是要求用一种风俗通过压制别的风俗达到齐整的效果，主张各地风俗只要适宜其地的发展，就应该存在并发展，而不应刻意追求风俗的等齐，强调要以不齐为齐“各有所宜，而人性齐矣”，“所为者各异，而所道者一也”。

《淮南子》在强调“不齐为齐”的同时也希望通过“修风俗”达到“洞然无为而天下自和，憺然无欲而民自朴”。[②] 强调君主对风俗的引导和改进的能力，认为君主的好恶能够影响到社会风俗的发展方向，《主术训》曰：“灵王好细腰，而民有杀食自饥也；越王好用，而民皆处危争死也，由此观之，权势之柄，其以移风易俗矣。”[③] 认为君主对于“移风易俗”起到重要的作用，君主必须对民众进行积极主动的教化，“见其俗则知其化”。[④]《淮南子》认为“刑罚不足以移风，杀戮不足以禁奸，唯神化为贵”，[⑤] 用最高的精神境界“神化”来感化百姓，才能移风易俗。

> 故圣人怀天气，抱天心，执中含和，不下庙堂而衍四海，变习易俗，民化而迁善，若性诸己，能以神化也。[⑥]

---

① 《淮南鸿烈集解·泰族训》，第670页。

② 《淮南鸿烈集解·本经训》，第252页。

③ 《淮南鸿烈集解·主术训》，第273页。

④ 同上书，第275页。

⑤ 对此《淮南子》中有的篇章持相反的态度，认为法律对风俗有制约作用，“法度者，所以论民俗而节缓急也”。（《氾论训》）彭卫、杨振红两位先生认为，《淮南子》成于多人之手，因此这些相反的看法“应是当时不同意见的记录”。（彭卫、杨振红：《中国风俗通史·秦汉卷》，第6页。）笔者认同这一观点。

⑥ 《淮南鸿烈集解·泰族训》，第665页。

英俊豪杰，各以小大之材，处其位，得其宜，由本流末，以重制轻，上唱而民和，上动而下随。四海之内，一心同归，背贪鄙而向义理。其于化民也，若风之摇草木，无之而不靡。今使愚教知，使不肖临贤，虽严刑罚，民弗从也。[①]

强调“因风俗行教化”则“风俗可美”：

圣人之治天下，非易民性也，……民有好色之性，故有大婚之礼；有饮食之性，故有大飨之谊；有喜乐之性，故有钟鼓管弦之音；有悲哀之性，故有衰绖哭踊之节。故先王之制法也，因民之所好而为之节文者也。因其好色而制婚姻之礼，故男女有别；因其喜音而正《雅》、《颂》之声，故风俗不流；因其宁家室、乐妻子，教之以顺，故父子有亲；因其喜朋友而教之以悌，故长幼有序。然后修朝聘以明贵贱，飨饮习射以明长幼，时搜振旅以习用兵也，入学庠序以修人伦。此皆人之所有于性，而圣人之所匠成也。故无其性，不可教训；有其性，无其养，不能遵道。茧之性为丝，然非得工女煮以热汤而抽其统纪，则不能成丝；卵之化为雏，非慈雌呕暖覆伏，累日积久，则不能为雏；人之性有仁义之资，非圣人为之法度而教导之，则不可使乡方。故先王之教也，因其所喜以劝善，因其所恶以禁奸。故刑罚不用，而威行如流；政令约省，而化耀如神。故因其性则天下听从，拂其性则法县而不用。[②]

《泰族训》以“修朝聘”、“飨饮习射”、“时搜振旅”、“入学庠序”来教化民众，来“明贵贱”、“明长幼”、“习用兵”、“修人伦”，从而达到“刑罚不用，而威行如流；政令约省，而化耀如神”[③]的境界。先王之教要遵循天地自然规律，不悖阴阳而行；行“参五”之教，即君臣之义、父子之亲、夫妇之辨、长幼之序、朋友之际，以“参五”为准

① 《淮南鸿烈集解·泰族训》，第682—683页。
② 同上书，第669—671页。
③ 同上书，第669—671页。

绳，严格君臣、父子、长幼之间的伦理要求，形成相应的社会秩序。

> 昔者，五帝三王之莅政施教，必用参五。何谓参五？仰取象于天，俯取度于地，中取法于人，乃立明堂之朝，行明堂之令，以调阴阳之气，以和四时之节，以辟疾病之菑。俯视地理，以制度量，察陵陆水泽肥墽高下之宜，立事生财，以除饥寒之患。中考乎人德，以制礼乐，行仁义之道，以治人伦而除暴乱之祸。乃澄列金木水火土之性，故立父子之亲而成家；别清浊五音六律相生之数，以立君臣之义而成国；察四时季孟之序，以立长幼之礼而成官。此之谓参。制君臣之义，父子之亲，夫妇之辨，长幼之序，朋友之际，此之谓五。乃裂地而州之，分职而治之，筑城而居之，割宅而异之，分财而衣食之，立大学而教诲之，夙兴夜寐而劳力之。此治之纲纪也。①

《淮南子》以道家“效法天地自然”为根本，吸收阴阳五行学说之要义，融合了儒家伦理道德理念，试图建立一套以天地自然为本，阴阳五行为据，实施“以道齐俗”的移风易俗思想。

第三节　“儒家独尊”下的移风易俗思想——以礼易俗

一　西汉中期社会发展与“儒学独尊”的确立

汉承秦弊，为稳定封建统治，汉初统治者选择了黄老“无为”而治的统治思想，为社会提供了一个休养生息的机会，促进了社会经济恢复和发展。《史记·吕太后本纪》中载：“孝惠皇帝，高后之时，黎民得离战国之苦，君臣俱欲休息乎无为，故惠帝垂拱，高后女主称制，政不出房户，天下晏然。刑罚罕用，罪人是希。民务稼穑，衣食滋殖。”②

① 《淮南鸿烈集解·泰族训》，第671—672页。

② 《史记·吕太后本纪》，第412页。

《史记·孝文本纪》载："汉兴，至孝文四十有余载，德至盛也。"[①]《史记·孝景本纪》载："汉兴，孝文施大德，天下怀安。至孝景，不复忧异姓。"[②] 社会经济比之汉初有了较大的发展，《史记·平准书》中就有关于这两个时段社会状况的记载可作以对比：

> 汉兴，接秦之弊……自天子不能具钧驷，而将相或乘牛车，齐民无藏盖。[③]
>
> 汉兴七十余年之间，国家无事，非遇水旱之灾，民则人给家足，都鄙廪庾皆满，而府库余货财，京师之钱累巨万，贯朽而不可校。太仓之粟陈陈相因，充溢露积于外，至腐败不可食。众庶街巷有马，阡陌之间成群，而乘字牝者摈而不得聚会。守闾阎者食粱肉。[④]

正是在汉初以来"无为而治"的思想指导下，国家出现了春秋末年以来三百余年从未有过的安定繁荣局面。但黄老无为而治的统治思想也有不可克服的缺陷和不足，汉初在无为思想指导下的，从其俗、"因""顺"成俗、以"道"齐俗的移风易俗思想，其实是一种放任社会风俗发展的政策，汉初承秦之风俗中所潜伏的各种各样的问题，就在这个社会恢复发展的时期逐渐暴露出来，甚至由于经济和社会的不断发展而被扩大，待其积蓄到一定程度的时候，就会以更加尖锐的形式表现出来。《史记·平准书》载："网疏而民富，役财骄溢，或致兼并豪党之徒，以武断于乡曲，宗室有土公卿大夫以下，争于奢侈，室庐舆服僭于上，无限度。"[⑤] 地方豪强势力急剧膨胀，役财骄溢，武断于乡曲，鱼肉百姓，败坏社会风气，极大的冲击了基层社会统治的稳定。另外，宗室公卿争相奢侈，舆服僭越，一些诸侯王室更是肆无忌惮地过着奢靡浮华的生活，越制于上，大有取而代之之意。贾谊在《新书·权重》

① 《史记·孝文本纪》，第437页。

② 《史记·孝景本纪》，第449页。

③ 《史记·平准书》，第1417页。

④ 同上书，第1420页。

⑤ 同上书，第1420页。

就指出这种诸侯僭越之风的危害："诸侯势足以专制，力足以行逆，虽令冠处女，勿谓无敢。势不足以专制，力不足以行逆，虽生夏育，有仇雠之怨，犹之无伤也。然天下当今恬然者，遇诸侯之俱少也。后不至数岁，诸侯偕冠，陛下且见之矣，岂不苦哉！"[①] 这些奢靡、僭越之风，如果不加以整顿，势必危及汉王朝的封建统治秩序，甚至导致其重蹈秦亡的前辙。此时黄老道家以"道"齐俗，"因"、"顺"成俗的移风易俗思想显然已经不再适应此时社会经济及大一统政治的要求，贾谊就指出黄老无为而治的政治理念不能维持一个庞大汉帝国的各项机能的正常运转。"黄老思想反人文主义的实质，它的崇尚自然、俭朴而反对文教、文化、生活享受和社会物质文明进步的思想，终归是和社会发展的要求背道而驰的。在汉初君臣上下俱欲休息与无为的特殊形势下，黄老思想适应了社会的需要，促进了生产的恢复、政治的安定。然而由它促成的这些成果，同时也成了埋藏它的坟墓。"[②] 大一统政治必然要求与其相适应的大一统思想文化来指导，更需要能够使风俗整齐的移风易俗思想来指导，此时，董仲舒所倡导的儒家学说逐步走向了历史的舞台，并成为主宰以后两千年封建社会的统治思想，但这个过程并不是一帆风顺的。

其实，在黄老思想盛行的汉初，儒家和道家之间的斗争从来就没有停止过，儒学代替黄老思想不是一蹴而就的事情，其间经历了激烈的斗争，最为典型的事例发生在身为文帝皇后、景帝母亲的窦太后身上，窦太后十分爱好黄老之学，信奉黄老道家思想，《史记·外戚世家》载："窦太后好黄帝、老子言，帝及太子诸窦不得不读《黄帝》、《老子》，尊其术"，[③] 窦太后正是通过文帝和景帝将整个国家的大政方针都纳入黄老无为思想的指导之下。信奉黄老思想的窦太后与儒者辕固生发生了直接的冲突，《史记·儒林列传》记载：

窦太后好《老子》书，召辕固生问《老子》书，固曰："此是

① 《新书校注·权重》，第17页。

② 金春峰：《汉代思想史》，中国社会科学出版社1997年版，第76—77页。

③ 《史记·外戚世家》，第1975页。

家人言耳。”太后怒曰：“安得司空城旦书乎?”乃使固入圈刺豕。景帝知太后怒，而固直言无罪，乃假固利兵，下圈刺豕正中其心，一刺，豕应手而倒。太后默然，无以复罪，罢之。[①]

之后，在武帝初即位的建元元年，窦太后又罢免主张儒术的赵绾、王臧，《史记·儒林列传》中这样说：“太皇窦太后好老子言，不说儒术，得赵绾、王臧之过以让上（指汉武帝），上因废明堂事，尽下赵绾、王臧吏，后皆自杀。”[②] 儒生又一次遭受到沉重的打击。司马迁曾经总结说：“世之学老子者则绌儒学，儒学亦绌老子。‘道不同不相为谋’，岂谓是邪?”[③] 正反映了当时思想界儒道互绌的实际情况。

汉武帝需要一种新的思想统治工具建立统一的文化秩序进而巩固统一的大汉王朝，董仲舒把握时代的脉搏完成了从原始儒学到新儒学的转变，以儒学为本，同时吸收了道家、阴阳家、法家等思想，构成了一个博大精深的儒学思想体系。武帝即位以后，召集各地贤良方正、文学之士到长安，亲自策问。董仲舒在对策中提出：“《春秋》大一统者，天地之常经，古今之通谊也。今师异道，人异论，百家殊方，指意不同，是以上亡以持一统，法制数变，下不知所守。臣愚以为诸不在六艺之科孔子之术者，皆绝其道，勿使并进。邪僻之说灭息，然后统纪可一，而法度可明，民知所以矣。”[④] 董仲舒极力主张抬高儒家地位，充分肯定礼乐和教化的地位与作用，强调用儒家思想去整合其他思想流派，以实现文化思想上的大一统，这正契合汉武帝统一思想文化的需求，武帝采纳了董仲舒“罢黜百家，表章《六经》”[⑤] 的主张，儒学从此成为中国封建社会的官方统治思想。

随着汉王朝统治思想由崇尚黄老向独尊儒术的转变，汉代学者的移风易俗思想也逐渐发生了变化。从汉初黄老思想影响下“因”、

---

① 《史记·儒林列传》，第3123页。

② 同上书，第3121页。

③ 《史记·老子韩非子列传》，第2143页。

④ 《汉书·董仲舒传》，第2523页。

⑤ 《汉书·武帝纪》，第212页。

“顺”自然，“与时迁移，应物变化，立俗施事，无所不易”[①] 的“以道齐俗”移风易俗思想，逐渐向儒家礼乐教化以化民成俗的移风易俗思想转变，并且随着儒学的推广和渗透，“广教化，美风俗”[②] 的风俗理念逐渐深入人心。儒家礼乐教化移风易俗的思想被纳入了汉王朝的行政管理理念之中，风俗美善成为考课地方官吏的一条极为重要的标准。

二　贾谊礼教易俗——汉代儒家移风易俗思想先行者

贾谊（前200—前168），是汉初杰出的政治家、思想家、文学家，主要活动在汉文帝时期，贾谊曾多次上疏，痛陈国事，以敏锐的政治洞察力看到了汉初社会风俗存在的问题，贾谊认为天下治安之关键在于风俗，是政治的根本问题，他大声疾呼，希望促使当时的统治者注意这个严重的社会问题，并认为风俗优劣对于世道人心之维系、一统治平的关键，“移风易俗，使天下回心而向道”[③] 已经是刻不容缓的。

（一）风俗败坏威胁统治秩序

贾谊认为秦二世而亡的重要原因之一就是弃“仁义”而致风俗败坏，“商君违礼义，弃伦理，并心于进取，行之二岁，秦俗日败。”[④]“秦国失理，天下大败，众掩寡，知欺愚，勇劫惧，壮凌衰，工击夺者为贤，善突盗者为哲，诸侯设谄而相饬，设辕而相绍者为知，天下乱至矣！”[⑤] 汉初吸取秦亡教训，承秦之弊，不只是制度上的继承，而且秦的“遗风余俗”也就直接成为汉初的社会风俗。贾谊说：“曩之为秦者，今转而为汉矣。然其遗风余俗，犹尚未改。今世以侈靡相竞，而上无制度，弃礼义，捐廉耻日甚，可谓月异而岁不同矣。逐利不（否）耳，虑非顾行也。今其甚者杀父兄矣。盗者掇寝户之帘，搴两庙大器，白昼大都之中，剽走而夺之金。矫伪者出几十万石粟，赋六百余万钱，

---

① 《史记·太史公自序》，第3289页。

② 《汉书·武帝纪》，第166页。

③ 《汉书·贾谊传》，第2245页。

④ 同上书，第2244页。

⑤ 《新书校注·时变》，第96页。

乘传而行郡国，此其亡行义之尤至者也。”[1] 加之汉初君臣采用黄老思想实行无为之治，与民休息恢复发展生产，而无暇顾及礼制制定，进一步纵弛了淫逸、奢靡之风的发展，导致无长幼尊卑之序、诸侯僭越、商贾豪民奢侈淫逸无忌，社会风俗败坏。

首先，社会上无长幼尊卑的秩序。贾谊道：“家富子壮则出分，家贫子壮则出赘。借父耰锄，虑有德色；母取箕帚，立而谇语。抱哺其子，与公并倨；妇姑不相说，则反唇而相稽。其慈子耆利，不同禽兽者亡几耳。”[2]

其次，富人商贾奢侈越礼日益严重。贾谊严厉地批评了富商大贾和对礼制的僭越，而造成的世俗败坏，“民卖产子，得为之绣衣、编纆履、偏诸缘，入之闲中，是古者天子后之服也，后之所以庙而不以燕也，而众庶得以衣孽妾。白縠之表，薄纨之里，緁以偏诸，美者黼绣，是古者天子之服也，今贵富人大贾召客者得以被墙。古者以天下奉一帝一后而节适，今富人大贾屋壁得为帝服，贾妇优倡下贱同产子得为后饰，然而天下不屈者，殆未有也。且帝之身，自衣皂绨，而靡贾侈贵，墙得被绣，后以缘其领，孽妾以缘其履：此臣之所谓踳也。”[3]

当时社会竞以奢靡为荣，骄奢越制，贾谊指出：“今者何如，进取之时去矣，并兼之势过矣。胡以孝弟循顺为？善书而为吏耳。胡以行义礼节为？家富而出官耳。骄耻偏而为祭尊，黥劓者攘臂而为政。行惟狗彘也，苟家富财足，隐机盱视而为天子耳。惟告罪昆弟，欺突伯父，逆于父母乎，然钱财多也，衣服循也，车马严也，走犬良也。矫诬而家美，盗贼而财多，何伤？欲交，吾择贵宠者而交之；欲势，择吏权者而使之。取妇嫁子，非有权势，吾不与婚姻；非贵有戚，不与兄弟；非富大家，不与出人。……今俗侈靡，以出伦逾等相骄，以富过其事相竞。今世贵空爵而贱良，俗靡而尊奸；富民不为奸而贫为里骂，廉吏释官而归为邑笑；居官敢行奸而富为贤吏，家处者犯法为利为材士。故兄劝其

① 《汉书·贾谊传》，第 2244 页。

② 同上书，第 2244 页。

③ 《新书校注·孽产子》，第 107—108 页。

弟，父劝其子，则俗之邪至于此矣!"[①] 这种骄奢之风对社会财富造成了极大地浪费，造成民困国乏的局面，以致“夫百人作之，不能衣一人，欲天下亡寒，胡可得也？一人耕之，十人聚而食之，欲天下亡饥，不可得也。饥寒切于民之肌肤，欲其亡为奸邪，不可得也”。[②] 这种骄奢僭越之风发展下去必然会冲击到王朝的统治秩序，如果长此以往必然是“国已屈矣，盗贼直须时耳”。[③] 人心皆慕富贵，富人商贾倡导在前，世人趋鹜于后，“百姓便惟以利是从，乃至于无礼义，无廉耻”，这种背本趋末的风气，必然导致百姓荒废生产，令国家积贮不足，直接威胁到国家统治的稳定，“淫侈之俗，日月以长，是天下之大贼”。[④]

再次，诸侯竞相骄奢耀侈，僭越礼制，服饰“拟天子”，形成世风淫侈，“君臣相冒，上下无辨”的社会风俗败坏的局面。“世以俗侈相耀，人慕其所不如，悚迫于俗愿，其所未至，以相竞高，而上非有制度也。今虽刑余鬻妾下贱，衣服得过诸侯，拟天子，是使天下公得冒主，而夫人务侈也……世淫侈矣，饰知巧以相诈利者为知士，敢犯法禁昧大奸者为识理，故邪人务而日起，奸诈繁而不可止，罪人积下众多而无时已。君臣相冒，上下无辨，此生于无制度也。"[⑤] 诸侯与豪民、商贾交结常常横行乡里，僭越礼制犯乱上禁，甚至“隐机盱视而为天子”，严重的扰乱了正常的政治秩序，削弱了中央皇权对地方的控制力。

天下之大指，举之而激，俗流失，世坏败矣，因恬弗知怪，大故也。……夫邪俗日长，民相然席于无廉丑，行义非循也，岂为人子背其父，为人臣因忠于君哉？岂为人弟欺其兄，为人下囚信其上哉？陛下虽有权柄事业，将何寄之？管子曰：“四维：一曰礼，二曰义，三曰廉，四曰丑。四维不张，国乃灭亡。”使管子愚无识人也，则可；使管子而少知治体，则是岂不可为寒心？今世以侈靡相竞，而上无制度，弃礼义，捐廉丑，日甚，可谓月异而岁不同矣。

① 《新书校注·时变》，第97页。
② 《汉书·贾谊传》，第2243页。
③ 同上。
④ 《汉书·食货志》，第1128页。
⑤ 《新书校注·瑰玮》，第103页。

逐利乎否耳，虑非顾行也。今其甚者，到大父矣，贼大母矣，踝妪矣，刺兄矣。盗者虑探柱下之金，掇寝户之帘……其余猖蹶而趋之者，乃豕羊驱而往，是类管子谓四维不张者与，窃为陛下惜之。[①]

贾谊认为社会风俗败坏即“四维（礼、义、廉、丑〈耻〉）”不张，是由于“上无制度，弃礼义，捐廉丑”也就是所谓的礼制没有建立。并指出“四维不张”可能导致国家政权的灭亡，强调风俗即政治，风俗直接影响国家政权的兴衰与存亡，并指出秦朝的灭亡就是由于“四维不张”而仁义不行导致“故君臣乖而相攘，上下乱厝面无差，父子六亲殃戮而失其宜，奸人并起，万民离畔，凡十三岁而社稷为墟”。[②]

（二）广教化，修礼乐，以美风俗

贾谊批评了“无为”的政策，“然而献计者类曰‘无动为大’耳。夫‘无动’而可以振天下之败者，何等也？曰：为大夫治，可也；若为大乱，岂若其小？悲夫！俗至不敬也，至无等也，至冒其上也，进计者，犹曰“无为”，可为长大息者此也”。[③] 要求统治者必须对社会风俗进行移易，否则就会重蹈秦亡的覆辙，他提出：“夫移风易俗，使天下移心面向道。”[④] 此“道”即为德政，就是通过礼乐教化，构建社会的良风美俗。

贾谊指出：“夫移风易俗，使天下移心而向道，类非俗吏之所能为也。”[⑤] 在这里贾谊所说的“道”指的是先王之道，即礼，通过“广教化，修礼乐，以美风俗”[⑥] 其关键就是“定经制”，以礼乐教化促进风俗的美善，贾谊认为礼是人们的行为规范，是政治结构中、社会结构中的纽带，“道德仁义，非礼不成。教训正俗，非礼不备”。[⑦] 贾谊认为“国家专以图强为务”，不知用礼义教化百姓必将导致“俗流失，世坏

① 《新书校注·俗激》，第91—92页。
② 同上书，第92页。
③ 《新书校注·孽产子》，第108页。
④ 《汉书·贾谊传》，第2245页。
⑤ 同上书，第2245页。
⑥ 《新书校注·辅佐》，第204—205页。
⑦ 《新书校注·礼》，第214页

败”继而威胁到国家统治的基础。

贾谊所说的“定经制”其实就是指的礼乐等级制度，“礼者，所以固国家，定社稷，使君无失其民者也”。[①] 在贾谊初召为博士的时候，就上书《论定制度兴礼乐疏》，请求“定制度，兴礼乐”，“立君臣，等上下，使纲纪有序，六亲和睦”，只有这样才能达到“诸侯轨道，百姓素朴”的局面。他指出：

> 夫立君臣，等上下，使父子有礼，六亲有纪，此非天之所为，人之所设也。夫人之所设，弗为不立，不植则僵，不循则坏……今四维犹未备也，故奸人冀幸，而众下疑惑矣。岂如今定经制，令主主臣臣，上下有差，父子六亲，各得其宜，奸人无所冀幸，群众信上，而不疑惑哉。此业一定，世世常安，而后有所持循矣。若夫经制不定，是犹渡江河无维揖，中流而遇风波也，船必覆矣。悲夫！备不豫具之也，可不察乎！[②]

贾谊主张移风易俗就是要建立上下共同遵循的规范，形成共同的精神纽带，社会各项事务的基本原则——礼，要求达到“主主臣臣，上下有差，父子六亲，各得其宜”。[③]《新书·礼》篇指出：“主主臣臣，礼之正也；威德在君，礼之分也；尊卑大小强弱有位，礼之数也：礼，天子爱天下，诸侯爱境内，大夫爱官属，士庶各爱其家。失爱不仁，过爱不义，故礼者所以守尊卑之经，强弱之称者也。”[④] 贾谊所说的“定经制”就是重建礼制，恢复社会等级秩序，即社会上的所有事物都按礼制，贵贱有秩，上下有序，各处其位，各得其宜，才能“使车舆有度，衣服器械各有制数”[⑤] 达到良风美俗的社会，实现“上下分明矣。擅遏则让，上僭者诛，故淫侈不得生，知巧诈谋无为起，奸邪盗贼自为止，则

---

① 《新书校注·礼》，第214页。

② 《新书校注·俗激》，第92页。

③ 同上。

④ 《新书校注·礼》，第214页。

⑤ 《新书校注·瑰玮》，第104页。

民离罪远矣”。[①] 的儒家理想政治。

为实现礼教化俗的目标，贾谊提出“道之以德教，德教洽而民气乐”，[②] 主张用“六艺”即《诗》、《书》、《易》、《春秋》、《礼》、《乐》来教化百姓，靠礼教“去淫侈之俗，行节俭之术”。[③] 他指出：

> 夫民者，诸侯之本也；教者，政之本也；道者，教之本也。有道，然后教也；有教，然后政治也；政治，然后民劝之；民劝之，然后国丰富也。[④]

提出使百姓侵染于礼、义、廉、耻之教，“贵绝恶于未萌，而起教于微眇，使民日迁善远罪而不自知也”。[⑤] “防恶于未萌”就是应该利用礼乐来教化百姓塑造一种良好的社会风俗，而不是等风俗败坏了再去治理。贾谊所期盼的良风美俗就是要通过兴礼乐、定礼制，实行礼治，在社会上形成“君惠臣忠，父慈子孝，兄爱弟敬，夫和妻柔，姑慈妇听”[⑥] 的良好风俗，只有在这种社会风俗环境之下各种社会关系才能得以维系，才能建立一种等级分明又互敬互爱的和谐社会秩序。

综上所述，贾谊总结秦“四维不张”风俗败坏导致二世而亡的教训，向文帝上《论制定礼乐疏》，提出实行“礼治”的主张，试图利用礼仪道德教化规范化、秩序化的社会风俗的发展方向。贾谊提出“修礼乐，以美风俗”可以说是汉代儒家“以礼化俗”主张的先行者，他的这一观点被大儒董仲舒所继承并发展。

三　董仲舒“教民化俗”移风易俗思想

董仲舒（前 179—前 104）是我国西汉时期著名的政治家、思想家，他所处的时代正是汉武帝开疆拓土的时代，汉武帝为巩固大一统的

---

① 《新书校注·瑰玮》，第 104 页。
② 《汉书·贾谊传》，第 2253 页。
③ 《新书校注·瑰玮》，第 104 页。
④ 《新书校注·大政下》，第 349 页。
⑤ 《汉书·贾谊传》，第 2252 页。
⑥ 《新书校注·礼》，第 215 页。

政权，召集贤良文学之士“举贤良对策”，董仲舒上《对策》三篇（即《天人三策》），向武帝提出了一系列政治、文化等治策，被武帝器重并采纳，接受其提出的“罢黜百家，独尊儒术”的主张，儒家学说正式成为封建社会的官方意识形态。董仲舒提出“教民化俗”的移风易俗思想，主张在儒家理念的指导下，“行德治、施教化”认为只有“教化行而习俗美”；“立大学以教于国，设庠序以化于邑”[①] 对民众施以礼乐教化和以“三纲五常”为中心的伦理教化；认为只有这样才能达到齐整风俗，“上下和睦，习俗美盛”的社会状态。

（一）通过教化实现移风易俗

董仲舒把教化看作是治理国家的首要任务，强调教化对移风易俗的重要性“凡以教化不立而万民不正者也”。[②] 他指出古代的王者都是十分重视教化作用的，把教化作为南面而治的大务，“古之王者明于此，是故南面而治天下，莫不以教化为大务”。[③] 董仲舒认为只有教化才能正万民，教化如堤防一样可以防止奸邪丛生，教化可以防患于未然，这是刑罚所做不到的。即所谓的“万民之从利也，如水之走下，不以教化堤防之，不能止也。是故教化立而奸邪皆止者，其堤防完也；教化废而奸邪并出，刑罚不能胜者，其堤防坏也”。[④] 通过教化可以改变和矫正民众的本性，引导民众向善以达到良风美俗的效果。

董仲舒从历史上正反两个方面的例子论证了实施教化的必要性，“圣王之继乱世也，扫除其迹而悉去之，复修教化而崇起之。教化已明，习俗已成，子孙循之，行五六百岁，尚未败也”。[⑤] 通过修教化以化俗，从而保证国运昌盛，历史上殷继夏、周继殷都是如此。然而秦之继周却不修教化“废德教而任刑罚”，“重禁文学，不得挟书，弃捐礼谊而恶闻之，其心欲尽灭先王之道，而颛为自恣苟简之治”，重用“申商之法，行韩非之说”，非以文德教训于下，结果秦“立为天子十四岁

① 《汉书·董仲舒传》，第2503—2504页。

② 同上书，第2503页。

③ 同上。

④ 同上。

⑤ 《汉书·董仲舒传》，第2504页。

而国破亡矣”。[1] 并指出汉王朝建立之后，秦末“遗毒余烈，至今未灭”，社会上习俗薄恶，他提出“更化”的主张，“故汉得天下以来，常欲善治而至今不可善治者，失之于当更化而不更化”。强调要把“废德教而任刑罚”更化为“任德教而不任刑”。[2]

董仲舒还从人性的理论角度论证了教化的可行性。他提出了“性三品”说。《春秋繁露·实性》曰：

> 圣人之性，不可以名性；斗筲之性，又不可以名性。名性者，中民之性。中民之性，如茧如卵。卵待覆二十日，而后能为雏；茧待缲以涫汤，而后能为丝；性待渐于教训，而后能为善。善，教训之所然也，非质朴之所能至也，故不谓性。性者，宜知名矣，无所待而起，生而所自有也。善所自有，则教训已非性也。是以米出于粟，而粟不可谓米。玉出于璞，而璞不可谓玉。善出于性，而性不可谓善。……性者，天质之朴也。善者，王教之化也。无其质，则王教不能化；无其王教，则质朴不能善。质而不以善性，其名不正，故不受也。[3]

董仲舒把人性分为三等，即“圣人之性”、“中民之性”和“斗筲之性”。“圣人之性”是天生至善的人，这些人是教化主体；“斗筲之性”是天生至恶的人，这些人是不可教化，不能为善的。而绝大多数人都是“有善质而未能善”的“中民之性”，其性中有善质，通过教化可以从善。并指出“性待教而善”、“性待渐于教训，而后能为善。善，教训之所然也”。[4] 强调只有通过教化，质朴之性才可以转化为“善”，“质朴之谓性，性非教化不成”。在“性待教而善”的理论基础上，董仲舒进一步提出教化民众以向善。通过“教化行而习俗美也”教化行则“天下和洽，万民皆安仁乐义，各得其谊，动作应礼，

① 《汉书·董仲舒传》，第 2504 页。

② 同上书，第 2505 页。

③ 苏舆撰，钟哲点校：《春秋繁露义证》，中华书局 1992 年版，第 311—313 页。

④ 《春秋繁露义证·实性》，第 311—312 页。

从容中道”。①

（二）通过立太学，设庠序实施教化

董仲舒认为学校是施行教化的重要途径，普及推广儒家经学经典的重要场所。他建议武帝在中央举办太学，在地方设立庠序以发展教育推广教化，强调“立大学以教于国，设庠序以化于邑，渐民以仁，摩民以谊，节民以礼，故其刑罚甚轻而禁不犯者，教化行而习俗美也”。②他这种观点得到了汉武帝的赏识，武帝元朔五年（前124），汉武帝下诏立太学，并表达了其教化治国的意图：“盖闻导民以礼，风之以乐。今礼坏乐崩，朕甚闵焉。故详延天下方闻之士，咸荐诸朝，其令礼官劝学，讲议洽闻，举遗兴礼，以为天下先。太常其议予博士弟子，崇乡党之化，以厉贤材焉。”③

董仲舒对当时主持推行风俗教化的郡守、县令的官员素质表现出了极大的担忧。“今之郡守、县令，民之师帅，所使承流而宣化也；故师帅不贤，则主德不宣，恩泽不流。今吏既亡教训于下。或不承用主上之法，暴虐百姓，与奸为市，贫穷孤弱，冤苦失职，甚不称陛下之意。是以阴阳错谬，氛气充塞，群生寡遂，黎民未济，皆长吏不明，使至于此也。夫长吏多出于郎中、中郎，吏二千石子弟选郎吏，又以富訾，未必贤也。”④ 这些郡守县令多是荫资所得或论年资升迁的官员，他们的官位取得多是“累日以取贵，积久以致，官是以廉耻贸乱，贤不肖浑淆，未得其真”。⑤ 他们多数不能胜任教化之职责。董仲舒认为通过学校培养出来贤才能够担任推行风俗教化的责任，“太学者，贤士之所关也，教化之本原也”。⑥ 董仲舒强调“兴太学”，认为“养士之大，莫大乎太学”，主张兴太学“以养天下之士”⑦，就是通过太学的教育来网罗天下贤才，强调太学的“养士”功能，建议要“兴太学，置明师，以养

① 《汉书·董仲舒传》，第2509页。

② 同上书，第2503—2504页。

③ 《汉书·武帝纪》，第171—172页。

④ 《汉书·董仲舒传》，第2512页。

⑤ 同上书，第2513页。

⑥ 同上书，第2512页。

⑦ 同上书，第2512页。

天下之士，数考问以尽其材，则英俊宜可得矣”。[①] 太学要聘请高明之师培养天下贤人，促进他们的发展，通过这样的培养就可以得到俊才。这些经过太学系统的儒家经典教育的贤俊，担任各级官吏是就可以按照儒家学说以教化万民。董仲舒同时认为地方庠序之学也对实施教化、移风易俗有着重要的作用，“里有序而乡有庠，序以明教，庠则行礼而视化焉”。[②] 汉代地方庠序之学不仅教授生徒，而且面向社会推广儒家礼仪制度，直接从事推广礼教、移风易俗的活动，定期举行“乡射”等典礼活动，向社会普遍宣扬伦理道德，注重的是宣风教化的作用，达到“教化万民”的目的。

董仲舒主张“诸不在六艺之科、孔子之术者，皆绝其道，勿使并进”，[③] 把《诗》、《书》、《礼》、《易》、《乐》、《春秋》等儒家经典作为教化的内容，“立辟雍庠序，修孝悌敬让，明以教化”。[④] 他指出“君子知在位者之不能以恶服人也，是故简六艺以赡养之。《诗》、《书》序其志，《礼》、《乐》纯其美，《易》、《春秋》明其知”。[⑤] 董仲舒就是主张“以经易俗”，把经学作为主要的受教育内容，进而推行礼乐教化，达到“教化行而习俗美”[⑥] 的目的。

（三）通过君主显德示民以化民成俗

在教民成俗的方法上董仲舒主张“显德以示民”以身示范的教化方法。董仲舒指出：“先王显德以示民，民乐而歌之以为诗，说而化之以为俗。故不令而自行，不禁而自止，从上之意不待使之，若自然矣。”[⑦] 在董仲舒看来，能否教民成俗的关键在于居上位的君主，在于君主能否以身作则“显德以示民”。董仲舒指出：“孔子曰：君子之德风，小人之德草，草上之风必偃，故尧舜行德则民仁寿，桀纣行暴则民鄙夭。夫上之化下，下之从上，犹泥之在钧，唯甄者之所为；犹金之在

① 《汉书・董仲舒传》，第 2512 页。
② 《汉书・食货志》，第 1121 页。
③ 《汉书・董仲舒传》，第 2523 页。
④ 《春秋繁露义证・立元神》，第 169 页。
⑤ 《春秋繁露义证・玉杯》，第 35 页。
⑥ 《汉书・董仲舒传》，第 2503—2504 页。
⑦ 《春秋繁露义证・身之养重于义》，第 265 页。

熔，唯冶者之所铸。"[①] 君主和百官的举止行为都会潜移默化的影响百姓，"尔好谊（义），则民乡仁而俗善；尔好利，则民好邪而俗败。由是观之，天子大夫者，下民之所视效，远方之所四面而内望也。近者视而放（仿）之，远者望而效之，岂可以居贤人之位而为庶人行哉！"[②] 也就是说君主和百官要以身作则，上行下效，起到表率作用，只有君主正，才能正百官；百官正，才能正万民。董仲舒说："故为人君者，正心以正朝廷，正朝廷以正百官，正百官以正万民，正万民以正四方。"[③] 认为只有这样，才能改变社会上的不良习俗，净化社会风气，才能上下和谐，四海来朝。所以，君王和百官要从自身做起，做到"贵孝悌而好礼义，重仁廉而轻财利"，[④] 以此达到教民成俗的目的。

（四）通过"三纲五常"的伦理教化实现风俗美善

董仲舒认为要达到社会风俗的美善必须要有良好的社会伦理秩序，在这一点上他特别强调以"三纲五常"为内容的伦理道德教化来实现。他用阴阳学说和天人感应的理论解释了君臣、父子、夫妻之间的伦理关系，认为"君臣、父子、夫妇之义，皆取诸阴阳之道"。而"君为阳，臣为阴，父为阳，子为阴，夫为阳，妻为阴"。

> 阳之出也，常县于前而任事，阴之出也，常县于后而守空处，此见天之亲阳而疏阴，任德而不任刑也。是故仁义制度之数，尽取之天，天为君而覆露之，地为臣而持载之，阳为夫而生之，阴为妇而助之，春为父而生之，夏为子而养之，秋为死而棺之，冬为痛而丧之，王道之三纲，可求于天。[⑤]

强调君尊臣卑、父尊子卑、夫尊妻卑，把儒家的伦理道德观念和社会秩序联系在一起，以等级关系森严的伦理规范来限制民众的行为，教民以君臣、父子之伦、上下尊卑之礼，从而培养民众事君忠、事亲孝的道德

① 《汉书·董仲舒传》，第 2501 页。
② 同上书，第 2520 页。
③ 同上书，第 2502—2503 页。
④ 《春秋繁露义证·为人者天》，第 320 页。
⑤ 《春秋繁露义证·基义》，第 351 页。

风尚，在社会上形成“父子有亲，君臣有义，夫妇有别，长幼有序，朋友有信”[①] 的良风美俗，实现理想的封建社会秩序。

董仲舒同时提出了与“王道之三纲”并列的“五常之道”的社会伦理规范，他指出：“夫仁、义、礼、智、信五常之道，王者所当修饬也；五者修饬，故受天，而享鬼神之灵，德施于方外，延及群生也。”[②] 在五常之中，董仲舒又特别强调仁、义。他说：“仁之法在爱人，不在爱我。义之法在正我，不在正人。我不自正，虽能正人，弗予为义；人不被其爱，虽厚自爱，不予为仁。”[③] 董仲舒强调“以仁安人，以义正我”，[④] 就是要求个人在道德修养过程中，以严格的道德和规范标准来要求和约束自己，他说：“自称其恶，谓之情；称人之恶，谓之贼”，[⑤] “求诸己，谓之厚；求诸人，谓之薄”，[⑥] 就是要求人们在社会生活中严于律己、宽以待人，只有懂得了“以仁安人，以义正我”的道理，社会上的人际关系才能和谐相处，社会风气才能敦厚。董仲舒强调“礼”在社会等级秩序构建中的作用，他说：“礼者，继天地，体阴阳，而慎主客，序尊卑、贵贱、大小之位，而差外内、远近、新故之级者也。”[⑦] 又从节制人的情欲的角度论述了“礼”的重要作用，认为“礼”是使人视听言论合乎伦理规范，防止社会混乱局面的出现。“故君子非礼而不言，非礼而不动。好色而无礼，则流；饮食而无礼，则争。流、争则乱。夫礼，体情而防乱者也。民之情，不能制其欲，使之度礼：目视正色，耳听正声，口食正味，身行正道。非夺之情也，所以安其情也。”[⑧] 董仲舒还强调了培育“信”的重要性，即诚信专一，这一点对于汉代当时的社会风气是十分有必要的，由于秦重用法术而导致社会风气败坏，汉初承秦，这一诈伪之风在汉初并没有大的改观，以至“法出而

① 《孟子注疏·滕文公上》（清）阮元校刻：《十三经注疏》，中华书局1957年版，第237页。

② 《汉书·董仲舒传》，第2505页。

③ 《春秋繁露义证·仁义法》，第250—251页。

④ 同上书，第249页。

⑤ 同上书，第255—256页。

⑥ 同上书，第256页。

⑦ 《春秋繁露义证·奉本》，第275—276页。

⑧ 《春秋繁露义证·天道施》，第469—470页。

奸生，令下而诈起”。此时董仲舒提出重“信”之德，对于当时社会的风气扭转和社会秩序的稳定是有重要意义的。所以他强调：“春秋之义，贵信而贱诈。诈人而胜之，君子弗为也。”①

董仲舒把“三纲五常”之道，看作是天意的体现，“天不变，道亦不变”，强调应该把此道作为人性修养的必要手段，作为伦理规范的原则，以此来有效地推行德治，教民成善，美化风俗，维护社会等级秩序，达到国治民安的政治目的。

作为汉代“群儒首”的董仲舒提出教民化俗的移风易俗思想，系统的讲述了儒家“三纲五常”的伦理道德规范，并强调教化是维护封建统治秩序的根本，通过立太学、修庠序之教，以经为教本，推行礼乐教化，实现社会风俗的美善。教化美俗的思想对于汉代乃至整个封建时代的社会秩序的稳定发挥了重要的作用。随着儒家学说的社会化，儒家教化理念不断向社会的纵深处渗透，“教民化俗”成为后世封建统治者的重要的治国理念，在中国古代政治生活中书写下了重重的笔墨。

四 《白虎通义》礼乐教化的移风易俗思想

从汉武帝“罢黜百家，独尊儒术”开始经学就成为汉王朝的统治意识形态，经过近两百年的发展，到了东汉初年，经学作为统治意识形态的学术已经有了长足的发展，而在经学发展过程中，不仅受到自身发展规律的影响，而且受到政治外力的干扰，到了东汉初，作为统治意识形态的经学本身，出现了亟需调和、缓释的矛盾——今、古文经学的争斗。而今文经学与古文经学的争立学官也逐步从学术之争向政治领域争权斗争发展，造成了经义的分歧和人们思想上的混乱。在汉代“学术”与“政治”是紧密联系的，经学作为统治意识形态发生问题，经学内部的彼此斗争，动摇了经学的权威，造成经义分歧和人们思想上的混乱，直接影响了汉王朝统治的稳定性，必然要求统治者进行“统一经义”来维护其统治。正是在这种政治和学术背景下，汉章帝于建初四年，在京师洛阳白虎观“大会诸儒于白虎观，考详同异，连月

① 《春秋繁露义证·对胶西王越大夫不得为仁》，第268页。

乃罢”。[①] 经过长时间的争论，会议材料由班固整理撰写了《白虎通义》，又名《白虎通德论》或简称《白虎通》。其中涉及了《易》、《诗》、《书》、诸家《春秋》、《礼》、《乐》、《论语》及《孝经》等儒家经典。《白虎通义》以谶决经义，基本上完成了正《五经》异同的目标，在一定程度上挽救了日益谶纬化、繁琐化的经学，调和了今古文经学之争，维护了经学在学术和政治上的统治地位。《白虎通义》是对西汉以来儒学发展的一次总结，继承了董仲舒新儒家天人感应哲学体系，发展了“三纲五常”的伦理观念，并将儒家思想推向神学化、哲学化、思想理论化。其所确立的统一的儒家道德价值观念体系成为封建社会最高的行为价值标准，并逐渐向社会各个层面浸透。《白虎通义》标志着儒学的“国教化”和“法典化”，并成为汉王朝政治实践的“国宪”，为施行“礼乐教化”以移风易俗提供了思想依据。

《白虎通》强调礼乐教化在移风易俗中的作用，指出礼乐是效法天地、阴阳“制作”而成的，“乐象阳，礼法阴”，阳尊阴卑，礼“系制于”乐。“乐言‘作’，礼言‘制’何，乐者阳也，动作倡始，故言‘作’。礼者阴也，系制于阳，故言‘制’。乐象阳也，礼法阴也。”[②] 认为“王者所以盛礼乐何，节文之喜怒，乐以象天，礼以法地”。[③] 指出乐可以荡涤邪恶，礼可以防淫佚、节奢靡，“人无不含天地之气，有五常之性者，故乐所以荡涤，反其邪恶也；礼所以防淫佚，节其侈靡也。故《孝经》曰：‘安上治民，莫善于礼，移风易俗，莫善于乐。’”[④] 认为礼乐对人们的性情具有陶冶作用，通过礼乐教化陶冶道德情感，培养道德意志，加深道德认识，能够促进人们互相之间的“和敬”、“和顺”、“和亲”的情感共鸣和心理联系，以“和合父子君臣，附亲万民”，从而实现等级尊卑、长幼亲疏有序的社会风气，构建稳定的封建等级秩序，巩固“百王不易之道”，稳固政治统治。

---

① 《后汉书·儒林列传》（南朝宋）范晔：《后汉书》，中华书局1965年版，第2546页。版本下同。

② （汉）班固撰，（清）陈立疏，吴则虞点校：《白虎通疏证》，中华书局1994年版，第98—99页。

③ 《白虎通疏证·礼乐》，第93—94页。

④ 同上书，第94页。

《白虎通义》礼乐教化的重点内容和主要原则就是“尊尊”、“亲亲”、“贤贤”，并设计了一个理想的“尊尊”、“亲亲”、“贤贤”的社会秩序：“深察名号，辨大之端”的等级政治结构和秩序，“天生圣王、德伴天地’的明君理想和“治国之道，本在得贤”的贤贤政治理想，“亲亲为大、孝弟为本”的伦理道德规范，进而实现“安上治民、移风易俗”的礼乐教化的目的。《白虎通义》指出：“磬有贵贱焉，有亲疏焉，有长幼焉。朝廷之礼，贵不让贱，所以明尊卑也。乡党之礼，长不让幼，所以明有年也。宗庙之礼，亲不让疏，所以明有亲也。此三者行，然后王道得，王道得，然后万物成，天下乐之。”[①] 王国维在其《殷周制度论》中指出“尊尊”、“亲亲”、“贤贤”三者在古代礼制中的重要地位，“然尊尊、亲亲、贤贤，此三者治天下之通义也。周人以尊尊、亲亲二义，上治祖祢，下治子孙，旁治昆弟；而以贤贤之义治官”。先秦儒家就强调尊卑名分的社会秩序，把礼视为维护统治阶级等级名分的工具，东周“礼崩乐坏”之时，孔子作《春秋》以“道名分”，强调为政“必也正名乎”，指出尊卑名分对社会秩序的重要性。到了汉代，作为“群儒首”的董仲舒强调“治天下之端，在审辨大；辨大之端，在深察名号”。[②]《白虎通义》继承了董仲舒这一尊卑有序的思想，把“深察名号”作为构筑社会秩序的重要手段，通过论证解释天子、帝、王、皇这些名号的神圣至尊地位，逐一“深察”了公、侯、伯、子、男、公、卿、大夫、士、庶人甚至妇人等名号的含义，论证了尊卑秩序的合理性，并由此得出了“位尊德盛”、“位卑德薄”的结论。《白虎通义》设计了一个等级森严的政治秩序，天、君、臣、民构成了这个政治结构的序列层次，而各个等级有其等级自身的义务和权利。

《白虎通义》强调“崇恩爱，厚亲亲”、“重人伦”的“亲亲”的政治功能，在《白虎通义·宗族》中阐述了“亲亲”的重要性，“宗者，何谓也？宗者，尊也。为先祖主者，宗人之所尊也。《礼》曰：‘宗人将有事，族人皆侍。’古者所以必有宗，何也？所以长和睦也。大宗能率小宗，小宗能率群弟，通其有无，所以纪理族人者也。宗其为

① 《白虎通疏证·礼乐》，第125—126页。

② 《春秋繁露义证·深察名号》，第284页。

始祖后者为大宗，此百世之所宗也。宗其为高祖后者，五世而迁者也。故曰：祖迁于上，宗易于下。宗其为曾祖后者为曾祖宗，宗其为祖后者为祖宗，宗其为父后者为父宗。父宗以上至高祖，皆为小宗，以其转迁，别于大宗也。别子者，自为其子孙祖，继别者各自为宗，所谓小宗有四，大宗有一，凡有五宗，人之亲所以备矣"。[①] "族者，何也？族者，凑也，聚也。谓恩爱相流凑也。上凑高祖，下至玄孙，一家有吉，百家聚之，合而为亲，生相亲爱，死相哀痛，有会聚之道，故谓之族。《尚书》曰：'以亲九族。'族所以有九何？九之为言究也。亲疏恩爱究竟，谓之九族也。父族四，母族三，妻族二。"[②] 《白虎通义》的"亲亲"伦理秩序是围绕这"三纲六纪"的君父大义这一中心展开的。并把全部人伦概括为君臣、父子、夫妇之"三纲"和诸父、兄弟、族人、诸舅、师长、朋友之"六纪"，把人伦附会为阴阳、天地、六合。在《三纲六纪》篇中指出：

> "三纲"者，何谓也？谓君臣、父子、夫妇也。"六纪"者，谓诸父、兄弟、族人、诸舅、师长、朋友也。故《含文嘉》曰："君为臣纲，父为子纲，夫为妻纲。"又曰："敬诸父兄，六纪道行，诸舅有义，族人有序，昆弟有亲，师长有尊，朋友有旧。"何谓纲纪？纲者，张也。纪者，理也。大者为纲，小者为纪。所以张理上下，整齐人道也。人皆怀五常之性，有亲爱之心，是以纲纪为化，若罗网之有纪纲而万目张也。[③]

强调要正确处理君臣、父子、夫妇关系，其次正确处理"敬诸父兄，六纪道行，诸舅有义，族人有序，昆弟有亲，师长有尊，朋友有旧"这六种关系，使其合乎封建伦理，就能达到"张理上下，整齐人道"。《白虎通义》提出的"三纲六纪"的人伦理论，直接来源于董仲舒"三

① 《白虎通疏证·宗族》，第393—395页。

② 同上书，第397—398页。

③ 《白虎通疏证·三纲六纪》，第373—374页。

纲五常”的理论学说，董仲舒认为“王道之三纲，可求于天”。[①] “阳兼于阴，阴兼于阳；夫兼于妻，妻兼于夫；父兼于子，子兼于父；君兼于臣，臣兼于君。君臣、父子、夫妇之义，皆取诸阴阳之道。”[②] “天为君而覆露之，地为臣而持载之，阳为夫而生之，阴为妇而助之。”[③]《白虎通义》在此基础上指出：

> 君臣、父子、夫妇六人也，所以称“三纲”何？一阴一阳谓之道，阳得阴而成，阴得阳而序。刚柔相配，故六人为三纲，“三纲”法天、地、人。“六纪”法六合。君臣法天，取象日月屈信，归功天也；父子法地，取象五行，转相生也；夫妇法人，取象六合阴阳，有施化端也。[④]

《白虎通义》为了强调“三纲六纪”的重要性，用阴阳五行来附会“三纲六纪”，指出君臣、父子、夫妇六个人，之所以称之为“三纲”，就是因为一阴一阳才能构成“道”，阳得阴才能有成，阴得阳才有所遵循。一阳一阴、一刚一柔，互相配合，称之为“三纲”。“三纲”效法天、地、人，“六纪”效法“六合”。把君臣、父子、夫妇的关系说成是阴阳、刚柔相配的关系，阳尊阴卑，阳刚阴柔，阳上阴下，因而三纲得以成立。又用五行与天组成三个阴阳对子：“五行之性，或上或下何？火者，阳也，尊，故上；水者，阴也，卑，故下；木者，少阳；金者，少阴；……土者最大，苞含物，将生者出，将归者入，不嫌清浊，为万物。……五行所以二阳三阴者何？尊者配天，金木水火，阴阳自偶。”[⑤]《白虎通义》所阐述的“三纲六纪”[⑥] 的“亲亲”封建伦理道德

---

① 《春秋繁露义证·基义》，第350页。

② 同上。

③ 同上书，第351页。

④ 《白虎通疏证·三纲六纪》，第374—375页。

⑤ 《白虎通疏证·五行》，第169—170页。

⑥ 季乃礼指出：三纲六纪与“天”互为因果，互相比附，循环论证，三纲六纪被赋予了绝对性、神秘性，而“天”被赋予了伦理性。（季乃礼：《论〈白虎通〉中“天”的混沌性与三纲六纪》，《齐鲁学刊》2000年第3期。）

是由“天意”所定，具有神圣，不可变性。

《白虎通义》主张使用前代的礼乐，等到天下太平之后再重新制作，“王者始起，何用正民。以为且用先代之礼乐，天下太平，乃更制作焉。……必复更制者，示不袭也”。[①] 白虎观会议表面上看来是为统一经学而召开的，实际上，制定礼制人伦才是其最主要的目的，制礼作乐的根本目的就是“行礼乐，宣德化”[②]，《白虎通义》指出：“礼节民心，乐和民声，政以行之，刑以防之。礼乐政刑四达而不悖，则王道备矣。”[③] 通过礼乐教化，来建立和谐的社会风气，使社会有秩序的发展。

综上，《白虎通义》通过反映政治等级的“礼乐”教化，将仁义礼智信等伦理规范作为统治阶级内部成员乃至整个社会的政治道德规范，以此来实现风俗的美善。《白虎通义》强调礼乐是“乐象阳，礼法阴”效法天地阴阳“制作”而成，赋予礼乐神秘主义的色彩，儒家道德规范被尊为天的意志，成为永恒不变的法则。《白虎通义》确立儒家礼乐教化以移风易俗的典范，为后世王朝所遵循。

第四节　经学谶纬化下的移风易俗思想——社会风俗批判

一　东汉中后期经学谶纬化、神学化下经学与政治、社会

经过汉章帝主持召开的白虎观会议的经学讨论以后，儒学日益走向神圣化、甚至宗教化，加之，天人感应和谶纬迷信的发展，经学原本“经世致用”的本义被抛弃，并逐渐走向了庸俗化和神秘化，谶纬经学仅注重从经书中附会空谈，“及邓后称制，学者颇懈。……博士倚席不讲，朋徒相视怠散，学舍颓敝，……然章句渐疏，而多以浮华相尚，儒者之风盖衰矣”。[④] 谶纬经学思想浮泛脱离实际，成为繁琐空洞的理论，儒学经典成了僵死的教条。

---

① 《白虎通疏证·礼乐》，第99—100页。

② 《史记·乐书》，第1186页。

③ 《白虎通疏证·礼乐》，第100页。

④ 《后汉书·儒林列传》，第2547页。

东汉中后期，政治局势急剧变动，政治腐败加剧，“东京和安之后，大权旁落君主势微，外戚宦官窃柄乱政”。[①] 和帝以后的政局，陷入空前的混乱，和帝以后的皇帝，大多年幼即位（和帝十岁，殇帝仅生百余日，安帝十三岁，冲帝二岁，质帝八岁），小皇帝即位必然导致大权旁落，只好由太后临朝听政，政权就落入外戚手中。随着小皇帝的长大，为了从外戚手上夺回权力，于是与宦官勾结，铲除外戚势力，这时宦官得势，势力上升。等到下一个幼主即位，外戚与宦官权力斗争的旧戏就要再上演一次，双方就这样进行着一轮又一轮的血腥厮杀。从和帝起到灵帝死（89—189）整整一百年中，共经过八个皇帝，最长的不过二十一年，最短的不到半年。政权在外戚和宦官手中轮番交替把持，不管哪一派上台都要铲除异己，大树党羽，横行地方，搜刮财富，穷奢极侈，导致东汉王朝中后期吏治极端腐败，造成“官位错乱，小人谄进，财货公行，政化日损”。[②]

东汉中后期，学术危机、政治腐败直接导致了社会风俗败坏，迷信虚妄之风弥漫于社会，“东汉世祖，应谶中兴，芳风所煽，庶草斯偃，虚妄显于真，实诚乱于伪，世人不悟，是非不定，紫朱杂厕，瓦玉集揉。”[③] 百姓“多不修中馈，休其蚕织”，[④] 而起学巫祝，鼓舞事神，疾病之家“或弃医药，更往事神，故至于死亡，不自知为巫所欺误”，[⑤] 骄奢浮华之风盛行，“奇巧靡货，流积公行”，[⑥] “嫁娶送终，纷华靡丽”，[⑦] “富贵嫁娶，车骈各十，骑奴侍僮，夹毂节引。富者竞欲相过，贫者耻不逮及。是故一飨之所费，破终身之本业”。[⑧] 东汉中后期世风日下，正如东汉童谣中所说“举秀才，不知书；察孝廉，父别居。寒

---

① 萧公权：《中国政治思想史》第三册，辽宁教育出版社1998年版，第300页。

② 《后汉书·李云传》，第1851页。

③ （汉）王充撰，刘盼遂集解：《论衡集解》，中华书局1957年版，第1页。

④ （汉）王符撰，（清）汪继培笺，彭铎校正：《潜夫论笺校正》，中华书局1985年版，第125页。

⑤ 《潜夫论笺校正·浮侈》，第125页。

⑥ 《后汉书·孝和帝纪》，第186页。

⑦ 同上书，第228页。

⑧ 《潜夫论笺校正·浮侈》，第130页。

素清白浊如泥，高第良将怯如鸡。”[1]“直如弦，死道边；曲如钩，反封侯”[2]等都是当时“政令垢玩，上下怠懈，风俗凋敝，人庶巧伪，百姓嚣然”[3]的真实反映。

二　东汉中后期的社会风俗批判思潮

由于经学的没落，致使皇权对经学的依赖开始减弱，外戚宦官把持朝政，大封党羽，党锢之祸起于朝内，“逮桓灵之间，主荒政谬，国命委于阉寺，士子羞与为伍，故匹夫抗愤，处士横议，遂乃激扬名声，互相题拂，品核公卿，裁量执政，婞直之风，于斯行矣”[4]士人遭到排斥，儒士的仕途进一步被阻。面对政治日趋腐败，社会失序，风俗日益败坏，帝国每况愈下，各种矛盾日趋尖锐，儒家大一统理论建立起来的专制皇朝，处于分崩离析之中。置身于这种严酷的社会危机当中，在一些士大夫和儒家学者中，产生了清议的思潮，对政治弊端及社会风俗的浮薄、鄙陋、不合理进行议论和批评。王符、崔寔、荀悦、仲长统、应劭等人要求“匡济薄俗”[5]、“辩风正俗”，并纷纷著文立说，对各种风俗鄙陋进行了猛烈的批判，形成了东汉中后期具有特色的社会风俗批判的思潮。

王符，字节信，安定临径（甘肃镇源县西）人，约生于83年（东汉章帝建初末年），卒于170年（灵帝建宁三年）。其人“耿介不同于俗”，痛恨朝廷的腐败和官场的无耻，拒不出仕，甘为“潜夫”，乃隐居著书十卷三十六篇，署其名为《潜夫论》。面对东汉后期外戚与宦官夺权斗争的高潮，以及两次党锢之祸、政治腐败、风俗败坏的局面，王符以平民思想家的身份对时政的黑暗、统治者的腐朽和社会风俗的败坏作了尖锐的揭露和批判。王符把批判矛头指向虚妄迷信盛行、民风骄奢浮华、末业伤农等社会风俗现象，直接开启了东汉中后期社会风俗批判思潮。

① 杨明照：《抱朴子外篇校笺》，中华书局1997年版，第393页。
② 《后汉书·五行志》，第3281页。
③ 《后汉书·崔寔传》，第1726页。
④ 《后汉书·党锢列传》，第2185页。
⑤ 《论衡集解·对作篇》，第574页。

王符针对东汉中后期社会上盛行的虚妄迷信之风进行了批判，在《潜夫论》中的《卜列》、《巫列》、《梦列》等篇对烦于卜筮、以声音定五行、以住宅测吉凶、祭非其鬼、多忌妄畏、见祥纵态、见凶骄慢等迷信之风发起了抨击，在《潜夫论·浮侈》中揭露了巫觋欺骗民众的行为：

> 今多不修中馈，休其蚕织，而起学巫祝，鼓舞事神，以欺诬细民，荧惑百姓。妇女羸弱，疾病之家，怀忧愦愦，皆易恐惧，至使奔走便时，去离正宅，崎岖路侧，上漏下湿，风寒所伤，奸人所利，贼盗所中，益祸益祟，以致重者不可胜数。或弃医药，更往事神，故至于死亡，不自知为巫所欺误，乃反恨事巫之晚，此荧惑细民之甚者也。[①]

指出了百姓对巫祝崇信的诚惶诚恐之态，巫鬼迷信惑民极深，直接冲击了东汉基层的政治统治秩序及正常的生产经济生活，造成了社会物质财富的极大浪费。

王符在《浮侈》篇抨击社会上的骄奢浮华之风，贵戚豪强竞相奢侈，生活奢靡，服饰、饮食、车舆、文饰等都超越礼制。“奢衣服，侈饮食，事口舌，而习调欺，以相诈给，比肩是也。”他们在“衣服、饮食、车舆、文饰、庐舍，皆过王制，僭上甚矣”。[②] 甚至他们的“从奴仆妾”，也都“服葛子升越：筩中女布，细致绮縠，冰纨锦绣，犀象珠玉，琥珀玳瑁，石山隐饰：金银错镂，獐麂履舄，文组彩褋，骄奢僭主”，[③] 婚丧嫁娶，更是奢侈无度。“富贵嫁娶，车軿各十，骑奴侍僮，夹毂节引。”[④] 王符对社会上的厚葬之风进行了严厉的批判，他指出“古者墓而不崇。仲尼丧母，冢高四尺，遇雨而堕”。[⑤] 强调汉文帝、明

---

① 《潜夫论笺校正·浮侈》，第125页。

② 同上书，第130页。

③ 同上。

④ 同上。

⑤ 同上书，第134、137页。

帝葬时，“皆不藏珠宝，不造庙，不起山陵，陵墓虽卑而圣高”。[①] 京师权贵和郡县豪家“生不极养，死乃崇丧。或至刻金镂玉，檽梓楩楠，良田造茔，黄壤致藏，多埋珍宝偶人车马，造起大冢，广种松柏，庐舍祠堂，崇侈上僭。宠臣贵戚，州郡世家，每有丧葬，都官属县，各当遣吏赍奉，车马帷帐，贷假待客之具，竞为华观”。[②] 这些权贵豪族为置办棺木而兴师动众，要从几千里外运来，制作时还要耗费成千上万的人工，费功伤农，严重妨碍了人民的生产。“夫檽梓豫章，所出殊远，又乃生于深山穷谷，经历山岑，立千步之高，百丈之溪，倾倚险阻，崎岖不便，求之连日然后见之，代斫连月然后讫，会众然后能动担，牛列然后能致水，油溃入海，连淮逆河，行数千里，然后到雒。工匠雕治，积累日月，计一棺之成，功将千万。夫既其终用，重且万斤，非大众不能举，非大车不能挽。”致使“边远下土，亦竞相仿效”[③] 以至“东至乐浪，西至敦煌，万里之中，相竞用之”。[④] 王符批判了这一厚葬奢靡之风，指出“此无益于奉终，无增于孝行，但作烦搅扰，伤害吏民”。[⑤]

王符对社会上舍本逐末的风气进行了批判。他指出：“今举世舍农桑，趋商贾，牛马车舆，填塞道路，游手为巧，充盈都邑。”[⑥] 于是造成“一夫耕，百人食之，一妇桑，百人衣之，以一奉百，孰能供之?”[⑦] 面对“天下浮侈离本，僭奢过上”的社会状况，王符指出“凡为治之大体，莫善于抑末而务本，莫不善于离本而饰末。”[⑧] 即认为治国的根本在于守本务实。他指出：“富民者，以农桑为本，以游业为末；百工者，以致用为本，以巧饰为末；商贾者，以通货为本，以鬻奇为末：三者守本离末则民富，离本守末则民贫。”[⑨] 王符指出舍本逐末的危害：“本末何足相供，则民安得不饥寒？饥寒并至，则安能不为非，为非则

① 《潜夫论笺校正·浮侈》，第137页。
② 同上。
③ 同上书，第137、134页。
④ 同上书，第134页。
⑤ 同上书，第137页。
⑥ 同上书，第120页。
⑦ 同上。
⑧ 《潜夫论笺校正·务本》，第14页。
⑨ 同上书，第15—16页。

无奸轨？奸轨繁多，则吏安能无严酷？严酷数加，则下安能无愁怨？愁怨者多，则咎征并臻。”[①] 王符指出舍本逐末的“游业”、“巧饰”、“鬻奇”之人“外虽有勤力富家之私名，然内有损民贫国之公实”，如果“治本者少，浮食者众”使大量生产劳动力变成非生产的，从而妨碍了生产力的发展，必然“本末不足相供”则“饥寒并至”、“奸轨繁多”进而导致统治严酷，而统治严酷必然导致“愁怨者多”，最终威胁到汉王朝的统治秩序。对此风气，王符主张：“为政者，明督工商，勿使淫伪，困辱游业，勿使擅利，宽假本农，而宠遂学士，则民富国平矣。”[②]

王符在《潜夫论》中有不少言辞是针对时政的过谬而发，“其指讦时短，讨谪物情，足以观见当时风政。”[③] 对帝王昏聩、吏治腐败、选举不实等政治腐败之风进行了抨击。他指出，整个东汉社会都已沉浸在“衰暗之世”的氛围之中，朝野上下社会道德丧失，腐败之风弥漫于朝野上下，“呜呼哀哉！凡今之人，言方行圆，口正心邪，行与言谬，心与口违。论古则知称夷、齐、原、颜，言今则必官爵职位；虚谈则知以德义为贤，贡荐则必阀阅为前”。[④] 对于吏治的腐败进行了深刻的揭露：“今者刺史，守相，率多怠慢，违背法律，废忽诏令，专情务利，不恤公事。细民冤结，无所控告，下土边远，能诣阙者，万无数人，其得省治，不能百一。”[⑤] 王符对政治腐败下的选举不实之风作出了猛烈的抨击，他指出：“凡南面之大务，莫急于知贤。知贤之近途，莫急于考功。……今则不然，令长守相不思立功，贪残专恣。不奉法令，……群僚举士者，或以顽鲁应茂才，以桀逆应至孝，以贪饕应廉吏，以狡猾应方正，以谀谄应直言，以轻薄应敦厚，以空虚应有道，以嚣暗应明经，以残酷应宽博，以怯弱应武猛，以愚顽应治剧，名实不相副，求贡不相称，富者乘其材力，贵者阻其势要，以钱多为贤，以刚强为上。凡在位所以多非其人，而官听所以数乱荒也！”[⑥]

① 《潜夫论笺校正·浮侈》，第120页。

② 《潜夫论笺校正·务本》，第17页。

③ 《后汉书·王符传》，第1630页。

④ 《潜夫论笺校正·交际》，第355页。

⑤ 《潜夫论笺校正·三式》，第208页。

⑥ 《潜夫论笺校正·考绩》，第62—68页。

王符针对当时社会上风俗败坏的状况，提出了匡正时弊的方法，主张德刑并举以移风易俗。首先，强调实行德政以化民心，“夫化变民心也，犹政变民体也。德政加于民，则多涤畅姣好坚强考寿；恶政加于民，则多罢癃尪病夭昏札瘥。”[①] 王符强调“观民设教，乃能变风易俗，以致太平”。[②] 德治教化是君主治理国家的根本原则，他说“人君之治，莫大于道，莫盛于德，莫美于教，莫神于化”[③] 道德教育有着化民成俗的社会作用，“导之以德，齐之以礼，务厚其情而明则务义，民亲爱则无相害伤之意，动思义则无奸邪之心。夫若此者，非法律之所使也，非威刑之所强也，此乃教化之所致也”。[④] 通过道德教化导民向善，进而移风易俗。“夫欲历三王之绝迹，臻帝、皇之极功者，必先原元而本本，兴道而致和，以淳粹之气，生敦庞之民，明德义之表，作信厚之心，然后化可美而功可成也。”[⑤] 在主张以德化民的德治的同时，也强调法令和赏罚对风俗整治的作用，王符认为，严明的法令和奖罚制度是治国之本，对于整治风俗有着重要的作用。“法令赏罚者，诚治乱之枢机也，不可不严行也。……夫积怠之俗，赏不隆则善不劝，罚不重则恶不惩。故凡欲变风改俗者，其行赏罚也，必使足惊心破胆，民乃易视。”[⑥] 强调法令能否得到执行是国家兴衰治乱的关键，而君主对法律的态度又决定着法律能否真正得到贯彻，“君敬法则法行，君慢法则法弛”。[⑦]

王符是以一名时代问题批判者而彪炳于汉代思想史册，正如陈启云先生指出，王符“表现出了非凡的敏感性，有勇气和正义感去批评朝廷政治和维护儒家正统的观点”。[⑧] 他以平民身份议政，树立了独到的“潜夫议政”传统，开启了东汉中后期思想界批判时俗的

① 《潜夫论笺校正·德化》，第 372 页。
② 《潜夫论笺校正·浮侈》，第 140 页。
③ 《潜夫论笺校正·德化》，第 371 页。
④ 同上书，第 376 页。
⑤ 《潜夫论笺校正·本训》，第 370—371 页。
⑥ 《潜夫论笺校正·三式》，第 207—209 页。
⑦ 《潜夫论笺校正·述赦》，第 190 页。
⑧ 陈启云：《中国古代思想文化的历史论析》，北京大学出版社 2001 年版，第 221 页。

先河，标志着东汉晚期思想界批判之风的蔚然兴起。一代“潜夫”议政所展现的理论勇气和思想锋芒，在随后崔寔、仲长统、荀悦和应劭等人言论和著作中发展了这一风俗批判精神，形成了一股社会批判思潮。

崔寔，字子真，一名台，字符始，涿郡（河北涿县）人，生年不详，约卒于170年（东汉灵帝建宁三年）。他生于书香世家，祖父崔骃、父崔瑗皆名儒。范晔说，“崔氏世有美才，兼以沉沦典籍，遂为儒家文林”。[①] 寔少时沉静，好读书。父卒，隐居墓侧，后以郡举至孝独行之士，征诣公车，因病不能对策，除为郎。因葬父“资产竭尽”，遂“以酤酿贩鬻为业，时人多以此讥之，寔终不改”。[②] 后出任五原太守有善绩。他著有《政论》五卷，今已不存，其中一部分保存在《群书治要》和后汉书本传中。

崔寔经历乱世，身置政局，宦官与外戚的斗争，朝廷权奸横行，政治极端黑暗，党锢兴起，士人出仕无门，统治阶级内部的紊乱，已腐蚀到整个的社会，这一切激起了崔寔对政治社会问题的激烈批判，崔寔强调：“风俗者，国之脉诊也。年谷如其肥肤，肥肤虽和，而脉诊不和，诚未足为休。”[③] 认为风俗是国家的命脉，直接决定国运的兴衰。汉王朝之所以衰败，正是由于风俗败坏造成的。“凡天下所以不理者，常由人主承平日久，俗渐敝而不悟，政寖衰而不改，习乱安危，怢不自睹。”[④] 他抨击当时社会处于“自汉兴以来，三百五十余岁矣，政令垢玩，上下怠懈，风俗凋敝，人庶巧伪，百姓嚣然”[⑤] 的混乱局面，并指出导致天下风俗败坏，直接表现为“天下三患”：

第一患就是奢侈之风。“普天率土，莫不奢僭”。崔寔指出：“夫人之情，莫不乐富贵荣华，美服丽饰，铿锵眩耀，芬芳嘉味者也。昼则思之，夜则梦焉。唯斯之务，无须臾不存于心，犹急水之归下，川

① 《后汉书·崔骃传》，第1732页。

② 同上书，第1731页。

③ 《全后汉文》卷46，第722页。

④ 《后汉书·崔寔传》，第1725页。

⑤ 同上书，第1726页。

之赴壑。”[①] 追求富贵享乐是人之常情，就像急水下流一样，而当王政不振之时，“法度替而民散乱，堤防堕而水泛溢”。[②] 就会造成“礼坏而莫救，法堕而不恒。……律令虽有舆服制度，然断之不自其源，禁之又不密。今使列肆卖侈功，商贾鬻僭服，百工作淫器，民见可欲，不能不买。贾人之列，户蹈逾侈矣”[③] 的社会风气。

第二患是趋末之风。“世奢服僭，则无用之器贵，本务之业贱矣。农桑勤而利薄，工商逸而入厚。故农夫辍耒而雕镂，工女投杼而刺文，躬耕者少，末作者众。”[④] 结果造成“地功不致，苟无力穑”，谷物匮乏，“财郁蓄而不尽出，百姓穷匮而为奸寇”。[⑤] 舍离农桑本业会造成“一谷不登，则饥馁流死；上下俱匮，无以相济”。[⑥] 的严重局面。崔寔强调“国以民为根，民以谷为命，命尽则根拔，根拔则本颠。此最国家之毒忧，可为热心者也”。[⑦]

第三患是厚葬之风。崔寔在《政论》中对当世穷奢极侈的丧葬习俗表达了更为强烈的反对态度。“送终之家，亦无法度。至用软梓黄肠，多藏宝货，享牛作倡，高坟大寝。是可忍也，孰不可忍！而俗人多之，咸曰健子。天下跂慕，耻不相逮。”厚葬之风盛行，富豪者养生送死，大讲排场，极事铺张，为此不惜耗费大量资财，由于奢侈僭上而导致聚敛和劫掠，危及社会秩序。“是以天戚戚，人汲汲，外溺奢风，内忧穷竭。故在位者则犯王法以聚敛，愚民则冒罪戮以为健。俗之坏败，乃至于斯。”[⑧]

崔寔认为此“三患”产生的根源是君主昏聩和政治的腐败。他说：“凡天下所以不理者，常由人主承平日久，俗渐敝而不悟，政浸衰而不

---

① （唐）魏征等编，吕效祖点校：《群书治要》（《政论》），鹭江出版社2004年版，第728页。

② 《政论》，第728页。

③ 同上书，第728—729页。

④ 同上书，第729页。

⑤ 同上。

⑥ 同上。

⑦ 同上。

⑧ 同上。

改，习乱安危，怢不自睹。”[①] 昏聩的君主“或荒耽嗜欲，不恤万机；或耳蔽箴诲，厌伪忽真；或犹豫歧路，莫适所从；或见信之佐，括囊守禄；或疏远之臣，言以贱废”。[②] 直接导致“王纲纵弛于上，智士郁伊于下”，[③] 以致社会风俗败坏。另外一个根源就是吏治的腐败，他指出：“今官之接民，甚多违理。”征用民众劳力，“更不与直（值）”，即不给适当的报酬。百姓上诉，“终不见省”，即不予理睬。“是以百姓创艾，咸以官为忌讳，遁逃鼠窜，莫肯应募，因乃捕之，劫以威势，心苟不乐，则器械行沽，虚费财用，不周于事。”官吏“上为下效”，败坏风气，“俗易于欺，狱讼繁多，民好残伪”。[④]

崔寔对“三患”的时俗提出了匡改之法，他指出治理俗弊要使用刑罚，而同时并没有否认德教的作用，只是认为德教是为兴平之世而设。指出：“夫刑罚者，治乱之药石也；德教者，兴平之粱肉也。夫以德教除残，是以粱肉理疾也；以刑罚理平，是以药石供养也。”[⑤] 他进一步分析道：“宜参以霸政，则宜重赏深罚以御之，明著法术以检之。自非上德，严之则理，宽之则乱。”[⑥] 汉宣帝“严刑峻法”，天下治安；汉元帝“多行宽政”，终于致衰。“政道得失，于斯可监（鉴）。”[⑦] 崔寔强调“明法度以闭民欲”，[⑧] 用法律的“严”来塞绝弊俗之源，“塞其源以绝其末，深其刑而重其罚”。[⑨] 他认为治理俗弊，只有尚严用刑罚才能奏效。

荀悦，字仲豫，颍川颍阴（今河南许昌市）人，生于148年，卒于209年。由于“家贫无书，每之人间，所见篇版，一览多能诵记”、“尤好著述”，[⑩] 早年隐居，后应曹操征辟，汉献帝建安初年任秘书监、

---

① 《后汉书·崔骃传》，第1725页。
② 同上。
③ 同上。
④ 《政论》，第730页。
⑤ 《后汉书·崔骃传》，第1728页。
⑥ 《政论》，第729页。
⑦ 《后汉书·崔寔传》，第1727页。
⑧ 《全后汉文》卷46，第722页。
⑨ 同上。
⑩ 《后汉书·荀悦传》，第2058页。

侍中等职。荀悦面对世风日下的社会局面，荀悦有志于革新政治，后撰成《汉纪》三十卷，《申鉴》五卷呈给汉献帝，二书对于“朝廷纲纪，礼乐刑政，治乱成败，忠邪是非之际，指陈论著，每致意焉”。[①]

荀悦针对东汉末年虚伪不实、奢侈越制的社会风气发起了批判。荀悦举出了四种“伪”的表现，即“四患”：“一曰伪，二曰私，三曰放，四曰奢。”[②]“俗乱则道荒”，“法坏则世倾”，“越轨则礼亡”，“制败则欲肆”，[③]“四患”会导致整个社会风气趋于虚伪浮华，对社会风俗的危害相当大，以虚伪败坏风俗；用私心破坏法纪；行为放荡，超越规定；奢侈靡费，败坏国家制度；这四者不除，就无法推行政令。荀悦提出“崇五政”以治“四患”，“兴农桑以养其生，审好恶以正其俗，宣文教以章其化，立武备以秉其威，明赏罚以统其法，是谓五政”。[④] 就是要振兴农业与桑蚕业，保障老百姓的生活；分清善恶，匡正民间习俗；推行文化教育，改变社会风气。建立武装，保持国家威严；赏罚分明，统一法令。

荀悦强调以法教来“正俗”，所谓法教，指的是法治与教化。荀悦认为“法教得则治，法教失则乱”。法教是维系社会风俗美善的根本，“教者，阳之化也；法者，阴之符也”，二者相辅相成，缺一不可。“教扶其善，法抑其恶……然则法教之于化民也，几尽之矣；及法教之失也，其为乱亦如之。”荀悦重视教化对风俗导化的作用，认为“教化之废，推中人而坠于小人之域；教化之行，引中人而纳于君子之途。是谓章化”。[⑤] 通过教而扬善性，“故凡器可使与颜冉同趋”。同时强调法律在风俗整治中的作用，通过法而抑恶性，“故跖可使与伯夷同功”。发挥法的外在强制和教的道德内在自觉的双重作用才能达到“正俗”的目的，荀悦在风俗整治上强调法教并用：“德刑并行，天地常道也。先

---

① （清）永瑢、纪昀主编，周仁等整理：《四库全书总目提要》，海南出版社1999年版，第269页。

② （汉）荀悦：《申鉴（附札记）》，中华书局1985年版，第1页。

③ 《申鉴》，第1页。

④ 同上书，第1—2页。

⑤ 同上。

王之道，上教化而下刑法，右文德而左武功，此其义也。”[①] 关于教化与刑罚的具体实施，荀悦认为要根据具体环境而定，“或先教化，或先刑罚，所遇然也。拨乱抑强则先刑法，扶弱绥新则先教化，安平之世则刑教并用。大乱无教，大治无刑。乱之无教，势不行也；治之无刑，时不用也”。[②] 在社会稳定时期，应当优先施德化而后刑罚；而在变乱之秋，则应为加强法治，先刑罚而后德教。荀悦还从人性论的角度阐述了法与教的作用，他主张人性无所谓善，也无所谓恶，而是随客观环境的变化而形成：“性虽善，待教而成；性虽恶，待法而消。”荀悦指出法和教的目的是一致的，只有禁止强暴和教民向善才能使得社会风俗醇美。并强调在教化和法律条款具体执行的过程中要注意，“教初必简，刑始必略，则其渐也。教化之隆莫不兴行，然后责备；刑法之定莫不避罪，然后求密”。[③] 这样可以避免出现繁苛的赏罚令，避免虐法和严刑伤害民众。

仲长统，字公理，山阳高平人（山东邹县西南），生于179年（东汉灵帝光和二年），卒于220年（魏文帝黄初元年）。好学、博览，具文采，“性俶傥，敢直言，不矜小节，默语无常，时人或谓之狂生”，[④]“后参丞相曹操军事。每论说古今及时俗行事，恒发愤叹息，因著论，名曰《昌言》，凡三十四篇，十余万言”。[⑤]《昌言》大部分已遗失，仅保留下一小部分在《后汉书·本传》和《群书治要》中。仲长统对历史以及现实的政治和社会，都有深透的见解，他对社会上的图谶迷信之风、豪强奢侈腐朽之气以及政治上的黑暗腐败不堪发起了激越与大胆的批判。

东汉末年谶纬神学弥漫，符瑞灵异之说盛行。仲长统对图谶、符瑞、厌胜、忌讳等迷信风俗加以否定和批判，提出了“人事为本，天

---

① 《汉纪·孝元皇帝纪》，（汉）荀悦、（东晋）袁宏著，张烈点校：《两汉纪》，中华书局，2002年版，第407页。

② 同上书，第407—408页。

③ 同上书，第408页。

④ 《后汉书·仲长统传》，第1644页。

⑤ 同上书，第1646页。

道为末”的观点，指出：“诸厌胜之物，非礼之祭，皆所宜急除者也。”[①] 仲长统对社会上流行的一些禁忌进行了斥责和嘲讽，他说：“故常俗忌讳可笑事，时势之所遂往而通人所深疾也。且夫掘地九仞以取水，凿山百步以攻金，入林伐木不卜日，适野刈草不择时，及其构而居之，制而用之，则疑其吉凶，不亦迷乎？简郊社，慢祖祢，逆时令，背大顺，而反求福佑于不祥之物，取信诚于愚惑之人，不亦误乎？彼图家画舍转局指天者，不能自使室家滑利，子孙贵富，而望其能致之于我，不亦惑乎？”[②] 仲长统认为，百姓应该“和神气，惩思虑，避风湿，节饮食，适嗜欲，此寿考之方也。不幸而有疾，则鍼石汤药之所去也”。[③] 执政者应该“肃礼容，居中正，康道德，履仁义，敬天地，恪宗庙，此吉祥之术也。不幸而有灾，则克己责躬之所复也”。[④] 而“有祷祈之礼、史巫之事者，尽中正，竭精诚也”，[⑤] 这样的谶讳迷信和卜筮活动是背离其本的，结果只能步入邪途。仲长统提出要严禁忌讳，强调禁断禁忌之风，必须从统治者做起，“表正则影直，范端则器良。行之于上，禁之于下，非元首之教也”。[⑥]

仲长统揭露和抨击皇室贵族奢侈淫乱之风，鞭挞了当时的统治阶层贪婪地攫取社会财富，极端奢侈腐朽的风气。他指斥帝王，“今为宫室者，崇台数十层，长阶十百初，延袤临浮云，上树九大旗，珠玉翡翠以为饰，连帏为城，构帐为宫，起台榭则高数十百尺。璧带加珠玉之物，木土被绕锦之饰。不见夫之女子，成市于宫中，未曾御之妇人，生幽于山陵”。[⑦] 他批判王公贵族骄奢淫逸，“奔其私嗜，骋其邪欲，君臣宣淫，上下同恶。目极角觝之观，耳穷郑卫之声。入则耽于妇人，出则驰于田猎，荒废庶政，弃亡人物，澶漫弥流，无所底极”。[⑧] “今公侯之

① 《全后汉文》卷89，第953页。

② 同上。

③ 同上书，第952页。

④ 同上。

⑤ 同上。

⑥ 同上书，第953页。

⑦ 同上书，第952页。

⑧ 《后汉书·仲长统传》，第1647页。

宫，卿士之家，侍妾数十。昼则以醇酒淋其骨随，夜则以房室输其血气。”[①]“为音乐。则歌儿舞女，千曹而迭起。”[②]“今人主不思神芝、朱草、甘露、零醴泉涌，而患枇杷荔枝之腐，亦鄙〔甚〕矣。”[③]上行下效，整个的社会都效仿，追求“公侯之广乐，君长之厚实”的奢侈浮华生活，在社会上形成浮侈之风，并给社会带来了严重的弊端，奢侈无度必然“鱼肉百姓，以盈其欲，报蒸骨血，以快其情。上有篡叛不轨之奸，下有暴乱残贼之害”。[④]“熬天下之脂膏，斩生人之骨髓。怨毒无聊，祸乱并起，中国扰攘，四夷侵叛，土崩瓦解，一朝而去。”[⑤]直接动摇了王朝统治的根基。

仲长统对腐败的世风给予了更严厉的抨击，他指出社会上存在着“三俗”、“三可贱”及“三奸”。“天下士有三俗：选士而论族姓阀阅，一俗；交游趋富贵之门，二俗；畏服不接于贵尊，三俗。天下之士有三可贱：慕名而不知实，一可贱；不敢正是非于富贵，二可贱；向盛背衰，三可贱。天下学士有三奸焉：实不知，详（佯）不言，一也；窃他人之说，以成己之说，二也；受无名者，移知者，三也。”[⑥]

面对社会上巫风横行，骄奢之风弥漫，世风日下，直接动摇了王朝统治，仲长统提出“敦教学以移情性，表德行以厉风俗”，即通过道德伦理教化以“移情性”、“厉风俗”，他指出：“情无所止，礼为之俭；欲无所齐，法为之防。越礼宜贬，逾法宜刑，先王之所以纪纲人物也。若不制此二者，人情之纵横驰骋，谁能度其所极者哉！”[⑦]仲长统把社会上的“恶”俗的产生都归结于人的情欲，如果不对人的情欲加以规范和限制，任“人情之纵横驰骋”，势必导致社会的混乱，所以必须制定礼作为限制人的情欲，只有这样才能让人们做到有“公心”、“平心”、“俭心”，表正范端。仲长统同时指出“越礼宜贬，逾法宜刑。先

① 《全后汉文》卷89，第954页。
② 同上书，第957页。
③ 同上。
④ 《后汉书·仲长统传》，第1650—1651页。
⑤ 同上书，第1647页。
⑥ 《全后汉文》卷89，第954页。
⑦ 同上书，第953页。

王之所以纪纲人物也”。[①] 他也强调刑罚对风俗整治的作用，“德教者，人君之常任也，而刑罚为之佐助焉”。[②] “法”是强制遏止人们非分的欲望，“礼”则要人们自觉维持社会等级秩序，两者是先王君主“纲纪”。仲长统强调在不同的时期，德教和刑罚对风俗的作用也在发生着变化，“至于革命之期运，非征伐用兵，则不能定其业。奸宄之成群，非严刑峻法，则不能破其党。时势不同，所用之数，亦宜异也”。[③] 在衰世必须严刑峻法杜奸邪，以“治衰敝之俗”。他主张先教而后罚，以教为前提，教而无效，再采取罚的手段，采取德教与刑罚两种手段，对人们进行教化和惩治，以保证社会风俗的美善。

应劭，字仲瑗，东汉汝南郡南顿县（今河南省项城县境内）人。生于汉桓帝元嘉年间，卒于204年（汉献帝建安九年），史称其“少笃学，博览多闻”。[④] 应劭生活在汉灵献帝之时，社会动荡不堪、军阀割据混战，在黄巾起义的打击下，已经摇摇欲坠。政治上的腐朽与动荡，造成了社会思想上的混乱，人心不稳，民风败坏。面对行将崩溃的东汉政权“王室大坏，九州幅裂，乱靡有定，生民无几”的严重危机，应劭认识到社会风俗的好坏将直接影响到一个社会的安定与否和国家的治乱兴衰，指出：“为政之要，辩风正俗最其上也。”[⑤] 因此从匡正风俗角度出发，“方以类聚，凡三十一卷，谓之《风俗通义》，言通于流俗之过谬，而事该之于义理也”，“辩物类名号，释时俗嫌疑”[⑥] 通过论证风俗以明义理，用封建正统思想来整齐风俗，实现上下之心“咸归于正”，进而来维护封建等级秩序及礼仪典制，以实现“匡正时俗”，以达到厚民风而正风俗的目的。

应劭在《风俗通义》通过考释名物、议论时俗、品评得失等形式对当时社会的迷信思想和不良风俗进行了激烈批评，他在书中通过对汉代社会上风俗习惯的记载，对迷信思想和不良风气进行揭露和批评。东

---

① 《全后汉文》卷89，第953页。

② 同上书，第948页。

③ 同上。

④ 《后汉书·应劭传》，第1609页。

⑤ 《风俗通义校注·序》，第8页。

⑥ 同上书，第4页。

汉末年社会上各式庙宇林立，巫鬼祭祀之风盛行，“自高祖受命，郊祀祈望，世有所增。武帝尤敬鬼神，于时盛矣。至平帝时，天地六宗以下及诸小神，凡千七百所”。[①] 统治者已经如此，民间信奉鬼神之风也就可想而知。应劭首先引用了《论语》“子不语怪、力、乱、神”[②] 之言，说明圣人尚且不信鬼神。又引了《论语·为政》中“非其鬼而祭之，馅也”，[③] 强调不应该祭祀的所谓鬼神而硬要去祭其实就是一种馅媚，又引了《礼记·曲礼》所讲“淫祀无福”，[④] 指出祭祀鬼神并不会得到任何福气。在《怪神篇》分析了民间流行的各种怪力乱神，批判了社会上的淫祀之事，如“世间多有狗作变怪”，[⑤] 应劭释之曰：“凡变怪皆妇女下贱，何者？小人愚而善畏，欲信其说，类复裨增，文（当作丈）人亦不证察，与俱悼慑，邪气承虚，故速咎证。”[⑥] 又如“世间多有伐木血出”，[⑦] 则以为怪不足惧，祸福由己，但秉义理，怪无奈何。在《城阳景王祠》载：“城阳，今莒县是也。自琅琊、青州六郡及渤海都邑乡亭聚落，皆为立祠，造饰五二千石车，商人次第为之，立服带绶，备置官属，烹杀讴歌，纷籍连日，转相诳曜，言有神明，其谴问祸福立应，历载弥久，莫之匡纠。唯乐安太守陈蕃、济南相曹操，一切禁绝，肃然政清。陈、曹之后，稍复如故，安有鬼神，能为病者哉！”[⑧] 又在《会稽俗多淫祀》中指出会稽由于淫祀，使得百姓“财尽于鬼神，产匮于祭祀”。“第五伦到官，先禁绝之”，“遂移书属县，晓谕百姓，‘民不得有出门之祀。督课部吏，张设罪罚，犯，尉以下坐（谓违反条令者，尉按其罪而下狱）。祀依托鬼神，恐怖愚民，皆按论之，有屠牛辄行罚’，民初恐怖，颇摇动不安，或接祝妄言，伦敕之愈急，后遂断，无复有祸祟矣。”[⑨] 通过具体事例来向人们讲明巫风淫祀的危害，

① 《风俗通义校注·祀典》，第 350 页。
② 《风俗通义校注·怪神》，第 386 页。
③ 同上。
④ 同上。
⑤ 同上书，第 418 页。
⑥ 同上。
⑦ 同上书，第 434 页。
⑧ 同上书，第 394 页。
⑨ 同上书，第 401 页。

达到破虚妄，怯迷惑，正人心，息邪说，澄清不良社会风气，以整治社会风俗的目的。

对于社会流行的许多恶习的揭露和批判，通过对这些恶习陋俗的叙述，对这些习俗的形成及危害进行揭露。如民间流传的一些恶俗“生三子不举”，“俗说生子至于三，似六畜，言其妨父母，故不举之也。谨按春秋《国语》：越王勾践令民生二子者，与之饩，生三子者，与之乳母，三子力不能独养，故与乳母。所以人民繁息，卒灭强吴，雪会稽之耻，行霸于中国者也。古陆终氏娶于鬼方，谓之女嬇，是生六子，皆为诸侯。今人多生三子，子悉成长，父母完安，岂有天所孕育，而害其父母兄弟者哉!”[①] 应劭用历史事实表明生三子对父母并没有伤害，“生三子不举”之俗是没有道理的。同时对“不举寤生子”、“俗说五月五日生子，男害父，女害母”、[②] “五月盖屋，令人头秃”、[③] “五月到官，至免（应为死）不迁”[④] 等陋俗发出了抨击。

应劭还在《风俗通义》中的《愆礼篇》、《过誉篇》等篇章中对当时社会上沽名钓誉而“饰虚矜伪，诳世耀名”的虚伪违礼之风加以揭露和批判。如《愆礼》篇载：“山阳太守汝南薛恭祖，丧其妻不哭，临殡，于棺上大言：‘自同恩好四十余年，服食禄赐，男女成人，幸不为夭，夫复何恨哉！今相及也。’”应劭指出：“且鸟兽之微，尚有回翔之思，啁噍之痛。何有死丧之感，终始永绝，而曾无恻容。当内崩伤，外自矜饬，此为矫情，伪之至也。”[⑤] 这种矫情虚伪的行为，被应劭批评还不如鸟兽。又有“太原郝子廉，饥不得食，寒不得衣，一介不取诸人。曾过姊饭，留十五钱，默置席下去。每行饮水，常投一钱井中”。[⑥] 这种不符合人之常情的行为，被应劭抨击为“伤恩薄礼，弊之至也”。还有“母养陌妇”、“兄事同窗”、“向兄弟让财”、“为举主守孝”等行事乖张违理、虚伪矫情以博名的例子，人们纷纷效仿遂成风气，严重破

① 《风俗通义校注·正失》，第133页。

② 同上书，第133—134页。

③ 《风俗通义校注·佚文》，第564页。

④ 同上。

⑤ 《风俗通义校注·愆礼》，第142页。

⑥ 同上书，第152页。

坏正常的社会风俗，应劭对此进行了揭露和抨击，痛斥当事人是“坐养声价”、“饰虚矜伪，班世耀名，辞细即巨，终为利动”。[1]

应劭身处汉末风俗日益败坏的动荡社会之中，试图通过考辩风俗、洞察流俗过谬而令事情合乎道理，实现“匡正时俗”的目标。应劭对风俗有了深刻的认识，在《风俗通义》中给风俗定义为：“风者，天气有寒暖，地形有险易，水泉有美恶，草木有刚柔也；俗者，含血之类，像之而生，故言语歌讴异声，鼓舞动作殊形，或直或邪，或善或淫也。圣人作而均齐之，咸归于正，圣人废则还其本俗。”[2] 并特别强调社会风俗的移易关键还在于上层统治者通过自身力量的“均齐”，而“咸归于正”。应劭继承和汲取了前人有关风俗研究的成果，首次提出“为政之要，辩风正俗最其上也”的命题。他试图依照儒家理想来齐整风俗，将社会风俗纳入正统，以挽救当时即将崩溃的政治统治秩序。应劭的著书立说并没有改变东汉皇朝走向灭亡的命运，但“为政之要，辩风正俗最其上”成为历代统治者的重要统治理念，并将其落实到行政实践之中。

综上，通过对东汉中后期诸子分析后不难发现，王符、崔寔、荀悦、仲长统、应劭等思想家群体虽然地位悬殊，仕途穷达有异，但都有着相同的风俗批判立场，他们的政治理念和主张是一脉相通的，共同特点就是针对东汉中后期的社会危机和风俗败坏现象进行了大胆揭露和抨击，从理论上探讨社会风俗改造方案。东汉统治者继承了西汉以礼易俗的传统，极力提倡和宣扬纲常名教，通过尊孔和奖用“孝悌廉正”的政治导向，在整个社会塑造儒家礼制和伦常道德的风尚，借此来巩固东汉王朝的政治秩序。可是，重名教的结果是士人为了获得美名和声誉而“浮华交会”，互相标榜，名与实常常脱节，导致了东汉后期的名教危机。在思想与社会之间的互动关系下，东汉中后期社会的变动，引起了东汉中后期诸子的移风易俗思想也发生了相应的变化，随着社会风俗日益败坏，使得汉代强调“礼乐教化”、“以礼治俗”的实施相对艰难，而王符等人认识到仅仅在世道衰落，风俗败坏的时期，单纯地通过礼乐

---

① 《风俗通义校注·愆礼》，第157页。

② 《风俗通义校注》，第8页。

教化的形式来进行风俗的移易已经显得十分无力，指出“夫刑罚者，治乱之药石也；德教者，兴平之粱肉也”。[①] 在衰世必须严刑峻法杜奸邪，以“治衰敝之俗”，强调刑罚对汉代风俗整治的作用，主张先教而后罚，以教为前提，教而无效，再采取罚的手段，采取德教与刑罚两种手段，对人们进行教化和惩治，以保证社会风俗的美善。

① 《后汉书·崔寔传》，第1728页。

第二章

秦汉移风易俗制度的建构

秦汉学术界对移风易俗问题的讨论，产生了广泛的社会影响，并引起了统治者的关注，认识到了风俗问题关系到国家社稷的兴亡。秦汉统治者认为统一的王朝需要统一的风俗，希望通过移风易俗达到天下风俗齐同的效果，以此建立起统一的文化秩序。终军指出："夫天命初定，万事草创，及臻六合同风，九州共贯，必待明圣润色，祖业传于无穷。"[①] 王吉认为："《春秋》所以大一统者，六合同风，九州共贯也。"[②] 为此，秦汉时期统治者，为实现"行同伦"、"六合同风，九州共贯"的理想，构建了一系列的制度。秦始皇在"以法治俗"的移风易俗思想指导下制定了一系列的制度进行风俗的移易，推行严刑峻法，以立法形式纠肃民风、清除恶俗、整齐人伦，试图通过"匡饬异俗"完成对六国风俗的整合；通过"以吏为师"推行风俗移易，把严密的法令和封建伦理秩序通过"吏"的师教推行到秦朝的社会基层，以求实现对各地风俗的整饬；利用制度强制推行"一法度衡石丈尺，车同轨，书同文字"统一各地风俗，企图实现"大治濯俗，天下承风"。[③] 汉代统治者积极主张通过教化"以礼易俗"、"化民成俗"，采取了一系列的制度保证了这项治国方针的实施。汉代政府在中央设置司徒掌管教化，同时中央还派遣风俗巡行使者巡行四方观览各地风俗，敦促各地风俗美化，并对地方各级行政长官的道德教化、

---

① 《汉书·终军传》，第2816页。

② 《汉书·王吉传》，第3063页。

③ 《史记·秦始皇本纪》，第243页。

美善习俗作了规定，在基层设置三老、孝、悌、力田等专职督导教化、敦厚风化。

第一节　秦代“以法治俗”的移风易俗制度

一　以法为教——用法律制度“匡饬异俗”

秦在军事上完成统一后，秦帝国在东方的政治统治并不稳定，军事上的强制统一并没有改变各地之间的风俗文化差异，东方六国一直把秦视为“虎狼”之国，诈而无信，杂戎狄之俗，对秦国的风俗持贬斥的态度。秦始皇欲将秦的文化制度推广到六国，建立新的统一文化秩序，同样遭到东方六国的拒绝与排斥。面对这种民风差异势必带来思想和文化秩序上的混乱，如何统一六国旧俗、使之归化于秦，是秦始皇统一之后面临的重大问题。为实现对全国各地的风俗整合，建立统一的文化秩序，秦始皇在“以法治俗”的移风易俗思想指导下制定了一系列的制度进行风俗的移易，推行严刑峻法，以立法形式纠肃民风、清除恶俗、整齐人伦，试图通过“匡饬异俗”完成对六国风俗的整合，建立起一个统一的风俗文化秩序。

秦统一后，秦始皇采用韩非的法家学说，实行“以法为教”端平法度、匡饬异俗的政策，在法治的基础上推行道德教化，企图以法律的规范和强制性的干预将秦地风俗推行全国，使一切都纳入实际的法治规范，形成整齐、规范的社会秩序。正是在“以法治俗”的移风易俗思想的指导下，各级地方官员以行政法令的方式来匡正、统一各地风俗。云梦睡虎地秦简中的《语书》就是这样一篇旨在严禁恶俗的法律文告。《语书》简文是秦王政二十年（前227）南郡守腾下给县道啬夫的文告，其中明确要求地方官吏严守法令以改变旧有淫僻恶俗：

廿年四月丙戌朔丁亥，南郡守腾谓县、道啬夫：古者民各有乡俗，其所利及好恶不同，或不便于民，害于邦。是以圣王作为法度，以矫端民心，去其邪避（僻），除其恶俗。法律未足，民多诈巧，故后有间令下者。凡法律令者，以教道（导）民，去其淫避

> （僻），除其恶俗，而使之之于为善殹（也）。今法律令已具矣，而吏民莫用，乡俗淫失（泆）之民不止，是即废主之明法也。而长邪僻淫泆之民，甚害于邦，不便于民。故腾为是而修法律令、田令及为间私方而下之，令吏明布，令吏民皆明智（知）之，毋巨（歫）于罪。今法律令已布，闻吏民犯法为间私者不止，私好、乡俗之心不变，自从令、丞以下智（知）而弗举论，是即明避（僻）主之明法殹也，而养匿邪避（僻）之民。如此，则为人臣亦不忠矣。若弗智（知），是即不胜任、不智殹（也）。智（知）而弗敢论，是即不廉殹（也）。此皆大罪殹（也），而令、丞弗明知，甚不便。今且令人案行之，举劾不从令者，致以律，论及令、丞。有（又）且课县官，独多犯令而令、丞弗得者，以令、丞闻。以次传；别书江陵布，以邮行。①

南郡郡守腾在《语书》文告中，向地方县、道啬夫说明法律制度是圣王制作“以矫端民心”的，目的是统一“乡俗”，“凡法律令者，以教道（导）民，去其淫避（僻），除其恶俗，而使之之于为善殹（也）”。而现在法律已经具备，“而吏民莫用”，民众不去遵守，“废主之明法”则“乡俗淫泆之民不止”，“甚害于邦，不便于民”。文告还要求修法令，并要求地方官吏将有关法令公开颁布，“令吏民皆明智（知）之，毋巨（歫）于罪”。在这种法律已经公布的情况下，地方官吏明明知晓法律，而违背君主之明法，包庇奸邪之人，作为人臣来说就是不忠。如果对法律不知晓，那就是不胜任，“若弗智（知），是即不胜任，不智殹（也）；智（知）而弗敢论，是即不廉殹（也），此皆大罪殹（也）”，总之，这些不知晓或知晓不执行都是大罪。在这里强调了在以法治俗中的各县令丞必须严肃执法，有违反法律者，“致以律，论及令、丞”，即追究县令、丞的责任。林甘泉指出：所谓“为间私方”，即指惩治奸私行为的法令。睡虎地11号秦墓出土了包括田律在内的一批法律文书，其成文年代前后不一，腾所“修法律令、田令及为间私方”。当是根据南郡的具体情况选择秦国已有的法律令重新公布，也有可能制定了一些地方性的

① 《睡虎地秦墓竹简》，第15—16页。

法规。总之，其所修法律令为“去其邪僻，除其恶俗”的目的性是很明确的。[①] 南郡郡守腾之“为是而修法律令、田令及为间私方而下之，令吏明布，令民皆明智（知）之，毋巨（歫）于罪”，并严令县、道长吏依法执行，正是秦始皇“以法治俗”的法律制度上的构建。

秦代统治者在风俗移易问题上，实践了“以法治俗”的移风易俗思想，采用了法令、条规等制度强制性的手段，进行“匡饬异俗”、“大治濯俗”，以求实现“行同伦”即天下同风的愿望。如原东方六国之郑、卫、齐、燕等地区的风俗中，男女关系较为随便，只要两情相悦即可往来或同居。《汉书·地理志》载，“郑国……男女亟聚会，故其俗淫。《郑诗》曰‘出其东门，有女如云’。又曰‘溱与洧方灌灌兮，士与女，方秉菅兮’。‘恂盱且乐，唯士与女伊其相谑。’此其风也。吴札闻郑之歌，曰：‘美哉！其细已甚，民弗堪也。是其先亡乎’。”[②] 卫地“男女亦亟聚会。声色生焉。故俗称郑卫之音。…其失颇奢靡，嫁娶送死过度，而野王好气任侠，有濮上风。”[③] 燕地“初太子丹宾养勇士，不爱后宫美女，民化以为俗，至今犹然。宾客相过，以妇侍宿。嫁娶之夕，男女无别，反以为荣。后稍颇止，然终未改。其俗愚悍少虑，轻薄无威，亦有所长，敢于急人，燕丹遗风也。”[④] 特别是齐地之“巫儿”，“长女不嫁”淫于骨肉之俗，史料多有记载，《新语·无为》云“齐桓公好妇人之色，妻姑姐妹，而国中多淫于骨肉”。[⑤]《汉书·地理志》：“始桓公兄襄公淫乱，姑姐妹不嫁，于是令国中民家长女不得嫁，名曰‘巫儿’，为家主祠，嫁者不利其家，民至今以为俗。”[⑥] 由史料可知，婚外性行为在这些地区的风俗中是被默许的，但秦律中是严禁这一切的。如云梦龙岗秦简载：“同母异父相与奸，可（何）论？弃市。”[⑦]

---

① 林甘泉：《云梦秦简所见秦朝的封建政治文化》，载《中国古代政治文化论稿》，安徽教育出版社，第56页。

② 《汉书·地理志》，第1652页。

③ 同上书，第1665页。

④ 同上书，第1657页。

⑤ 《新语校注·无为》，第67页。

⑥ 《汉书·地理志》，第1661页。

⑦ 刘信芳、梁柱编著：《云梦龙岗秦简》，科学出版社1997年版，第30页。

秦律对于乱伦行为的处罚，同父异母的兄弟姐妹之间通奸者，一律弃世。秦律对于“有子而嫁，倍死不贞”、“妻为逃嫁，子不得母”等“淫泆”之风有着严格的管理，对婚姻嫁娶两性关系予以严厉禁止和打击。《睡虎地秦墓竹简·法律答问》云：

> 女子甲为人妻，去亡，得及自出。小未盈六尺，当论不当？已官，当论；未官，不当论。[①]
>
> 女子甲去夫亡，男子乙亦阑亡，相夫妻，甲弗告请（情），居二岁，生子，乃告请（情），乙即弗弃，而得，论可（何）殴也？当黥城旦舂。[②]
>
> 甲取（娶）　人亡妻以为妻，不智（知）　亡，有子焉。今得，问安置其子？当畀。或入公，入公异是。[③]
>
> 甲乙交与女子丙奸，甲、乙以其故相刺伤，丙弗智（知），丙论可（何）殴也？毋论。[④]

这几个法律条文说的是，有夫之妇逃亡再嫁的惩处；娶有夫之妇为妻者的处罚；通奸引发的斗殴行为的处罚等。上举律文说明，无论是有夫之妇逃亡再嫁，还是通奸行为，法律都是禁止的，对于乱伦行为则一律“弃世”，可见，秦在以法匡饬“淫泆”之风的严厉推行，企图达到“防隔内外，禁止淫泆，男女絜诚”[⑤] 的效果。

秦朝把诸多的伦理道德规范法律化，并形成明晰的法律条文，如在秦律中就有以不孝罪治罪的法律条文。《睡虎地秦墓竹简·法律答问》载：“父盗子不为盗。”[⑥]“殴大父母，黥为城旦舂。今殴大父母，何论？比大父母。”[⑦]“免老告人以为不孝，谒杀，当三环（读作原）之不？

---

① 《睡虎地秦墓竹简·法律答问》，第 222 页。

② 同上书，第 223 页。

③ 同上。

④ 同上书，第 225 页。

⑤ 《史记·秦始皇本纪》，第 243 页。

⑥ 《睡虎地秦墓竹简·法律答问》，第 159 页。

⑦ 同上书，第 184 页。

不当环（原），亟批勿失。”[①] “子盗父母，父母擅杀……不为公室告。”[②]“子告父母，臣妾告主，非公室告，勿听。……勿听而行告，告者罪。”[③]《封诊式》中《告子·爰书》云：“某里士（伍）甲告曰：‘甲亲子同里士五（伍）丙不孝，谒杀，敢告。’即令令史已往执。令史已爰书：‘与牢隶臣某执丙，得某室。丞某讯丙，辞曰：甲亲子，诚不孝甲所，毋（无）它坐罪。”[④] 秦律规定，老人告其子不孝，要求政府判以死刑，官吏不必经过判处死刑的“三宥”程序，立即拘捕惩处“亟执勿失”。秦朝以法律推行“父慈子孝”之风，希望借此来端正风俗。

秦朝严密法律，禁止民间私斗及血亲复仇。秦虽灭六国一统天下，然而，战国私斗、复仇之风遗留未变，尚武者为游侠，行走四方，或仗义扶弱，惩治奸恶，或受人之托行刺谋命，一时成为风尚。六国旧贵族亡国之心不死仍在负隅顽抗，关东地区“家自为怒，人自为斗，各报其怨而攻其仇峋”伺机报仇以复国。如高渐离“举筑扑秦皇帝”、张良得力士，“狙击秦皇帝博浪沙中，误中副车”等，复仇之风直接威胁到了秦始皇的生命安全，直接冲击了秦王朝的政治统治。针对当时社会上盛行的私斗、游侠及复仇之风，秦朝给以严厉的打击，据《睡虎地秦墓竹简·法律答问》载：“擅杀子，黥为城旦舂。”[⑤] “人奴擅杀子，城旦黥之，畀主。”[⑥]“殴大父母，黥为城旦舂。”[⑦]“士五（伍）甲斗，拔剑伐，斩人发结，可（何）论？当完为城旦。”[⑧] “斗，当赀二甲；贼，当黥为城旦”[⑨] 秦律中严禁私斗、擅杀，矫正社会风气。

秦王朝的统治者面对东方六国风俗习惯与秦国之间的巨大差异，而为维护统治建立统治的文化秩序是必须的，而风俗的整合又是统一文化秩序建立的重要环节，秦王朝在“以法治俗”的移风易俗思想的指导

① 《睡虎地秦墓竹简·法律答问》，第 195 页。

② 同上。

③ 同上书，第 196 页。

④ 《睡虎地秦墓竹简·封诊式》，第 263 页。

⑤ 《睡虎地秦墓竹简·法律答问》，第 181 页。

⑥ 同上书，第 183 页。

⑦ 同上书，第 184 页。

⑧ 同上书，第 187 页。

⑨ 同上书，第 188 页。

下，制定一系列法律制度强行革除和改造一切不合时宜的陋习恶风，以求实现“咸化廉清，大治濯俗，天下承风，蒙被休经”[①] 的理想风俗。

二　以吏为师——通过官吏推行风俗移易

秦王朝在整治社会风俗时，采取暴力手段“言轨于法”，以秦地风俗为主体，对各地风俗实行强制性的统一，甚至不惜采用极端残酷的手段来移风易俗。商鞅最早提出“置主法之吏，以为天下师”的思想，并在秦国推行变法时实施彰明法令、禁绝游说的政治措施，“以吏为师”开始在秦国走向制度化。韩非继承并发展了这一思想，他强调：“故明主之国，无书简之文，以法为教，无先王之语，以吏为师。”[②] 指出“以吏为师”对巩固绝对君权、加强思想统治的重要性。到全国统一后李斯建议始皇：“若有欲学法令，以吏为师。”[③] 禁止私学和收藏《诗》、《书》、百家语，“有敢偶语《诗》、《书》者弃市，以古非今者族”。[④] 这一主张正符合秦始皇“使天下无异意”的政治需求，有学者指出：“在秦帝国，以吏为师作为构筑专制意识形态的正式法令，其含义有二：一是标志着官方对学术的垄断；二是标志着官僚对学者的支配。”[⑤] 把严密的法令和封建伦理秩序通过“吏”的师教推行到秦朝的社会基层，以求实现对各地风俗的整饬。

秦朝各级官吏对推行各地风俗移易的过程中起到了重要作用。据上文所引云梦睡虎地秦简《语书》中所载，秦时郡县的“啬夫”有考察民间“私好、乡俗之心”，惩治“吏民犯法为间私者”的职责，并督促基层加强教化，随时上报。地方官吏有习明法律“以教道（导）民”，敦促圣王之法的执行，以“去其淫避（僻），除其恶俗，而使之之于为善殹（也）。”秦政府还在地方设置专掌教化的乡官——“三老”，《续汉书·百官志》载：“三老掌教化。凡有孝子顺孙，贞女义妇，让财救

---

① 《史记·秦始皇本纪》，第 261 页。

② 《韩非子集释·五蠹》，第 1067 页。

③ 《史记·秦始皇本纪》，第 254 页。

④ 同上。

⑤ 雷戈：《为吏之道——后战国时代官僚意识的思想史分析》，《首都师范大学学报（社科版）》2005 年第 1 期。

患及学士为民法式者，皆扁表其门，以兴善行。"[①] 虽然关于秦代的"三老"的记载之史料极少存世，但通过汉代三老以"孝"为中心进行教导乡里民众的职责内容来看，不难推论出秦代三老在秦王朝乡里政治生活中起到的重要作用，其必然有习明法令"以教道（导）民"之职责。"焚书坑儒"之后，秦帝国把法家思想文化专制政策推向了顶端，严禁其他学派的存在和发展，"天下敢有藏《诗》、《书》百家语者，悉诣太守、尉杂烧之"。[②] 唯法家一尊，而私学被禁，"若欲有学法令，以吏为师"。[③] 秦统一后"以吏为师"的传统被推向了新的高峰，而要通过"吏"师的推行法律进行匡饬风俗，秦王朝就必然对各级官吏提出更高的要求，秦代地方官吏的首要职责应该是"修法律令"，"令吏明布，令吏民皆明智（知）之，毋巨（歫）于罪"。"法"的习修对于秦代地方官吏是放置于首位的，"法所以为国也而轻之，则功不立，名不成"，[④] "法不阿贵，绳不挠曲。法之所加，智者弗能辞，勇者弗敢争。刑过不避大臣，赏善不遗匹夫"。[⑤] "抱法处势则治，背法去势则乱。"[⑥]《睡虎地秦墓竹简·语书》中强调，法律具有移风易俗，端正民心，改造民风的功能："古者民各有乡俗，其所利及好恶不同，或不便于民，害于邦。是以圣王作为法度，以矫端民心，去其邪避（僻），除其恶俗。法律未足，民多诈巧，故后有间令下者。凡法律令者，以教道（导）民，去其淫避（僻），除其恶俗，而使之之于为善殹（也）。"[⑦] 而当法令已经颁布明晰之后，仍然"吏民犯法为间私者不止，私好、乡俗之心不变"那就是地方官吏没有执行好"吏师"的职责，就是"养匿邪僻之民"，是不忠、不智、不胜任此职。

通过提高官吏自身修养"正行修身，祸去福存"以为民师，《睡虎地秦墓竹简·为吏之道》指出官吏的"五善"之行："一曰忠信敬上，

---

① 《续汉书·百官志》，第 3624 页。

② 《史记·秦始皇本纪》，第 254 页。

③ 同上。

④ 《韩非子集释·安危》，第 484 页。

⑤ 《韩非子集释·有度》，第 88 页。

⑥ 《韩非子集释·难势》，第 888 页。

⑦ 《睡虎地秦墓竹简·语书》，第 15 页。

二曰清廉毋谤，三曰举事审当，四曰喜为善行，五曰恭敬多让。”文中所讲：要求官员具有“忠信敬上”、“喜为善行”和“恭敬多让”之善行，无疑可以给百姓树立良好的表率，百姓习之则民风向善。当然，从历史的现实来看，这些要求秦吏爱民息民、导民向善的条规，在实际执行过程中发生了极大的偏差，多数秦吏并没有按《为吏之道》之要求行事来做民之表率，多数的秦吏在风俗整饬的实践过程中更多的强调了习明法令“明法度，定律令”[①]把“以法治俗”的理念推向了极端，强力推行法律来匡饬东方六国之“私好乡俗”，由此看来，政治理想和社会现实之间产生了偏差。

三　书同文，车同轨，行同伦——用制度强制统一风俗

在秦始皇统一了六国之后，为实现“行同伦”端正风俗的目的，在全国以法令的形式强力推行了“一法度衡石丈尺，车同轨，书同文字”制度上统一整合。

首先，“书同文”的强制推行。战国时期，七国“言语异声，文字异形”，这对国家统一，各地之间的经济、文化交往有严重的阻碍，直接影响到中央政府政策法令的有效推行。秦始皇统一天下后便下令李斯等进行文字的整理、统一工作，即“书同文”，李斯以战国时候秦人通用的大篆为基础，吸取齐鲁等地通行的蝌蚪文笔画简省的优点，创造出一种形体匀圆齐整、笔画简略的新文字，称为“秦篆”，又称“小篆”，作为官方标准规范文字推行天下，同时“罢其不与秦文合者”。许慎在《说文解字序》中叙述了秦始皇统一文字的过程：

> 七国“言语异声，文字异形，始皇帝初兼天下。丞相李斯乃奏同之，罢其不与秦文合者。斯作《仓颉篇》，中车府令赵高作《爰历篇》，太史令胡毋敬作《博学篇》，皆取史籀大篆，或颇省改，所谓小篆者也。是时秦烧经书，涤除旧典，大发吏卒，兴戍役，官狱职务繁，初有隶书，以趣约易，而古文由此绝矣。”[②]

---

① 《史记·李斯列传》，第2546页。

② 《说文解字注》，第758页。

许慎还在《说文解字序》中指出秦统一文字之前有八体："自尔秦书有八体：一曰大篆，二曰小篆、三曰刻符，四曰虫书，五曰摹印，六曰署书，七曰殳书，八曰隶书。"[①] 显然自此后才据文字结构、书写方法，将字体分出类别来。小篆比之大篆、甲骨、金文，就文字结构而言均属同一类，但字形笔画已颇有省改，并且规范化了。李斯作《仓颉篇》，赵高作《爰历篇》，胡毋敬作《博学篇》，三篇皆四言诗句，用标准小篆加以书写，由秦政府颁行天下，以教学童识字，同时作为统一标准文字形体责令实行。三篇字书就是秦文小篆范本。相传为李斯所写的《泰山刻石》、《琅琊台刻石》，今日仍可见其残石拓本，还有不断新发现的始皇权量诏版，由此不难看出秦统一文字——篆书的原始风貌。标准文字主要有两种书体，除了小篆还有隶书，相传"隶书"是程邈把小篆圆转的笔画变为方折，在线条上变弧曲为直线，在结构上删繁就简，制定出一种新字体，便于书写，很快便在社会上流行开来，并奠定了楷书的基础。秦朝"书同文"对于篆书隶变、隶书转变为楷书，是功不可没的。

其次，"车同轨"理想的努力。战国时"车涂异轨"，诸侯割据，关卡林立，路轨尺度不一，严重阻碍了各地区间政治、经济和文化的交流与发展，不利于各地之间的风俗文化交流。秦代"车同轨"，轨，则兼指车的规格与道路的宽窄。《说文》："轨，车彻也。"[②] 由于车厢以下、两轮之间中空可通，故又曰彻。彻，通也。后派生出"辙"字。轨，就高度言，指车厢到地面的高度；就宽度言，指两轮之间的距离。因此，轨的高度和宽度，也就决定了车身的高度和宽度。所谓"车同轨"，即统一车子高度宽度的规格。秦统一后，规定"车同轨"、"舆六尺"，这是车轨的标准宽度。

再次，"一法度衡石丈尺"。战国时期，各诸侯国度量衡制度极不一致，单位、级数、大小、进位制度多不统一，以量制而言，秦以升、斗、桶为单位，取十进位制，齐国以升、豆、区、釜、钟为单位，姜齐时，是以"四升为豆，各自其四，以登于釜，釜十则钟"。田齐改为五

① 《说文解字注》，第 758 页。

② 同上，第 728 页。

升为豆，各自其五以登于釜，十釜为钟。三晋的计量亦各不同。秦在商鞅变法时，就已在秦国范围内“平斗桶权衡丈尺”，对度量衡进行了统一，且制作颁行了标准器。现存的有大良造商鞅方升，就是当时秦国通用的标准量器。《睡虎地秦墓竹简·工律》规定，县和工室由官府有关机构校正其衡器的权、斗桶和升，至少每年应校正一次。《工律》中又有这样的内容：“为器同物者，其小、大、短、长、广亦必等。”[①] 要求制作同一种器物，其大小、长短和宽度必须相同。《睡虎地秦墓竹简·效律》中规定“衡石不正，十六两以上，赀官啬夫一甲；不盈十六两到八两，赀一盾。甬（桶）不正，二升以上，赀一甲；不盈二升到一升，赀一盾。斗不正，半升以上，赀一甲；不盈半升到少半升，赀一盾。半石不正，八两以上；钧不正，四两以上；斤不正，三朱（铢）以上；半斗不正，少半升以上；参不正，六分升一以上；升不正，廿分升以上；黄金衡羸（累）不正，半朱（铢）［以］上，赀各一盾。”[②] 现存秦孝公十八年所制的商鞅方升、昭王十三年制作的高奴禾石铜权都刻有秦始皇二十六年下令统一衡器和量具的诏书，诏文强调“法度量则不壹歉疑者，皆明壹之”。[③] 秦始皇统一度量衡是以秦国度量衡制为准，经过统一检核之后，加刻二十六年诏以作为秦朝的标准器具发往各地强制推行使用。秦始皇还下令强令推行以“半两”钱为全国通行货币代替战国时各国流通的布币、刀币、圆穿圜钱、铜贝等，《史记·平准书》说：“及至秦，中一国之币为二等，黄金以镒名，为上币；铜钱识曰半两，重如其文，为下币。而珠玉、龟贝、银锡之属，为器饰宝藏，不为币。”[④]

秦王朝采用了“书同文，车同轨”，以法令形式强制统一文字、度量衡、货币等制度，秦朝在全国强制推行“书同文”，使各地有了统一的书写文字，促进了大一统下政治经济文化诸事业的发展，有利于信息的传达，因为共同的书面语言构成了彼此传播的基础，这样秦王朝用于匡饬风俗的法令才得以推行至东方六国故地，为秦王朝整齐各地风俗作

① 《睡虎地秦墓竹简·工律》，第69页。

② 《睡虎地秦墓竹简·效律》，第113—114页。

③ 参见骈宇骞《始皇二十六年诏书“则”字解》，《文史》第五辑。

④ 《史记·平准书》，第1442页。

出了文化上的准备。秦在全国推行“车同轨”规定车宽六尺，这样一车可通行全国，直接促进了各地之间的经济交流、文化传播以及各地人民之间的交往。度量衡和货币的统一，更是极大地促进了秦王朝各个地区之间的经济交流，同时也打破了各地民众交往的巨大障碍。这些正是为秦王朝“行同伦”的追求，作以制度上的铺垫。“行同伦”就是秦王朝端正风俗的理想状态，企图全国范围内建立起统一的伦理道德和行为规范，以形成统一的文化心理。从秦始皇出巡到东方六国故地之时的刻石中，可以看到所谓“行同伦”的内容，《泰山刻石》云：“夙兴夜寐，建设长利，专隆教诲。训经宣达，远近毕理，咸承圣志。贵贱分明，男女礼顺，慎遵职事。昭隔内外，靡不清净，施于后嗣。”[①]《琅琊刻石》云：“端平法度，万物之纪．以明人事，合同父子，圣智仁义，显白道理。……尊卑贵贱，不逾次行，奸邪不容，皆务贞良。”[②]《会稽刻石》云：“饰省宣义，有子而嫁，倍死不贞。防隔内外，禁止淫佚，男女洁诚。夫为寄豭，杀之无罪，男秉义程。妻为逃嫁，子不得母，咸化康清。”[③] 强调统一法度和各种制度，即“普施明法经纬天下，永为仪则”，“端平法度”来“匡饬异俗”，以至于“黔首改化，远迩同度”改造各地民风习俗，使之整齐划一，希望天下男女有别，尊卑贵贱有秩，推行君臣、父子、夫妇的封建伦常纲常，形成一种良风美俗，以实现所谓“大治濯俗，天下承风”。[④]

秦王朝在整齐风俗的过程中，贯彻了“以法治俗”的移风易俗思想，“明法度，定律令”，[⑤] 以封建国家机器强制推行“以法为教”、“以吏为师”，以及在全国范围内实行“书同文，车同轨，行同伦”等制度统一，通过法律、制度等措施推行到齐鲁、燕赵、吴越等东方六国故地，强行清除各地邪恶的行为和不良的习俗，而法令的作用在于教导民众、矫正民心，推行臣忠、父慈、子孝等封建伦理，以达到移风易俗的目的。经过十余年的法律强制和吏师教化，秦始皇“匡饬异俗”在

① 《史记·秦始皇本纪》，第243页。

② 同上书，第245页。

③ 同上书，第243页。

④ 同上书，第243页。

⑤ 《史记·李斯列传》，第2546页。

各地积极推行，一些陋风恶俗得到改良，并取得一定的社会效果，社会上出现了“训经宜达，远近毕理，咸承圣志。贵贱分明，男女礼顺，慎遵职事”[①] 的局面，这一点秦始皇在数次东巡的刻石中大加炫耀。但这些毕竟是对帝王功德的称颂之词，理想与现实之间的差距是存在的，因为风俗的统一是文化心理层面的统一过程，相对于制度的统一要有一个长期渐变的过程，秦王朝“匡饬异俗”的执行效果并不能过于高估，云梦睡虎地秦简《语书》所载南郡之“私好、乡俗之心不变”之事，正说明这一风俗整齐过程的艰难。南郡[②]被秦国兼并数十年之后，仍然“吏民犯法为间私者不止，私好、乡俗之心不变”，可见秦国的强制推行整齐风俗的法令被东方六国故地之民所抵触，依然按照“故俗”行事，这些“私好、乡俗”是以生存环境、生产方式、文化传统为基础的具有较强历史惯性的行为方式，仅凭法律手段和行政命令予以改变是不够的，这并没有改变秦地与东方六国故地之间的文化心理之间的冲突。六国故民对秦有根深蒂固的成见，视秦为“虎狼”之国，诈而无信，杂戎狄之俗，这种文化心态上的鄙夷和歧视，并不是从法律上和制度上，一朝一夕能够改变的。六国故民不希望“私好、乡俗”的传统习俗被强制抛弃，这种抵触情绪加上六国宗室豪强的复辟情绪交织碰撞，必然导致秦王朝的整齐风俗之政策面临着巨大的阻力，甚至激起了反秦浪潮，大秦帝国正是在这反秦浪潮中轰然倒塌。

秦始皇一统六合之后，虽然对伦理道德、文治教化的社会功能也开始有所认识，并把“匡饬风俗”作为统一后施政的重要措施。但其法家治国的统治思想并没有任何改变，随着“焚书坑儒”事件之后，秦代文化政策逐步走向了极端，以致用法过急而“仁义不施”，过度强调了法律和暴力的强制作用，而对风俗教化之伦理秩序、道德规范和自我约束的作用给予忽视。秦始皇没有真正认识到“夫并兼者高诈力，安定者贵顺权”[③] 这一“取与守不同术”的道理。“以法治俗”的制度构

① 《史记·秦始皇本纪》，第243页。

② 按南郡本是楚国故地，秦昭王二十八年即公元前279年，秦占江陵，设南郡，《语书》发布于秦王政二十年即公元前227年，其时秦治南郡已达半个世纪之久。

③ 《史记·秦始皇本纪》，第283页。

建，并没有成功的推行秦始皇对“行同伦”的理想风俗状态的追求，正如林甘泉先生指出：“殊不知单纯依靠暴力只能‘并’而不能‘凝’。荀子说：‘能并之而不能凝则必夺。’统一的秦帝国能‘并’而不能‘凝’，结果也就很快被人所‘夺’了。[①]

第二节　汉代从中央到地方移风易俗的制度建设

汉武帝接受了董仲舒“罢黜百家，独尊儒术”建议之后，儒学成为官方意识形态，董仲舒的《对贤良策》中强调教化的重要性：“是故教化立而奸邪皆止者，其隄防完也；教化废而奸邪并出，刑罚不能胜者，其隄防坏也。古之王者明于此，是故南面而治天下，莫不以教化为大务。立大学以教于国，设庠序以化于邑，渐民以仁，摩民以谊，节民以礼，故其刑罚甚轻而禁不犯者，教化行而习俗美也。”[②] 汉代统治者积极主张通过教化“以礼易俗”、“化民成俗”，并在中央到地方采取了一系列的制度保证了这项治国方针的实施。

一　中央遣派风俗巡行使者制度

汉代统治者十分重视风俗问题，出于敦厚风俗、整顿吏治、安稳民心等方面的需要，常常派遣风俗巡行使者巡行各地以观四方风俗。风俗巡行使者通过观察风俗、察举俊贤、宣扬德化、存问耆老鳏寡、赈济灾困、敦课农桑、督责官吏、访察冤狱失职，在稳定社会秩序、整顿吏治等方面发挥了重要的作用。而学界对于汉代风俗巡行使者制度已有关注[③]

---

① 林甘泉：《云梦秦简所见秦朝的封建政治文化》，载《中国古代政治文化论稿》，安徽教育出版社2004年版，第60—61页。

② 《汉书·董仲舒传》，第2503—2504页。

③ 相关文章：葛志毅《西汉遣使巡行制度及其担负的社会政治功能》，载葛志毅《先秦两汉的制度与文化》，黑龙江教育出版社1998年版，第322—323页），陈成军《试谈西汉巡行使者的职能和作用》，《中国历史博物馆馆刊》2000年1期；吴海燕，范志军《两汉“风俗使”演变及职能初探》，《河南师范大学学报》（哲社版）2002年3期；刘太祥《试论秦汉行政巡视制度》，《郑州大学学报》（哲社版）2004年5期；张强、杨颖《两汉循行制度考述》，《南京师大学报》（社科版）2008年3期；夏增民《遣使巡行制度与汉代儒学传播》，《华中科技大学学报》2008年4期等。

但还有不足，如风俗巡行使者来源、官秩和出行特征、职能和作用，特别是“风俗巡行使者”以中央特使的身份巡行四方时，有时兼有监察的职能，这与作为监察制度出现的州刺史之间的关系，以及与地方长吏之间的关系等，有待进一步对比考察，笔者试对这一问题进行探讨。

（一）从𬨎轩之使到风俗巡行使者

在周代就有天子派遣使者到民间采诗巡行之制，《礼记·王制》载：“天子五年一巡狩……命大师陈诗，以观民风。命市纳贾，以观民之所好恶、志淫好辟。”[①]《周礼·秋官·小行人》记载：“小行人掌邦国宾客之礼籍，以待四方之使者。……及其万民之利害为一书，其礼俗、政事、教治、刑禁之逆顺为一书，其悖逆、暴乱、作慝，犹犯令者为一书，其札丧、凶荒、厄贫为一书，其康乐、和亲、安平为一书。凡此五物者，每国辨异之，以反命于王，以周知天下之故。”[②] 扬雄在其《方言》中指出：“三代周秦轩车使者，遒车使者以岁八月巡路，求代语僮谣歌戏。”《风俗通义》：“周秦常以岁八月，遣𬨎轩之使，采异代方言，藏之秘府。”《风俗通义序》：“𬨎轩”，轻车。古代帝王的使臣多乘𬨎车，后因称使臣为“𬨎轩使”。[③] 东晋常璩《华阳国志》载：“古者天子有𬨎车之使，自汉兴以来，刘向之徒但闻其官，不详其职，惟（林）闾与严君平知之，曰：‘此使考八方之风雅，通九州之异同，主海内之音韵，使人主居高堂知天下风俗也。’”[④]《汉书·食货志》载：“孟春之月，群居者将散，行人振木铎徇于路，以采诗，献之太师，比其音律，以闻于天子。故曰王者不窥牖户而知天下。”[⑤] 此处所载的“行人”与𬨎车之使、遒人等，都是周天子派遣到各地巡行采诗观览风俗的使者。秦始皇一扫六合统一天下后，重视各地风俗的整齐，经常遣

---

① 《礼记正义·王制》，第531—534页。

② 《周礼注疏·秋官·小行人》（清）阮元校刻：《十三经注疏》，中华书局1957年版第1344—1349页。

③ 《风俗通义校注·序》，第11页。

④ 《华阳国志校注·先贤士女总赞》（晋）常璩撰，刘琳校注：《华阳国志校注》，巴蜀书社1984年版，第708页。

⑤ 《汉书·食货志》，第1123页。

使者巡行各地风俗。

到了汉代，风俗问题被统治者所重视，甚至把风俗与国家命运联系到一起。汉初陆贾认为风俗是立国的根基，提出“节奢侈，正风俗，通文雅”。[①] 贾谊提出“定制度，兴礼乐”，以移风易俗。这里所讲的“兴礼乐”，实际上就是用儒家教化理念进行统治的思想，把整齐风俗纳入儒家礼义范畴，以建立新的社会文化秩序。随着社会经济的恢复，国力的强盛，汉朝统治者不断拓展疆土，汉武帝在思想上“罢黜百家，表章六经”[②] 定儒家一尊，风俗整齐的问题被提上议事日程，为实施儒家教化美善风俗提供了契机。如武帝时期，终军就指出：“夫天命初定，万事草创，及臻六合同风，九州共贯，必待明圣润色，祖业传于无穷。”[③] 汉王朝是为了巩固政权统治、稳定社会秩序而提出并实施齐整风俗，风俗教化被提升到巩固国家政权、关乎国家命运的高度，移风易俗逐渐成为官方教化政策的重要理论依据。周秦以来的“风俗巡使”观览风俗之制，在此时被继承并逐步发展。汉武帝派遣“风俗巡行使者”巡行郡国，元狩六年诏曰：“今遣博士大等六人分循行天下，存问鳏寡废疾，无以自振业者贷与之。谕三老孝弟以为民师，举独行之君子，征旨行在所。……祥问隐处亡位，及冤失职，奸猾为害，野荒治苛者，举奏。郡国有所以为便者。上丞相、御史以闻。”[④] 随着儒家观念的不断推广和渗透，以礼治国、化民成俗的观念逐渐在统治阶层普及并成为治国理念，武帝之后的历代皇帝均热心于风俗的整合，力求将风俗纳入礼的规范。纷纷效仿派遣“风俗巡行使者”巡行各地，观览风俗，采获地方的民风地情，并布施政府所提倡的儒家的道德价值观，把儒家的礼乐价值观贯彻于地方行政过程之中，企图达到“六合同风，九州共贯”[⑤] 的局面。

由此可见，先秦时期的“輶轩之使”的制度与汉代“风俗巡行使者”制度二者之间有种传承和发展、继续和演变的关系。周秦遣“輶

① 《新语校注·道基》，第18页。
② 《汉书·武帝纪》，第212页。
③ 《汉书·终军传》，第2816页。
④ 《汉书·武帝纪》，第180页。
⑤ 《汉书·终军传》，第2816页。

轩之使”采风问俗之制传至汉代，其功能发生了变化，汉时的“风俗巡行使者”除了继承其“观风采俗”的传统职能外，还兼有赏赐地方乡官、存问耆老、赈灾济困、举荐贤、能访察冤狱失职、督禁苛暴之吏等职能，其监察功能愈发显著并且成为汉代行政监察制度的重要组成部分，成为中央政府管控地方的一种手段，在汉王朝的国家政治生活中发挥了更为重要的作用。

（二）汉代风俗巡行使者的出巡史迹

汉代派遣风俗巡行使者“巡行天下”、或“循行天下”、“循行郡国”、“循行风俗”、“分行天下”、“分巡行”等，是遣使者若干人分别派往不同的地区进行巡视。今可见汉代最早遣使者巡行风俗之史迹为汉武帝于元狩六年六月遣风俗巡行使者巡行天下，关于这次武帝派遣风俗巡行使者的史迹，有多处史料①记载，可见其对汉代政治生活影响之大，正是因为有如此影响，被后来各个王朝尊为成例，两汉时期，派遣风俗巡行使者巡行天下的活动十分频繁，拣诸史籍，列表如下：

① 《史记·平准书》：“自造白金五铢钱后五岁……天下大抵无虑皆铸金钱矣。犯者众，吏不能尽诛取，于是遣博士褚大、徐偃等分曹循行郡国，举兼并之徒，守相为吏（利）者。”第1433页。《汉书·武帝纪》：元狩六年（前117），今遣博士大等六人分循行天下，存问鳏寡废疾，无以自振业者贷与之。谕三老孝弟以为民师，举独行之君子，征诣行在所。朕嘉贤者，乐知其人。广宣厥道，士有特诏，使者之任也。详问隐处亡位，及冤失职，奸猾为害，野荒治苛者，举奏。第180页。《汉书·五行志》：“先是，比年遣大将军卫青、霍去病攻祁连，绝大幕，穷追单于，斩首十余万级，还，大行庆赏。乃闵海内勤劳，是岁遣博士褚大等六人持节巡行天下，存赐鳏寡，假与乏困，举遗逸独行君子诣行在所。郡国有以为便宜者，上丞相、御史以闻。”第1409页。《汉书·食货志》：“自造白金五铢钱后五岁，而赦吏民之坐盗铸金钱死者数十万人。其不发觉相杀者，不可胜计。赦自出者百余万人。然不能半自出，天下大氏无虑皆铸金钱矣。犯法者众，吏不能尽诛，于是遣博士褚大、徐偃等分行郡国，举并兼之徒守相为利者。”第1168页。《终军传》：“元鼎中，博士徐偃使行风俗。偃矫制，使胶东、鲁国鼓铸盐铁。”按此元鼎当为元狩之讹。第2817页。《盐铁论·刺复》：“博士褚泰、徐偃等，承明诏，建节驰传，巡省郡国，举孝廉，劝元元”等多处史料记载此事。（马非百注释：《盐铁论简注》，中华书局1984年版，第80页。）

时间	风俗巡行事件	人数	官阶	出处
元狩六年（前117）	今遣博士大等六人分循行天下，存问鳏寡废疾，无以自振业者贷与之。谕三老孝弟以为民师，举独行之君子，征诣行在所。朕嘉贤者，乐知其人。广宣厥道，士有特诏，使者之任也。详问隐处亡位，及冤失职，奸猾为害，野荒治苛者，举奏。	6	博士	《汉书·武帝纪》第180页
元鼎二年（前115）秋	遣博士中等分循行，谕告所抵，无令重困。吏民有振救饥民免其厄者，具举以闻。		博士	《汉书·武帝纪》第182页
始元元年（前86）闰九月	遣故廷尉王平等五人持节行郡国，举贤良，问民所疾苦、冤、失职者。	5	故廷尉	《汉书·昭帝纪》第220页
本始元年（前73）春	遣使者持节诏郡国二千石谨牧养民而风德化。			《汉书·宣帝纪》第239页
汉宣帝时	魏相为丞相①，奏曰："……窃伏观先帝圣德仁恩之厚，勤劳天下，垂意黎庶，忧水旱之灾，为民贫穷发仓廪，赈乏馁；遣谏大夫、博士巡行天下，察风俗，举贤良，平冤狱，冠盖交道；省诸用，宽租赋，弛山泽波池，禁秣马酤酒贮积：所以周急继困，慰安元元，便利百姓之道甚备。"		谏大夫、博士	《汉书·魏相传》第3137页
地节四年（前66）九月	诏曰："朕惟百姓失职不赡，遣使者循行郡国问民所疾苦。吏或营私烦扰，不顾厥咎，朕甚闵之。今年郡国颇被水灾，已振贷。"			《汉书·宣帝纪》第252页

① 《汉书·百官公卿表》载：魏相于地节三年（前67）六月壬辰拜相。

续表

时间	风俗巡行事件	人数	官阶	出处
元康四年（前62）春正月	遣大中大夫彊等十二人循行天下，存问鳏寡，览观风俗，察吏治得失，举茂材异伦之士。	12	太中大夫	《汉书·宣帝纪》第258页
五凤四年（前54）夏四月辛丑	诏曰："皇天见异，以戒朕躬，是朕之不逮，吏之不称也。以前使使者问民所疾苦，复遣丞相、御史掾二十四人循行天下，举冤狱，察擅为苛禁深刻不改者。"	24	丞相、御史掾	《汉书·宣帝纪》第268页
汉宣帝时	宽饶为太中大夫，使行风俗，多所称举贬黜，奉使称意。	1	太中大夫	《汉书·盖宽饶传》第3244页
初元元年（前48年）夏四月	遣光禄大夫褒等十二人循行天下，存问耆老鳏寡孤独困乏失职之民，延登贤俊，招显侧陋，因览风俗之化。	12	光禄大夫	《汉书·元帝纪》第279页
初元中	（王尊为益州刺史），博士郑宽中使行风俗，举奏尊治状，迁为东平相。	1	博士	《汉书·王尊传》第3229页
（建昭四年）（前35年）夏四月	诏曰："朕承先帝之休烈，夙夜栗栗，惧不克任。间者阴阳不调，五行失序，百姓饥馑。惟烝庶之失业，临遣谏大夫博士赏等二十一人循行天下，存问耆老鳏寡孤独乏困失职之人，举茂材特立之士。将相九卿，其率意毋怠，使朕获观教化之流焉。"	21	谏大夫、博士	《汉书·元帝纪》第295页
成帝初	成帝初即位，举为博士，数使录冤狱，行风俗，振赡流民，奉使称旨。	1	博士	《汉书·孔光传》第3353页

续表

时间	风俗巡行事件	人数	官阶	出处
建始三年（前30）秋九月	诏曰："乃者郡国被水灾，流杀人民，多至千数。京师无故讹言大水至，吏民惊恐，奔走乘城。殆苛暴深刻之吏未息，元元冤失职者众，遣谏大夫林等循行天下。"		谏大夫	《汉书·成帝纪》第307页
河平四年（前25）	遣光禄大夫博士嘉等十一人行举濒河之郡水所毁伤困乏不能自存者，财赈贷。其为水所流压死，不能自葬，令郡国给椟葬埋。已葬者与钱。避水它郡国，在所冗食之，谨遇以文理，无令失职。举厚有行能直言之士。	11	光禄大夫博士	《汉书·成帝纪》第310页
阳朔二年（前23）	秋，关东大水，流民欲入函谷、天井、壶口、五阮关者，勿苛留，遣谏大夫博士分行视。		谏大夫、博士	《汉书·成帝纪》第313页
鸿嘉四年（前17）春正月	诏曰："……已遣使者循行郡国。被灾害什四以上，民赀不满三万，勿出租赋，逋贷未入，皆勿收。流民欲入关，辄籍内。所之郡国，谨遇以礼，务有以全活之。思称朕意。"			《汉书·成帝纪》第318页
永始三年（前14）春正月	诏曰："天灾仍重，朕甚惧焉。惟民之失职，临遣大中大夫嘉等循行天下，存问耆老，民所疾苦，其与部刺史举惇朴逊让有行义者各一人。"		太中大夫	《汉书·成帝纪》第323页
成帝元延元年（前12）	谷永上书："立春，遣使者循行风俗，宣布圣德，存恤孤寡，问民所苦，劳二千石，敕劝耕桑，毋夺农时，以慰绥元元之心，防塞大奸之隙，诸夏之乱，庶几可息。"			《汉书·谷永传》第3471页

续表

时间	风俗巡行事件	人数	官阶	出处
绥和二年（前7）秋	诏曰："……已遣光禄大夫循行举籍，赐死者棺钱，人三千。其令水所伤县邑及他郡国灾害什四以上，民赀不满十万，皆无出今年租赋。"		光禄大夫	《汉书·哀帝纪》第337页
元始四年（4）二月	遣太仆王恽等八人置副，假节，分行天下，览观风俗。 王莽派遣大司徒司直陈崇等八人分行天下，览观风俗。这年秋，风俗巡行使者归报王莽，"言天下风俗齐同，诈为郡国造歌谣，颂功德，凡三万言。莽奏定著令。又奏为市无二贾，官无狱讼，邑无盗贼，野无饥民，道不拾遗，男女异路之制，犯者象刑"。 选明达政事，能班化风俗者八人。时并举玄，为绣衣使者，持节，与太仆王恽等分行天下，观览风俗，所至专行诛赏。	8	太仆、大司徒司直、绣衣使者	《汉书·平帝纪》第357页 《汉书·王莽传》第4076页 《后汉书·谯玄传》第2667页载同一事件
	莽既篡国，遣五威将帅行天下风俗。		五威将帅	《汉书·龚舍传》第3084页
地皇二年（21）	遣中散大夫、谒者各四十五人，分行天下。	90	中散大夫、谒者	《汉书·王莽传》第4169页
地皇三年（22）	莽知天下溃畔，事穷计迫，乃议遣风俗大夫司国宪等分行天下，除井田奴婢山泽六筦之禁，即位以来诏令不便于民者皆收还之。		风俗大夫	《汉书·王莽传》第4179页
永元十一年（99）春二月	遣使循行郡国，禀贷被灾害不能自存者，令得渔采山林池泽，不收假税。			《后汉书·和帝纪》第185页
顺帝时	（雷）义遂为守灌谒者，使持节督郡国，行风俗。太守令长坐者凡七十人。		守灌谒者	《后汉书·雷义传》第2688页

续表

时间	风俗巡行事件	人数	官阶	出处
汉安元年（142）八月丁卯	遣侍中杜乔、光禄大夫周举、守光禄大夫郭遵、冯羡、栾巴、张纲、周栩、刘班等八人分行州郡，班宣风化，举实臧否。 诏遣八使巡行风俗，皆选素有威名者，乃拜举为侍中，举侍中杜乔、守光禄大夫周栩、前青州刺史冯羡、尚书栾巴、侍御史张纲、兖州刺史郭遵、太尉长史刘班并守光禄大夫，分行天下。其刺史、二千石有臧罪显明者，驿马上之；墨绶以下，便辄收举．其有清忠惠利，为百姓所安，宜表异者，皆以状上．于是八使同时俱拜，天下号曰“八俊”。 选遣八使徇行风俗，皆耆儒知名，多历显位，唯纲年少，官次最微。余人受命之部，而纲独埋其车轮于洛阳都亭，曰：“豺狼当路，安问狐狸！”遂奏曰：“大将军冀，河南尹不疑，蒙外戚之援，荷国厚恩，以刍荛之资，居阿衡之任，不能敷扬五教，翼赞日月，而专为封豕长蛇，肆其贪叨，甘心好货，纵恣无底，多树谄谀，以害忠良。诚天威所不赦，不辟所宜加也。谨条其无君之心十五事，斯皆臣子所切齿者也。”	8	侍中、光禄大夫、守光禄大夫	《后汉书·顺帝纪》第272页 《后汉书·周举传》第2029页 《后汉书·张纲传》第1817页

派遣风俗巡行使者的制度为汉代最高统治者所认可，且多以诏令形式颁布使者遣行，诏令在封建时代具有绝对的权威和法定性，以诏令形式派遣风俗巡行使者，凸显汉王朝对此制度的法定地位的认可，将其纳入了国家行政制度的内容之中。

（三）汉代风俗巡行使者的官秩和特征

汉代风俗巡行使者作为皇帝的使者奉诏出巡，为保证其权威性，在其人员组成、出行特征等方面有着自身的特质。

1. 风俗巡行使者的人员组成和官阶、秩次

通过对上述表格分析，可以看出汉代风俗巡行使者分别由谒者、博士、谏大夫、光禄大夫、太中大夫、中散大夫、丞相掾、御史掾、故廷尉、太仆、大司徒司直、绣衣使者等充当，王莽时还专设“风俗大夫”、“风俗使者”和“五威将帅”。其中，又以博士、谒者及大夫等官职出任风俗巡行使者为多，即便是另有官职的风俗巡行官员，也常在出使前冠以谒者、光禄大夫等官职，东汉时又出现“守”谒者或光禄大夫的情况。

下面笔者具体考察一下作为风俗巡行使者主要来源博士、谒者及大夫这三个官职及秩次。

博士

《汉书·百官公卿表》与《续汉书·百官志》并没有记载博士奉使的职能。但在汉代的政治生活中，博士是经常奉使出巡巡行风俗的。据表中统计可得，从汉武帝开始遣博士巡行风俗之后，此后两汉历朝多有博士奉使巡行之事。如表中举例子《汉书·魏相传》，宣帝时魏相为丞相：

> 遣谏大夫、博士巡行天下，察风俗，举贤良，平冤狱，冠盖交道；省诸用，宽租赋，弛山泽波池，禁秣马酤酒贮积：所以周急继困，慰安元元，便利百姓之道甚备。[①]

《汉书·百官公卿表》载：

> 博士，秦官，掌通古今，秩比六百石，员多至数十人。[②]

---

① 《汉书·魏相传》，第3137页。

② 《汉书·百官公卿表》，第726页。

《汉官仪》指出：

> 博士，秦官也。博者，通博古今；士者，辨于然否。[①]

武帝“罢黜百家，表彰六经”，立五经博士专门教授经学，博士制度发生了变化。《汉书·百官公卿表》：

> 武帝建元五年，初置五经博士。宣帝黄龙元年，稍增员十二人。[②]

汉代对于博士的年龄、德、才、身世、经历等诸多方面都有较高的要求，《汉官仪》：“博士，限年五十以上。”[③]《汉旧仪补遗》记载：“取学通行修，博学多艺，晓古文尔雅，能属文章者为高帝。朝贺位次中郎官。史称先生，不得言君。”[④] 汉代博士虽然没有实权，但却是一个具有相当荣誉的职位，博士除掌教太学之外，又奉使出巡为朝廷效力，对汉王朝的政治影响很大。博士亦为随事派遣、处置机宜的常任使者，往往为解决各种政务的需要奉使出行。朝廷颇为倚重，不仅使之巡行四方，且使之举贤、贩灾及考察地方大吏等。故博士出任风俗巡行使者，实兼巡行抚慰及督视监察等职责，对贯彻发挥朝廷统治监管地方的职能起着重要作用。

谒者

按汉代职官制度，谒者有奉使之任。《后汉书·光武帝纪》李注引《汉典职仪》：“（谒者）皆选仪容端正，任奉使者。”[⑤]《汉书·百官公卿表》载：

---

① 《汉官仪》卷上，（清）孙星衍集校：《汉官六种》，《四部备要》本。

② 《汉书·百官公卿表》，第726页。

③ 《汉官仪》卷上。

④ 《汉旧仪补遗》卷上，（清）孙星衍集校：《汉官六种》，《四部备要》本。

⑤ 《后汉书·光武帝纪》，第26页。

谒者，掌宾赞受事，员七十人，秩比六百石。[①]

《宋书·百官志》载：

秦世谒者七十人，汉因之。[②]

东汉时还有常侍谒者、给事谒者、灌谒者等名称。《续汉书·百官志》载：

灌谒者[③]郎中，比三百石。[④]

谒者多由品德高尚之人为之，而且对年龄也有不到五十的要求，并要求仪表堂堂、威容严格、美须大音者来担任。阚骃《十三州志》载：

谒者，秦官，皆孝廉，年未五十，晓解宾赞者。[⑤]

《汉旧仪补遗》载：

谒者缺，选郎中令美须大音者以补之。功次当迁，欲留增秩者，许之。[⑥]

大夫

按汉代职官制度，汉代大夫有太中大夫、中大夫（后更名为光禄

---

① 《汉书·百官公卿表》，第727页。

② 《宋书·百官志》，第1252页。

③ 《后汉书·雷义传》引《汉官仪》曰："谒者三十五人，以郎中秩满岁称给事，未满岁称灌谒者。"胡广云："明章二帝服勤园陵，谒者灌桓，后遂称云。"马融以为"灌者，习所职也。"应奉云："如胡公之言，则吉凶异制。马云：'灌，习也。字又非也。高祖承秦，灌婴服事七年，号大谒者，后人掌之，以姓灌章，岂其然乎？'"第2688页。

④ 《续汉书·百官志》，第3578页。

⑤ 《后汉书·和帝纪》，第180页。

⑥ 《汉旧仪补遗》卷上。

大夫）、谏大夫诸称，大夫有受命奉使之任。《汉书·百官公卿表》载：

> 大夫掌论议，有太中大夫、中大夫、谏大夫，皆无员，多至数十人．武帝元狩五年初置谏大夫，秩比八百石，太初元年更名中大夫为光禄大夫，秩比二千石，太中大夫秩比千石如故。[①]

《续汉书·百官志》载：

> 凡大夫、议郎，皆掌顾问应对，无常事，唯诏令所使。[②]

大夫无常事，但随时准备“唯诏命所使”，为大夫的人，名望较高者为之，《后汉书集解》引惠栋曰：

> 《齐职仪》曰：秦置谏大夫，属郎中令，无常员，多至数十人，掌论议。汉初不置，至武帝，始因秦置之，无常员，皆名儒宿德为之。

《后汉书·郑兴传》载：

> 夫中郎将、太中大夫，使持节官，皆王者之器。[③]

说明大夫有奉使出巡之任，《汉官解诂》曰：“武帝以中大夫为光禄大夫，与博士俱以儒雅之选，异官通职，《周官》所谓‘官联’者也。”[④]由此可以知道博士与大夫有通职之处，通过上表统计也反映出汉代常有大夫、博士同时奉使巡行风俗的现象。

通过分析可知，汉代担任风俗巡行使者的人员一般官秩较低，大都

---

① 《汉书·百官公卿表》，第727页。

② 《续汉书·百官志》，第3577页。

③ 《后汉书·郑兴传》，第1218页。

④ 《汉官解诂》，（清）孙星衍集校：《汉官六种》，《四部备要》本。

在一千石以内。如博士秩六百石；谒者为六百石；太中大夫秩千石；谏大夫秩八百石；光禄大夫初为八百石，武帝太初元年（前104），光禄大夫的官秩由八百石提高到二千石，属特例。出任风俗巡行使者的官吏位卑而官尊，博士、谒者、大夫等官吏皆由学识渊博、德高望重之人担任，这些官职多是皇帝身边的亲信近臣，多伴随皇帝左右，深得皇帝器重，他们出入禁中，参议政事，出纳王命。皇帝常派遣他们作为风俗巡行使者到各地观览风俗、了解民情和地方吏治状况等第一手资料，加强中央对地方行政的监察和控制。

2. 风俗巡行使者的出行特征

风俗巡行使者代表皇帝巡行各地，观览风俗、宣明德教，多为临时差遣，因事而置，事毕即罢。当自然灾害发生或祥瑞异象出现的时候，皇帝往往会遣风俗巡行使者到各地巡行风俗，督察地方吏治。汉代政府十分重视遣使者巡行风俗，两汉风俗巡行使者在到各个郡国巡行风俗的时候，有着隆重的仪式和严格规定。

奉诏、持节

风俗巡行使者奉诏书出行，使者本身之使命必有诏令。《盐铁论·刺复》："（使者）承明诏，建节驰传，巡省郡国。"风俗巡行使者是皇帝所派遣巡行地方，在派遣时必然授予诏令，指示其出使的任务。史书记载："博士褚泰、徐偃等，承明诏，建节驰传，巡省郡国。"[①]《汉书·元帝纪》载，汉元帝下诏谏大夫博士赏等21人临时受命奉诏循行天下风俗之例：

> 建昭四年（前35）夏四月，诏曰："朕承先帝之休烈，夙夜栗栗，惧不克任。间者阴阳不调，五行失序，百姓饥馑。惟烝庶之失业，临遣谏大夫博士赏等二十一人循行天下，存问耆老鳏寡孤独乏困失职之人，举茂材特立之士。相将九卿，其帅意毋怠，使朕获观教化之流焉。"[②]

① 《盐铁论简注·刺复》，第80页。

② 《汉书·元帝纪》，第295页。

风俗巡行使者奉诏巡行，常常有持节出巡的现象。如元狩六年（前 117），汉武帝“遣博士褚大等六人持节巡行天下”；[①] 始元元年（前 86），汉昭帝“遣故廷尉王平等五人持节行郡国”；[②]《后汉书·独行传·雷义传》载：“使持节，督郡国，行风俗。”[③] 节乃是使者身受皇帝特殊使命与负有特殊职权的标志与凭证。汉代之节为使者专用，汉节之形制，是八尺长的竹竿，节以三层犛牛尾毛。《后汉书·光武纪》注曰：

> 节，所以为信也，以竹为之，柄长八尺，以旄牛尾为其眊三重。冯衍与田邑书曰：“今以一节之任，建三军之威，岂特宠其八尺之竹，犛牛之尾哉！”[④]

汉节纯赤，但在王莽篡汉，易服色，“使节之旄旛皆纯黄，其署曰‘新使五威节’”。[⑤] 到了东汉光武时，恢复西汉旧制。

从史料记载分析，使者有持节和不持节之分。《续汉书·舆服志》对使者持节有具体记载：“大使车，立乘，驾驷，赤帷。持节者，重导从：贼曹车、斧车、督车、功曹车皆两；大车、伍伯璅弩十二人；辟车四人；从车四乘。无节，单导从，减半。”[⑥] 节作为皇帝派遣使者的信物，代表皇帝的权威。臣下见节如见皇帝，得遵从持节者之命令。可见持节的使者的地位明显高于不持节的使者。而风俗巡行使者多有“持节”、“假节”的记载，风俗巡行使者在巡行地方时需持节，以表明其特殊身份。如汉昭帝始元元年（前 86）闰月，“遣故廷尉王平等五人，持节行郡国，举贤言，问民所疾苦、冤、失职者”。[⑦] 汉宣帝本始元年

---

① 《汉书·五行志》，第 1409 页。
② 《汉书·昭帝纪》，第 220 页。
③ 《后汉书·雷义传》，第 2688 页。
④ 《后汉书·光武纪》，第 10 页。
⑤ 《汉书·王莽传》，第 4095—4096 页。
⑥ 《续汉书·舆服志》，第 3650—3651 页。
⑦ 《汉书·昭帝纪》，第 220 页。

（前73）春正月，“遣使者持节诏郡国二千石谨牧养民而风德化”。[①] 汉平帝元始四年（4），“遣太仆王恽等八人，置副，假节，分行天下，览观风俗”。[②]

绣衣、乘车

风俗巡行使者出行多有着绣衣者。《汉书·百官公卿表》曰：“侍御史有绣衣直使，出讨奸猾，治大狱，武帝所制，不常置。师古注曰：衣以绣衣，尊崇之也。”绣衣使者，是某些执行特别使命的侍御史，其使命为治大狱，督讨盗贼奸猾，为加重其权威，特赐予绣衣。绣衣使者并不只限于侍御史，《后汉书·谯玄传》载：

> 选明达政事，能班化风俗者八人。时并举玄，为绣衣使者，持节，与太仆王恽等分行天下，观览风俗，所至专行诛赏。[③]

当然，需要指出，风俗巡行使者也有微服秘密出巡的情况，如《后汉书·方术传·李郃传》曰：“和帝即位，分遣使者，皆微服单行，各至州县，观采风谣。”[④] 反映了汉代也存在遣使微服巡行风俗的制度。

两汉风俗巡行使者出巡还乘坐使者车，即所谓乘传。使者车之名，见《后汉书·谯玄传》载：玄于平帝元始四年为使者行使风俗，“事未及终，而王莽居摄，玄于是纵使者车……因以隐遁”。[⑤] 谯玄逃遁，不敢复乘使者车，当是使者车有特殊的标记，乘之容易暴露身份。《续汉书·舆服志》载有所谓大使车、小使车、近小使车，就是所谓的使者车。

> 大使车，立乘，驾驷，赤帷。持节者，重导从：贼曹车、斧车、督车、功曹车皆两；大车，伍伯璅弩十二人；辟车四人；从车四乘。无节，单导从，减半。小使车，不立乘，有騑，赤屏泥油，

---

① 《汉书·宣帝纪》，第239页。

② 《汉书·平帝纪》，第357页。

③ 《后汉书·谯玄列传》，第2667页。

④ 《后汉书·方术列传·李郃传》，第2717页。

⑤ 《后汉书·谯玄列传》，第2667页。

重绛帷，导无斧车。近小使车，兰舆赤毂，白盖赤帷。从驺骑四十人。此谓追捕考案，有所敕取者之所乘也。诸使车皆朱班轮，四辐，赤衡轭。[①]

《汉书·龚舍传》就有关于风俗巡行使者乘车的记载："莽既篡国，遣五威将帅行天下风俗"，[②]"五威将军皆乘干文车，驾坤六马，……将军持节，称太一之使；帅持幢，称五帝之使"。[③]

（四）风俗巡行使者的权限

风俗巡行使者是皇帝的代表，作为皇帝的耳目，利用皇帝的权威，巡行各郡国，观览风俗，监察地方吏治，权力极大，有专擅自决权，风俗巡行使者出巡，往往可根据情形自作决定，风俗巡行使者直接对最高统治者皇帝负责。关于风俗巡行使者的权限问题笔者将从两个方面进行分析。

1. 风俗巡行使者与地方行政官员之间的关系

风俗巡行使者作为皇帝的代表巡行天下，皇帝赋予其极大的权力，是各级行政官吏无法比拟的，风俗巡行使者见官大一级，不论地方官吏官阶高低，皆得服从风俗巡行使者的命令。巡行使者代表皇帝巡视地方行政，直接向皇帝奏事，任何人必须接受监察，否则就是违背皇帝的命令。风俗巡行使者巡视地方吏治可权宜处置，《汉书·盖宽饶传》载："汉宣帝时，宽饶为太中大夫，使行风俗，多所称举贬黜，奉使称意。"[④] 可见盖宽饶为风俗巡行使者出巡地方之时，对地方吏治大力整治，多有地方长吏被"称举贬黜"。汉宣帝，元康四年（前62）春正月、五凤四年（前54）夏四月辛丑，都有风俗巡行使者对地方官吏举黜的记载，风俗巡行使者巡行到地方"察吏治得失"、"察擅为苛禁深刻不改者"、[⑤]"所至专行诛赏"，先决后奏，对贪赃枉法之官，二千石以上驿马上奏其罪，取旨免除，县令长可自行收案举劾。如《后汉书

---

① 《续汉书·舆服志》，第3650—3651页。

② 《汉书·龚舍传》，第3084页。

③ 《汉纪·孝平皇帝纪》，第532页。

④ 《汉书·盖宽饶传》，第3244页。

⑤ 《汉书·宣帝纪》，第268页。

·周举传》：汉安元年（142）时诏“遣八使巡行风俗，……分行天下。其刺史、二千石有臧罪显明者，驿马上之；墨绶以下，便辄收举。”①风俗巡行使者监察地方官员，因其权力极大，往往能干预官员的职事，甚至侵夺官员的职权。例子很多，如《后汉书·雷义传》：“顺帝时，（雷）义遂为守灌谒者，使持节督郡国，行风俗。太守令长坐者凡七十人。”②

2. 汉代风俗巡行使者与刺史之关系

风俗巡行使者和刺史制度都有巡行的功能，同时又都有监察地方吏治的职能，那么两者之间的关系如何？首先我们来考察一下刺史制度。

据《汉书·百官公卿表》曰：

> 武帝元封五年，初置部刺史，掌奉诏条察州，秩六百石，员十三人。③

《续汉书·百官志》曰：

> 外十二州，每州刺史一人，六百石。④

刺史的职务是监察地方郡国，开始时期明确规定以六条问事，《汉书·百官公卿表》注引《汉官典职仪》曰：

> 刺史班宣，周行郡国，省察治状，黜陟能否，断治冤狱。以六条问事，非六条所问即不省。一条，强宗豪右田宅逾制，以强凌弱，以众暴寡；二条，二千石不奉诏书，遵承典制，倍公向私，旁诏守利，侵渔百姓，聚敛为奸；三条，二千石不恤疑狱，风厉杀人，怒则任刑，喜则淫赏，烦扰刻暴，剥截黎元，为百姓所疾，山

① 《后汉书·周举传》，第2029页。

② 《后汉书·雷义传》，第2688页。

③ 《汉书·百官公卿表》，第741页。

④ 《续汉书·百官志》，第3617页。

崩石裂，妖祥讹言；四条，二千石选署不平，苟阿所爱，蔽贤宠顽；五条，二千石子弟恃怙荣势，请托所监；六条，二千石违公比下，阿附豪强，通行货赂，割损政令也。①

这六条监察内容，明确了刺史监察地方官员的权限。规定了刺史所监察的对象，主要是二千石长吏，其次是强宗豪右。

汉代州刺史为长设性有固定任期专职监察的使者——专职使者。到西汉末东汉初，刺史的权力扩大，《后汉书·顺帝纪》永建元年诏：

幽、并、凉州刺史，使各实二千石以下至黄绶，年老劣弱不任军事者，上名。②

监察的范围从二千石扩展到黄绶，把州内所有朝廷命官都包括在了刺史监察的范围内。州刺史监察地方政府，干预郡国守相之权，权力扩展至一州之民政、财政、司法、选举等各方面，又为一州之最高军事长官，最后事实上成为一州之最高行政长官。州刺史以专职监察之使者转变为地方行政长官是从西汉末到东汉逐步转变完成的。正如安作璋、熊铁基先生在《秦汉官制史稿》中指出：

当刺史以六条省察郡国而仅以奉诏奏事的时候，他还是中央派出的监察官，而不是地方官。但刺史权任极重，可以控制地方上的二千石长吏，事实上极易越权。加之东汉后期阶级矛盾尖锐，为了加强对地方的控制和镇压农民起义，逐渐赋予刺史以六条外的权利，于是刺史便由单纯的监察官而发展为总揽地方大权的行政长官了。③

以上简要分析了刺史制度，那么派遣风俗巡行使者制度与刺史行部

① 《汉书·百官公卿表》，第742页。

② 《后汉书·顺帝纪》，第252页。

③ 安作璋、熊铁基：《秦汉官制史稿》，齐鲁书社2007年版，第516页。

制度有何区别和联系？我们不妨对两者作以对比。

两者类似之处：

首先，两者都有使者身份，代表皇帝出使，巡行地方。风俗巡行使者奉诏遣使巡行，其使者身份明显。而刺史亦有使者之身份。严耕望先生在其《秦汉地方行政制度》指出：

> 《汉书·朱博传》：为冀州刺史，自称“使臣”。又《陈万年传》：成帝初，为冀州刺史，“奉使称意，征为谏大夫”。亦以其本由丞相史出使之制演变而来，故有使者之称……刺史初制，既本使臣性质，奉诏按事，不得逾越。[①]

刺史为使者身份例证很多，朱博等大臣奏事称刺史奉使，或史书谓刺史为奉使，皆可证明刺史为使者的身份。

其次，两者都是位卑权大，刺史只有六百石，而风俗巡行使者也多为千石以下的官吏承担，而他们在巡行地方时职权极大，刺史可以直接弹劾二千石地方长吏，对其中的贪赃枉法者，刺史可以弹劾，也可以直接拘捕；而风俗巡行使者巡行地方更是“所至专行诛赏”，[②] 先决后奏，对贪赃枉法之官，二千石以上驿马上奏其罪，取旨免除，县令长可自行收案举劾。

再次，两者都有监察地方吏治的职能，甚至有风俗巡行使者与部刺史协同配合共同举黜地方官吏。如《汉书·成帝纪》载：永始三年（前14）春正月，诏曰：“……临遣大中大夫嘉等循行天下，……其与部刺史举惇朴逊让有行义者各一人。”[③]

两者区别之处：

首先，临时与定制的区别。风俗巡行使者是临时差遣，在皇帝认为有特别的需要的时候，才派遣使者，所以风俗巡行使者不是经常性职位，而是临时性的差遣，“因事而置，事已则罢”巡行任务完成后，回

---

① 严耕望：《秦汉地方行政制度》，上海古籍出版社2007年版，第279—280页。

② 《后汉书·谯玄列传》，第2667页。

③ 《汉书·成帝纪》，第323页。

京向皇帝报告，任务就结束了。汉代的刺史是政府编制内定制的正式官员且长期任职，有俸禄、职掌、官属、任期，且除了前期的州刺史之外，皆有治所。刺史有固定职掌，非临时差遣。

其次，巡行时间和巡行区域的差别。风俗巡行使者出巡多为临时受命，当灾异祥瑞现象发生时，皇帝往往派遣风俗巡行使者到各地巡行风俗，而这些现象的发生是没有固定的时间的，所以风俗巡行使者出巡多不定时，而巡行的区域也未加限定。刺史行部是定期巡行所部郡国，《续汉书·百官志》曰："诸州常以八月巡行所部郡国，录囚徒，考殿最。"① 可知刺史行部有固定的时间，即每年八月"巡行所部郡国"。其巡行所部郡国有固定的时限和固定的区域。

再次，两者职权②不同。风俗巡行使者出巡使臣主要是奉皇帝之命，因事需要而临时受遣，往往拥有专断的权力，随机处理地方事务，不必再通过御史中丞一类官吏上报，直接对皇帝负责。他们的职权包括观察风俗、宣扬德化、赈济灾困、存问耆老、察举贤能、访察冤狱失职、督责地方吏治等方面。而刺史隶属于御史大夫的御史中丞（东汉改为御史台），号称"外台"，独立于行政系统之外，便于督察郡守。《汉书·百官公卿表》曰："中丞在殿中兰台，掌图籍秘书，外督部刺史，内领侍御史，员十五人，受公卿奏事。举劾按章。"③ 刺史的职责就是通过"巡部"考察二千石郡国守相的不法行为，"举奏"到中央御史中丞，听候处理。刺史督察郡国，举奏的官吏为二千石，"行部"所

① 《续汉书·百官志》，第3617页。

② 廖伯源先生在其《使者与官制演变——秦汉皇帝使者考论》一书中认为："使者巡行天下，其使命，功效与部刺史监察郡国类似；既置部刺史，又遣使巡行天下，实属重床叠架。然皇帝派遣使者监察地方，其重要原因之一乃是皇帝不满政府官员之行政，使者监督行政官员，令其确实执行皇帝之命令，或使者亲自执行，贯彻皇帝之旨意。派遣使者干事，乃皇帝在政府体制外之办事方法，使者之使命与官员之职掌重叠，其理甚明。"（文津出版社2006年版，第116页。）笔者认为：此观点值得商榷，风俗巡行使者并不是部刺史制度的简单"叠架"，首先，两者本身职能有着巨大的差异；其次，应分不同的时期来看待两个之间的关系，在部刺史权力没有扩张时，其作为监察官吏，行部监察郡守相，刺史与风俗巡行使者之监察职能相同，而当部刺史权力扩充逐渐演变为地方行政官吏之时，风俗巡行使者就有了监察刺史的职权。

③ 《汉书·百官公卿表》，第725页。

察不能超过六条。刺史的职权是严格依据“六条”所设，巡视地方守相的吏治状况，其职权也仅限于监察。

需要指出的是，西汉后期，刺史已有治所，又置属官。到了东汉时期，刺史职权不断的扩充，刺史督察对象遍及境内一切朝廷命官，有选举、弹劾之权，有干预地方行政，拥有领兵之权，刺史已经由监察官逐渐演变为地方的高级行政长官。在刺史由监察官向地方行政官吏转变的过程中，风俗巡行使者就被赋予了监察刺史的职权，作为地方行政官吏的刺史也被风俗巡行使者纳入了监察范围之内。如《后汉书·周举传》载，汉安元年（142）诏遣八使巡行风俗……分行天下：“其刺史、二千石有臧罪显明者，驿马上之，墨绶以下，便辄收举。其有清忠惠利，为百姓所安，宜表异者，皆以状上。于是八使同时俱拜，天下号曰‘八俊’。”①

（五）风俗巡行使者的职能和作用

西汉初年，贾谊指出官员若不务教化，则无法化民成俗。指出，“移风易俗，使天下回心而乡道，类非俗吏之所能为也”。② 教民化俗是风俗巡行使者的最重要的职能，也是汉王朝重视教化治国行政实践的体现。汉武帝遣使者巡行天下风俗，肩负着整齐各地社会风俗的重要使命，而在具体执行中有以下职能和作用：

第一，观览风俗，宣明德化。

风俗巡行使者代表皇帝巡行四方，观览风俗、宣明德化，检查和落实地方教化的情况。如《汉书·宣帝纪》载：

> 本始元年，遣使者持节诏郡国二千石谨牧养民而风德化。③
>
> 元康四年（前62）春正月，遣大中大夫彊等十二人循行天下，存问鳏寡，览观风俗，察吏治得失，举茂材异伦之士。④

① 《后汉书·周举传》，第2029页。

② 《汉书·贾谊传》，第2245页。又见《汉书·礼乐志》，第1030页。

③ 《汉书·宣帝纪》，第239页。

④ 同上书，第258页。

《汉书·元帝纪》载：

> 初元元年，临遣光禄大夫褒等十二人循行天下，存问耆老鳏寡孤独困乏失职之民，延登贤俊，招显侧陋，因览风俗之化。①

遣风俗巡行使者，宣扬皇帝圣德，《汉书·谷永传》载，元延元年（前12）谷永上书："立春，遣使者循行风俗，宣布圣德，存恤孤寡，问民所苦，劳二千石，敕劝耕桑，毋夺农时，以慰绥元元之心，防塞大奸之隙，诸夏之乱，庶几可息。"成帝永始三年春正月乙卯晦、平帝元始四年二月及五年春正月，也有派遣风俗巡行使者观览风俗、宣明德化的记载。

通过上述分析，可见风俗巡行使者具有"明达政事能班化风俗"的职能，就是观览风俗、宣明德化，布施皇恩，进而达到"传先王之业，流化于天下"的目的，这是风俗巡行使者最重要的职能。《汉书·元帝纪》记载了"览观风俗"真正目的就是为了"使朕获观教化之流"。皇帝正是通过风俗巡行使者，把权力的触手伸张到县域以下的乡里，建立起直接与百姓沟通的桥梁，使高在庙堂的最高统治者能够了解地方民情和风俗境况，为国家政策的制定提供一定的借鉴。

第二，存问耆老，赏赐乡官。

汉代以孝治国，将孝治视为政权建设的根本。汉代皇帝谥号均冠以"孝"字，可见"孝"在汉代政治生活中的影响，已经渗透到社会上上下下的各个层面。由此可知，风俗巡行使者有存问耆老、鳏寡孤独，赏赐乡官的职能是必然的。《汉书·武帝纪》载：

> 元狩元年（前122）夏四月，……朕嘉孝弟力田，哀夫老眊孤寡鳏独或匮于衣食，甚怜悯焉。其遣谒者巡行天下，存问致赐。曰"皇帝使谒者赐县三老、孝者帛，人五匹；乡三老、弟者、力田帛，人三匹；年九十以上及鳏寡孤独帛，人二匹，絮三

① 《汉书·元帝纪》，第279页。

斤；八十以上米，人三石。有冤失职，使者以闻。县乡即赐，勿赘聚”。①

三老、孝弟、力田为乡官，严耕望先生在《秦汉地方行政制度》中指出：“乡官为政府选拔之民间领袖，有位无禄，为民表率，亦代表民意。”② 风俗巡行使者巡行各郡国，存问致赐乡官、年八十以上的老人，及鳏寡孤独者，就是代表皇帝，对民间的领袖、老人、境况较差的百姓给予赏赐，并予慰问。通过这种方式把汉代统治者提倡的“孝”道贯彻到基层实践之中。

第三，赈灾济困，勉励生产。

汉代皇帝经常在灾害发生的时候遣风俗巡行使者巡行各郡国赈灾济困、借贷粮食、救济灾民。如《汉书·武帝纪》载，元鼎二年（前115）秋九月，江南水患，武帝“遣博士中等分循行，谕告所抵，无令重困。吏民有赈救饥民免其厄者，具举以闻”。③《汉书·成帝纪》载：建始三年（前30）秋九月、河平四年（前25）、阳朔二年（前23）、鸿嘉四年（前17）春正月、永始三年（前14）春正月，成帝多次下诏遣风俗巡行使者分行巡视各郡国赈灾济困、赈贷免赋、解民困乏。

而灾害必然造成的民众死亡，风俗巡行使者督促地方政府给予棺木或棺钱，收葬死者，安抚生者。《汉书·成帝纪》载：河平四年（前25），

遣光禄大夫博士嘉等十一人行举濒河之郡水所毁伤困乏不能自存者，财赈贷。其为水所流压死，不能自葬，令郡国给椟葬埋。已葬者与钱。避水他郡国，在所冗食之，谨遇以文理，无令失职。④

① 《汉书·武帝纪》，第174页。

② 严耕望：《秦汉地方行政制度》，第245—251页。

③ 《汉书·武帝纪》，第182页。

④ 同上书，第310页。

《汉书·哀帝纪》载，绥和二年（前7）秋，哀帝诏曰：

> 朕承宗庙之重，战战兢兢，惧失天心。间者日月亡光，五星失行，郡国比比地动。乃者河南、颍川郡水出，流杀人民，坏败庐舍。朕之不德，民反蒙辜，朕甚惧焉。已遣光禄大夫循行举籍，赐死者棺钱，人三千。其令水所伤县邑及他郡国灾害什四以上，民赀不满十万，皆无出今年租赋。[①]

风俗巡行使者敦促地方长吏积极救灾，使其不敢隐瞒、虚报灾情。灾害发生一般都会涉及若干个区域，涉及数个地方政府的救灾，风俗巡行使者在救灾的过程中更可以发挥协调指挥救灾的功能。风俗巡行使者代表皇帝，抚慰、救济灾民、赈贷免赋、解民困乏，“宣畅恩泽，惠此下民”[②] 宣扬皇帝爱民的德行，广布朝廷威德，以稳定基层社会的秩序，维护汉王朝的政治统治。

从另一个角度来看，汉代皇帝派遣风俗巡行使者巡行郡国赈灾济困也包含考察行政得失的目的。汉朝大儒董仲舒提出天人感应学说，认为自然灾害的发生是上天对国家政治统治失道的警告，而随着儒家一尊统治思想的确立，这一学说逐渐被武帝之后的汉代统治者所吸收，每当灾异现象发生时，君主就要进行反省和自责，而通过派遣风俗巡行使者巡行各郡国，抚慰、救济灾民、赈贷免赋、勉励生产来安抚灾民，以此来纠正行政上的过失。

第四，延登贤俊，察举茂才。

风俗巡行使者出巡各郡国负有显贤进能，举茂材异伦之士的职能。这一职能在多次记载的风俗巡行之中都有记载。如《汉书·武帝纪》载：元狩六年六月，“遣博士大等六人分循行天下……谕三老孝弟以为民师，举独行之君子。”[③]《汉书·宣帝纪》载：元康四年，派遣风俗巡

① 《汉书·哀帝纪》，第337页。

② 《后汉书·顺帝纪》，第274页。

③ 《汉书·武帝纪》，第180页。

行使者“循行天下，……览观风俗……举茂材异伦之士”[①]。宣帝时，丞相魏相奏谓武帝遣使巡行天下，“举贤良”。《汉书·元帝纪》载：初元元年遣使“循行天下，……延登贤俊，招显侧陋，因览风俗之化”、“举茂材特立之士”。[②]《汉书·成帝纪》载：诏风俗巡行使者“与部刺史举逊让有行义者各一人”。[③]

前面已经分析了风俗巡行使者的官吏组成，最主要的是博士、大夫和谒者，此类官员多为皇帝身边近臣。《潜夫论·考绩》：“侍中、大夫、博士、议郎，以言语为职，谏诤为官，及选茂材、孝廉、贤良方正、淳朴、有道、明经、宽博、武猛、治剧。”[④] 是举荐贤能本为大夫、博士之职，故二者奉使时自应展行其举贤的职能。风俗巡行使者的“延登贤俊”之职能对于推进汉代儒学教育，提高贤能进入仕途有明显作用。

第五，平理冤狱，督禁苛暴。

风俗巡行使者巡行天下，有刺察地方吏治之职能，访察民间隐情、督禁吏治苛暴。《汉书·武帝纪》载：

> 元狩六年（前 117）六月，诏曰：“今遣博士大等六人分循行天下，……详问隐处亡位，及冤失职，奸猾为害，野荒治苛者，举奏。”[⑤]

《汉书·昭帝纪》载：

> 始元元年（前 86）闰月，“遣故廷尉王平等五人持节行郡国，举贤良，问民所疾苦、冤、失职者”。[⑥]

---

① 《汉书·宣帝纪》，第 258 页。
② 《汉书·元帝纪》，第 279 页。
③ 《汉书·成帝纪》，第 323 页。
④ 《潜夫论笺校正·考绩》，第 65 页。
⑤ 《汉书·武帝纪》，第 180 页。
⑥ 《汉书·昭帝纪》，第 220 页。

《汉书·宣帝纪》载：

> 五凤四年（前54）夏四月辛丑，诏曰："皇天见异，以戒朕躬，是朕之不逮，吏之不称也。以前使使者问民所疾苦，复遣丞相、御史掾二十四人循行天下，举冤狱，察擅为苛禁深刻不改者。"①

《汉书·成帝纪》载：

> 建始三年，因"苛暴之吏未息，元元冤、失职者众，遣谏大夫林等循行天下"。②

风俗巡行使者巡行天下问民疾苦、举冤狱及失职者、察苛禁暴等内容。冤狱之所以产生，是由于地方官吏执法不公正、行政不尽责造成的，平理冤狱是整顿吏治的重要手段。风俗巡行使者巡行天下视察地方，其使命多有观察吏治得失，奏劾不法官吏一项。地方长吏统治一方，其对地方的影响十分巨大，平理冤狱、奏免苛残不法之守相令长，能够迅速解决民怨，稳定社会秩序，宣扬皇帝圣德，在基层社会建立威信。

到了东汉后期，清浊之流日益分明，士风激昂，清流士人多被任命为风俗巡行使者巡行天下，监察地方吏治的职能变的更为突出。如《后汉书·雷义传》载：

> 顺帝时，（雷）义遂为守灌谒者，使持节督郡国，行风俗。太守令长坐者凡七十人。③

《后汉书·顺帝纪》载：

---

① 《汉书·宣帝纪》，第268页。

② 《汉书·成帝纪》，第307页。

③ 《后汉书·雷义传》，第2688页。

汉安元年（142）八月丁卯，顺帝遣侍中杜乔、光禄大夫周举、守光禄大夫郭遵、冯羡、栾巴、张纲、周栩、刘班等八人分行州郡，班宣风化，举实臧否。①

《周举传》和《张纲传》也记载了这次巡行，“八俊”出巡天下，“其刺史、二千石有臧罪显明者，驿马上之，墨绶以下，便辄收举”。“劾奏贪猾，表荐公清，朝廷称之。”② 由此可见，风俗巡行使者平理冤狱，督禁苛暴，表彰或弹劾地方长吏的职能说明它是国家监察体系的重要组成部分，考核地方吏治得失的重要手段，是国家日常监察体制的有益补充，有效地强化了中央对地方政权的控制。

综上所述，汉帝国建立统一的中央集权政权，皇帝君临天下，但皇帝居于深宫，与各级地方行政官吏，以及民风民情接触机会甚少，不可能亲临督导。为加强中央政府与各级地方及民情的联系，确保中央政策得以全面的贯彻和执行，皇帝往往会派遣风俗巡行使者，代表皇帝巡视天下，观览各地风俗、抚慰四方、布德惠施，其目的就是要广布朝廷的声威德惠，并推行儒家教化，通过“化民成俗”整齐各地异俗。风俗巡行使者奉诏出巡各郡国，观览风俗、宣明德化，存问孤寡、勉励生产、赈灾济困、访问民情，承皇帝旨意督励地方政事，考察基层行政状况，访察冤狱、督禁苛暴，往来于吏民之间，架起了沟通中央与地方的桥梁，加强了中央政府与地方政府之间的信息交流，强化中央对地方的控制，对汉代政治和经济生活都起到重要作用。风俗巡行使者奉使巡行天下，掌握了各地风俗状况和民情的第一手材料，巡行使者会把这些材料上报给中央政府，使得中央能够及时的掌握各地风俗民情，为中央政府及时制定和调整方针政策提供较为可靠的依据。在宣明皇帝的德威传布四方的同时推进儒家教化的传播，风俗巡行使者在巡行的过程中将儒家道德观、价值观灌输给巡行之地的吏民，使得儒家学说逐步向下层民众中传播和渗透，以此期望达到风俗齐整之目的。

① 《后汉书·顺帝纪》，第272页。

② 《后汉书·周举传》，第2029页。

二 汉代地方循吏教化与风俗移易

“循吏”① 一词最早出现于《史记·循吏列传》中，后为班固的《汉书》与范晔的《后汉书》所承袭，并且一直沿用至近代。关于“循吏”的定义，《史记》和《汉书》略有不同。《史记·循吏列传》载：“法令所以导民也，刑罚所以禁奸也。文武不备，良民惧然身修者，官未曾乱也。奉职循理，亦可以为治，何必威严哉?”索隐：“案：谓本法循理之吏也。”② 司马迁认为，循吏的基本特点是“奉职循理”，是依循人情物理，依法办事的官吏，“不教而民从其化，近者视而效制之，远者四面望而法之”，是与“威严”相对的。又据《汉书·循吏传》师古注：“循，顺也，上循公法，下顺人情也。”汉代循吏从“奉职循理”到“通于世务，明习文法，以经术润饰吏事”③ 其内涵发生了很大的转变，循吏从因循和无为，在儒家定一尊后，逐渐转向践行儒家德政思想之“宽政息民、以德导民、富而教之”的政治理念，以移风俗、兴礼

① 司马迁在《史记》中的循吏观与班固《汉书》中的循吏观有所不同，关于二者循吏观的区别，余英时《汉代循吏与文化传播》“循吏”概念的变迁一节中有详细阐述。他认为二者“虽同名而异实”，“前者是道家无为，而后者则是儒家的有为”。余英时：《士与中国文化》，上海人民出版社2003年版，第134—139页。余氏的循吏观对后来学者影响甚大，并为史学界的不少学者所接受和征引。孙家洲对余英时关于循吏概念的界定有另一种认识。他在《汉代执法思想中的理性因素述论》一文中从法的角度来对循吏概念作出解释。在我看来，《史记》和《汉书》的“循吏”概念即便有些许差异的存在，但在根本之处足相互一致的：循吏的主要特征是在国家法律与“人情”之间维持着微妙的平衡。余英时也征引过这两段文字，但没有深加考究。我认为，“奉法循理”与“奉职循理”实在是理解“循吏”概念的关键。其中的“奉法”与“奉职”同义，是指居官者以遵行法律为职责所在；而“循理”则是指顺守人情之理。司马迁两论循吏，都是在“法令”、“百姓”的语境之中讨论问题的，恰恰可以证明颜师古的注释深得司马迁“循吏观”的要义。与“酷吏”相对照，来理解“循吏”无疑是可取的思路。如果有人把两类官吏的区别表述为执法的“酷重”和“从轻”，恐怕未得确解。应该说，是否重视“执法平”，才是两者之间的分水岭。酷吏惟君主命是从，把国家的法律视为贯彻君主个人意旨的工具，为此，他们可以不惜曲解法律，出入人罪，轻重由己，而完全不顾及“人情”——这是酷吏执法给人以“酷重”印象的真正原因。循吏则致力于维持法律自身的尊严和稳定，并且在执法过程中尽量兼顾合乎人情——这同样是循吏有“轻刑”之誉的成因。（孙家洲：《汉代执法思想中的理性因素述论》，《南都学坛》2005年第1期。）

② 《史记·循吏列传》，第3099页。

③ 《汉书·循吏传》，第3623—3624页。

乐以治民为己任。

关于汉代循吏研究，余英时《汉代循吏与文化传播》一文中对于循吏教化有深入的研究。余先生指出："循吏兼具'吏'与'师'的两重身份。……但'吏'与'师'两种功能却又不是混而不分的。'吏'的基本职责是维持政治秩序，这是奉行朝廷的法令；'师'的主要任务则是建立文化秩序，其最后动力来自保存在民间的儒教传统。"[①] 余英时将循吏在汉代社会中的角色定位为"政教君师"分裂之后以传播大传统自任的"教化之师"，而循吏正是联系大传统（上层文化）和小传统（地方通俗文化）的重要桥梁。而且他认为"汉代循吏的治民内容和方式都与儒家的原始教义是一致的。这一事实有力地说明了循吏的推行教化确是出于自觉地实践儒家的文化理想——建立礼治或德治的秩序。因此，个别循吏的活动虽因时因地而各有不同，但万变不离其宗，都合乎儒家，特别是孔子的基本教义"。[②] 循吏在地方行政实践中具有的自觉传承文化的使命感，通过"道（导）之以政，齐之以刑，民免而无耻；道（导）之以德，齐之以礼，有耻且格"[③] 把礼乐教化推行到地方，化民成俗以求地方风俗美善。汉代循吏乃至所有地方官吏的教化实践绝对不是一种纯粹的个人行为，而首先是一种制度行为。[④] 这正是汉代政府推行移风易俗在地方制度上的构建。

汉初，贾谊就指出："夫移风易俗，使天下回心而向道，类非俗吏之所能为也。俗吏之所务，在于刀笔筐箧，而不知大（礼）［体］。"[⑤] 认为当时的俗吏承秦吏之弊，在行政过程中只知道使用法令条文，而不能胜任教化的职责。到了武帝时代，董仲舒在对策时向武帝提出："今之郡守、县令，民之师帅，所使承流而宣化也。"[⑥] 汉武帝接受并采纳

---

① 余英时：《汉代循吏与文化传播》，《士与中国文化》，上海人民出版社 2003 年版，第 141 页。

② 同上书，第 159 页。

③ 《史记·酷吏列传》，第 3131 页。

④ 雷戈：《两汉郡守的教化职能——秦汉意识形态建制研究之一》，《史学月刊》2009 年第 2 期。

⑤ 《汉书·贾谊传》，第 2245 页。

⑥ 《汉书·董仲舒传》，第 2512 页。

了他的献策，在地方举荐贤材，大量儒生被授以地方官职，担任教化之责，加速了汉代地方风气的儒家化进程。而循吏正是两汉官吏中在实施教化、美善风俗的过程中政绩突出的群体，他们在施政治民的过程中深受儒家德政思想的影响，注意宽政惠民、奉法廉平、教化百姓、化民成俗，目的就是要以教化的方式把礼仪廉耻、重农力耕等观念灌输给百姓，使百姓知道善恶、美丑，进而使得社会风俗美善。汉代循吏在行政实践中通过教化的方式促进地方社会的风俗移易，[①] 下文进行分析：

第一，富而教之，劝课农桑。早在春秋时期孔子就提出了富而后教之的主张。《论语·子路》载："子适卫，冉有仆。子曰：'庶矣哉!'冉有曰：'既庶矣，又何加焉?'曰：'富之。'曰：'既富矣，又何加焉?'曰：'教之。'"[②] 孟子认为："无恒产而有恒心者，惟士为能。若民则无恒产，因无恒心。苟无恒心，放辟邪侈，无不为已……是故明君制民之产，必使仰足以事父母，俯足以畜妻子，乐岁终身饱，凶年免于死亡，然后驱而之善，故民之从之也轻。"[③] "先富"不仅是教化的前提和基础，而且"富"之后必"教"，富民并不是目的，只是达到"教民"的手段和策略。汉代循吏继承了前人的这一思想，在施政过程中都把"富民"作为当务之急、为政之本，注重减轻百姓负担，劝课农桑，恩惠百姓，并把"富民"与"教民"结合起来，以达于"化民"的目的。如《汉书·循吏传》载，黄霸任颍川太守之时，注意减轻百姓负担，与民休息，发展生产。他为减轻百姓负担，"使邮亭乡官皆畜鸡豚，以赡鳏寡贫穷者"，[④] 并除去了当时送旧官迎新官仪式，鼓励百

① 关于循吏与移风易俗问题，牟发松已有文探研，他在其《从"移风易俗"看秦汉对地方社会的控制》一文专设《汉代循吏的移风易俗与地方社会》，文中从三个方面研究了汉代循吏与移风易俗问题："第一，关于'谨身帅先，居以廉平，不至于严而民从化'。第二，关于'所居民富，所去见思，生有荣号，死见奉祀'。第三，关于'上顺公法，下顺民情'。"当然就这一问题，仍可深入探讨，如中央派遣风俗巡行使者，地方三老、孝、悌、力田等对地方风俗的移易也起到较大的作用，本节作以分析。（牟发松：《从"移风易俗"看秦汉对地方社会的控制》，《社会·历史·文献——传统中国研究国际学术讨论会论文集》2006 年。）

② 《论语译注·子路》杨伯峻译注：《论语译注》，中华书局 1980 年版，第 136—137 页。

③ 《孟子注疏·梁惠王上》，第 52—53 页。

④ 《汉书·黄霸传》，第 3629 页。

姓“务耕桑，节用殖财，种树畜养，去食谷马”，[①] 努力发展生产，增加百姓收入，敦促了当地社会经济的发展，使得“户口岁增”。黄霸后被誉为当时之“治为天下第一”。《汉书·循吏传》载，龚遂任渤海太守时，因渤海郡位于战国的齐赵之间，有齐地重商轻农之风，“见齐俗奢侈，好末技，不田作”，[②] 而制定了以俭约、劝民务农桑为主要内容的“富民”措施，“乃躬率以俭约，劝民务农桑”令每口种一树榆，百本薤，五十本葱，一畦韭菜，每家养两头母猪，五只鸡。民有持刀剑者，令卖剑买牛，卖刀买犊。“劳来循行，郡中皆有蓄积，吏民皆富实。狱讼止息”。[③] 致力于改变这种“侈靡相竞”、“背本趋末”之风，培养重本轻末的风气，劝民耕稼力田。再如有“召父杜母”之称的召信臣和杜诗，堪称汉循吏中劝课农桑、富民教民之典范。召信臣出任南阳太守，“为人勤力有方略，好为民兴利，务在富之”。[④] 他带头从事农业生产，常常“躬劝耕农，出入阡陌”。[⑤] 他主持兴修水利，“开通沟渎，起水门提阏凡数十处，以广溉灌，岁岁增加，多至三万顷”。[⑥] 使得当地经济发展，“民得其利，畜积有余”。[⑦] “吏民亲爱信臣，号之曰召父。”[⑧] 杜诗迁南阳太守“又修治陂池，广拓土田，郡内比室殷足。时人方于召信臣，故南阳为之语曰：‘前有召父，后有杜母’”。[⑨]《后汉书·王景传》载，王景迁庐江太守时“先是百姓，不知牛耕，致地力有余而食常不足。郡界有楚相孙叔敖所起芍陂稻田，景乃驱率吏民，修起芜废，教用犁耕，由是垦辟倍多，境内半给。遂铭石刻誓，令民知常禁。又训令蚕织，为作法制，皆著于乡亭，庐江传其文辞”。[⑩]《后汉书·循吏传》又载：茨充为桂阳太守时“教民种植桑柘麻纻之属，劝

① 《汉书·黄霸传》，第3629页。
② 《汉书·龚遂传》，第3640页。
③ 同上书，第3640页。
④ 《汉书·召信臣传》，第3642页。
⑤ 同上。
⑥ 同上。
⑦ 同上。
⑧ 同上。
⑨ 《后汉书·杜诗传》，第1094页。
⑩ 《后汉书·王景传》，第2466页。

令养蚕织屦，民得利益焉”。[①] 循吏把北方先进的蚕织技术传授给江南百姓，以改善其生活，使民富之。“仓廪实而知礼节；衣食足而知荣辱。”“富而后教”是儒家极力倡导的政治方针，劝课农桑使民富之也正是循吏为实施教化做好经济准备。而循吏的治政根本还是要施教，以使得地方风俗美善，地方社会秩序稳定。

第二，兴修文教，使民受教。董仲舒提出：“立大学以教于国，设庠序以化于邑。”[②] 在两汉循吏的行政实践之中对此观点多有继承，通过兴修文教、崇尚礼化，使民受教善化风俗，也正是循吏发挥“师”的职能之体现。如《汉书·文翁传》载：

> 文翁，庐江舒人也。少好学，通《春秋》，以郡县吏察举。景帝末，为蜀郡守，仁爱好教化。见蜀地辟陋有蛮夷风，文翁欲诱进之，乃选郡县小吏开敏有材者张叔等十余人亲自饬厉，遣诣京师，受业博士，或学律令。减省少府用度，买刀布蜀物，赍计吏以遗博士。数岁，蜀生皆成就还归，文翁以为右职，用次察举，官有至郡守刺史者。又修起学官于成都市中，招下县子弟以为学官弟子，为除更繇（徭），高者以补郡县吏，次为孝弟力田。常选学官僮子，使在便坐受事。每出行县，益从学官诸生明经行者与俱，使传教令，出入闺阁。县邑吏民见而荣之，数年，争欲为学官弟子，富人至出钱以求之。繇（由）是大化，蜀地学于京师者比齐鲁焉。至武帝时，乃令天下郡国皆立学校官，自文翁为之始云。文翁终于蜀，吏民为立祠堂，岁时祭祀不绝。至今巴蜀好文雅，文翁之化也。[③]

文翁可以说是汉代循吏实践“以经治俗”的典范，在整个治理蜀地的过程中，文翁对经学的传播十分重视，他资助本地人员到京师经学发达

① 《后汉书·茨充传》，第 2460 页。

② 《汉书·董仲舒传》，第 2503—2504 页。

③ 《汉书·文翁传》，第 3625—3627 页。

的地方学习，“遣诣京师，受业博士，或学律令”[①] 这样就为蜀地培养了自己的经学人才，并在蜀地兴官学以施教。从经济上和政治上给予这些学习经学之人以相当高的地位和荣誉，“当地县邑吏民见见而荣之”，[②] 富商巨贾争相把自己的子弟送入学官，在这些蜀地培养的学员努力下，儒学迅速在蜀地传播开来，促使蜀地风气大化，以至于“蜀地学于京师者比齐鲁焉”。[③] “至今巴蜀好文雅，文翁之化也。”[④] 汉武帝即位后，嘉奖文翁的办学政绩，推广文翁兴学经验“乃令天下郡国皆立学校官”。又如：韩延寿任东郡太守，“举行丧让财，表孝弟有行，修治学官校舍。春秋乡射。陈钟鼓管弦，盛升降揖让，及都试讲武，设斧钺旌旗，习射御之事”。[⑤] 秦彭为山阳太守，“以礼训人，不任刑罚。崇好儒雅，敦明庠序。每春秋乡射，辄修升降揖让之仪”。[⑥] 卫飒迁桂阳太守，“郡与交州接境，颇染其俗，不知礼则。飒下车，修庠序之交，设婚姻之礼。期年间，邦俗从化”。[⑦] 任延任武威太守时“造立校官，自掾（吏）［史］子孙，皆令诣学受业，复其徭役。章句既通，悉显拔荣进之，郡遂有儒雅之士”。[⑧]

建立地方学校系统以推广教化、培育贤才是儒家一贯的主张。《礼记·学记》中就有“古之教者，家有塾，党有庠，术有序，国有学”[⑨] 的理想描述。循吏在施政地方时多设立学校传授经学，培养通晓儒家经典的本郡属吏，同时向朝廷举荐地方学校中突出人才，提高地区社会文明程度。这类学校还通过演习礼仪，以为示范，如乡射礼、养老礼、祭祀周公孔子等先圣之礼及婚丧之礼都是地方官学施授的重要内容。循吏设立地方官学作为该地方实施礼教的中心和辐射源，通过示范和服务等手段来向社会普遍宣扬伦理道德，影响和带动社会民众，起到革除陋

① 《汉书·文翁传》，第 3625 页。
② 同上书，第 3626 页。
③ 同上。
④ 同上书，第 3627 页。
⑤ 《汉书·韩延寿传》，第 3211 页。
⑥ 《后汉书·秦彭传》，第 2467 页。
⑦ 《后汉书·卫飒传》，第 2459 页。
⑧ 《后汉书·任延传》，第 2463 页。
⑨ 《礼记正义·学记》，第 1551 页。

习，移风易俗，巩固统治政权与维护乡里秩序的作用。

第三，设立条教，风化地方。“条教”[①] 指汉代地方官所制定和颁布的地方性法规，即条文与教令的合称，它是两汉大量存在的较具条理性、规范性的地方性教化法规。作为两汉法律体系的重要组成部分，它一般由地方行政长官（郡守、县令等）以语书、教、条教、记、府书、科令、条式等形式发布。[②] 循吏设立条教“班行之于民间”，以“化民成俗”，而条教的内容多是劝课农桑、设立学校教化、铲除陋俗等与移风易俗相关之内容。如韩延寿、黄霸在颍川设立“条教”，使民知礼，和睦相亲，风化地方。

> 颍川多豪强，难治，国家常为选良二千石。先是，赵广汉为太守，患其俗多朋党，故构会吏民，令相告讦，一切以为聪明，颍川由是以为俗，民多怨仇。（韩）延寿欲更改之，教以礼让，恐百姓不从，乃历召郡中长老为乡里所信向者数十人，设酒具食，亲与相对，接以礼意，人人问以谣俗，民所疾苦，为陈和睦亲爱、销除怨咎之路。长老皆以为便，可施行，因与议定嫁娶、丧祭仪品，略依古礼，不得过法。延寿于是令文学校官诸生皮弁执俎豆，为吏民行丧嫁娶礼。百姓遵用其教，卖偶车马下里伪物者，弃之市道。……黄霸代延寿居颍川，霸因其迹而大治。[③]

黄霸至颍川太守“为条教，置父老师帅伍长，班行之于民间，劝以为善防奸之意”，

① 关于“条教”的问题，余英时在其《汉代循吏与文化传播》一文中已有系统论述；另有孙家洲、王俊梅《两汉条教考释》，中国秦汉史研究会第十一届年会暨国际学术讨论会提交论文，也有探讨；党超博士在其博士论文《两汉风俗观念的政治文化考察》，北京师范大学2008届博士学位论文中也专设《两汉条教与乡里教化》一节进行讨论。以上文章对与“条教”的性质、功能及其与循吏的“吏”、“师”关系等问题做了深入的探讨，对本文写作有很大的启发，笔者主要从循吏“条教”与地方社会风俗移易的角度进一步探讨。

② 阎晓君：《略论秦汉时期地方性立法》，《江西师范大学学报（哲社版）》2000年第3期。

③ 《汉书·韩延寿传》，第3210页。

治颍川，以礼义条教喻告化之。犯法者，风晓令自杀。化大行，名声闻。孝宣帝下制曰："颍川太守霸，以宣布诏令治民，道不拾遗，男女异路，狱中无重囚。赐爵关内侯，黄金百斤。"①

韩延寿、黄霸在颍川的"条教"政绩显著，颍川地方风俗大化，并得到皇帝的嘉奖，成为地方循吏设教易俗的典范，并为后世循吏所效仿，施政地方。

汉代循吏设立"条教"制定礼则，改变地方陋俗，如桂阳、九真、交趾等地，百姓不知礼则，无婚嫁礼法，循吏卫飒迁桂阳太守，"郡与交州接境，颇染其俗，不知礼则。飒下车，修庠序之交，设婚姻之礼。期年间，邦俗从化"。② 任延为九真太守，"骆越之民无嫁娶礼法，各因淫好，无适对匹，不识父子之性，夫妇之道。延乃移书属县，各使男年二十至五十，女年十五至四十，皆以年齿相配。其贫无礼娉，令长吏以下各省奉禄以赈助之"。③ 汉和帝时，许荆"稍迁桂阳太守。郡滨南州，风俗脆薄，不识学义，荆为设丧纪婚姻制度，使知礼禁"。④ 循吏们企图通过设立条教，"教化立而奸邪皆止"，⑤ 使其渐知礼义，规范人们的行为，促使地方社会风气美善、民风淳化，从而维护封建统治的长治久安。

第四，先教后诛，奉法循理。儒家的教化学说强调治民中教化对法律的优先地位。在儒家看来，刑罚本身不是目的，利用刑罚的手段达到阻止人们犯罪才是目的。"先教而后诛"成为循吏行政实践的重要特征。《汉书·韩延寿传》载：韩延寿为左冯翊时，出行至高陵，遇到兄弟二人因讼田告到官府，韩延寿十分伤感自己教化不行，自责道："幸得备位，为郡表率，不能宣明教化，至令民有骨肉争讼，既伤风化，重使贤长吏、啬夫、三老、孝弟受其耻，咎在冯翊，当先退。"⑥ 于是称

① 《史记·张丞相列传》，第 2688 页。
② 《后汉书·卫飒传》，第 2459 页。
③ 《后汉书·任延传》，第 2462 页。
④ 《后汉书·许荆传》，第 2472 页。
⑤ 《汉书·董仲舒传》，第 2503—2504 页。
⑥ 《汉书·韩延寿传》，第 3213 页。

病不听事“闭阁思过”[①] 高陵县的“令、丞、啬夫、三老亦皆自系待罪”[②] 在这么强大的政治压力下，讼者的宗族纷纷责备当事人，这两个兄弟为此深深自悔，“皆自髡肉袒谢，愿以田相移，终死不敢复争”。[③] 韩延寿得知后大喜，开阁听事，并表扬了悔过从善之民。从此以后，“郡中歙然，莫不传相敕厉，不敢犯。延寿恩信周遍二十四县，莫复以辞讼自言者”。[④] 许荆任桂阳太守时，行到耒阳县，“人有蒋均者，兄弟争财，互相言讼。荆对之叹曰：‘吾荷国重任，而教化不行，咎在太守。’乃顾使吏上书陈状，乞诣廷尉。均兄弟感悔，各求受罪。”[⑤] 韩延寿、许荆等循吏通过自责、引咎的方式让民耻讼，使百姓认为争讼是极不光彩的行为，是良心丧失、道德沦丧的表现，是陷官吏于不义的不德之举，促使百姓道德反省，将诉讼消灭于萌芽状态，形成民间“耻讼”的风气，从而达到了“无讼”的理想治世。

两汉循吏以“师”的身份，教化民众，导民化俗，同时也重视“吏”的身份，强调法律的重要性，用行政、刑罚等强力手段来推行风俗教化也是汉代循吏政治实践的重要手段。汉代循吏“奉法循理”以法治手段来强制推行移风易俗。“奉法循理”就是既能以法律为准绳，秉公执法，又能顺从事物规律办事。两汉循吏在施政理民时正是遵循了这一原则，他们多熟悉文法，明察内敏，合人心，持法平。汉代循吏们执法虽不如酷吏般严厉，但对豪右不法之徒绝不姑息，坚决予以打击。汉代豪强大族往往凭借其强大的经济实力，招揽宾客，武断乡曲，欺压百姓，甚至把持地方政治。对于这些严重破坏社会风气及统治稳定的行为，循吏坚决依法惩处，决不姑息。如任延任武威太守时，“时将兵长史田绀，郡之大姓，其子弟宾客为人暴害。延收绀系之，父子宾客伏法者五六人。绀少子尚乃聚会轻薄数百人，自号将军，夜来攻郡。延即发兵破之。自是威行境内，吏民累息”。[⑥] 王涣除温令，“县多奸猾，积为

---

① 《汉书·韩延寿传》，第 3213 页。

② 同上书，第 3213 页。

③ 同上书，第 3213 页。

④ 同上书，第 3213 页。

⑤ 《后汉书·许荆传》，第 2472 页。

⑥ 《后汉书·任延传》，第 2463 页。

人患。涣以方略讨击，悉诛之。境内清夷，商人露宿于道”。[①] 他们使用强力手段打击地方豪强奸猾，净化治域之风，使得地方风气大正，“商人露宿于道”。又如曾任安定太守、京兆尹的王尊出身儒生无疑，却在任槐里令时以强力手段推行风俗教化。《汉书·王尊传》载：“美阳女子告假子不孝，曰：‘儿常以我为妻，妒笞我。’尊闻之，遣吏收捕验问，辞服。……尊于是出坐廷上，取不孝子，县磔著树，使骑吏五人张弓射杀之，吏民惊骇。”[②] 汉代以孝治国，不孝之罪在汉代乃重罪，张家山汉简中就有关于治不孝罪的详细记载。王尊用“使骑吏五人射杀之”的手段残酷惩罚了这违背伦常、以母为妻的不孝子，其效果是“吏民惊骇”，使得地方风气敦厚。

综上，循吏以“吏”、“师”的双重身份，作为汉王朝地方政策的执行者，管理着地方的政治、经济、文化等各项事务，他们从稳定社会统治的目的出发，注重发展经济发展，使民富之，同时承担教化之责，强调教民、导民、广教化、存问鳏寡废疾、劝学兴礼、移风易俗，即“公卿大夫，所使总方略，合统类，广教化，美风俗也”。[③]

三 汉代基层乡里三老、孝、悌、力田与风俗整齐

汉代社会的基层是乡里社会，那里居住着王朝的绝大多数人口，是人们日常生活和交往的基本区域。乡里风俗的整齐，直接关系到当地的社会风气美善和人们生活的安宁甚至整个基层社会的稳定，而受到汉王朝统治者的重视，并在乡里设置专职教化官员，如乡三老，另外还有县三老、[④] 郡三老、[⑤] 国三老，[⑥] 专职负责教化工作，设孝、悌、力田，教民修德行善、厚重农桑、淳朴民风。三老、孝、悌、力田是汉代社会的

---

① 《后汉书·王涣传》，第 2468 页。

② 《汉书·王尊传》，第 3227 页。

③ 《汉书·武帝纪》，第 166 页。

④ 《东观汉纪》：“（秦彭为山阳太守）择民能率众者以为乡三老，选乡三老为县三老，令与长吏参职。”刘珍等撰，吴树平校注：《东观汉记校注》，中州古籍出版社 1987 年版。

⑤ 《后汉书·王景传》：“父宏为郡三老。”第 2464 页。

⑥ 《后汉书·李充传》：“年八十，为国三老，安帝常特进见，赐以几杖。”第 2685 页。

一个重要组成部分，他们人数虽然不多，但起着垂范乡里、示人孝行、劝课农桑，稳固封建社会统治秩序的重要作用。

三老制有着古老的农村结构根源，可以追溯到原始公社末期村社的长老制。[①] 古代天子设三老、五更，以父兄之礼养之。《礼记·文王世子》载："遂设三老，五更，群老之席位焉。"注曰："三老、五更各一人也，皆年老更事致仕者也。天子以父兄养之，示天下之孝悌也。名以三五者，取象三辰五星。"[②]《汉旧仪》、《汉官仪》和《通典》甚至称"三老五更，三代所尊也"。春秋战国时，就有了三老之名的地方官吏，如《管子·度地篇》："三老里有司伍长者，所以为率也。"[③] 秦统一后也设三老，《汉书·百官公卿表》中就指出乡置三老乃是秦制。《史记·陈涉世家》载："……数日，号令召三老、豪杰与皆来会计事。……当此时，诸郡县苦秦吏者，皆刑其长吏，杀之以应陈涉。"[④] 汉承秦制，乡置三老之制被继承并不断完善，《汉书·高帝纪上》载汉高祖二年（前205年）："举民年五十以上，有修行，能帅众为善，置以为三老，乡一人。择乡三老一人为县三老，与县令丞尉以事相教，复勿繇戍。以十月赐酒肉。"[⑤] 从《尹湾汉简·集簿》内容可知，无论大小乡，每乡正好有一名乡三老："乡百七十□百六里二千五百卅四正二千五百卅二人；县三老卅八人乡三老百七十人孝弟力田各百廿人凡五百六十八人。"[⑥] 一百七十个乡正好一百七十名乡三老，表明乡三老在乡一级设置的普遍性。《汉书·百官公卿表》载："三老、掌教化。"[⑦]《续汉书·百官志》："三老掌教化，凡有孝子顺孙，贞女义妇，让财救患，及学士为民法式者，皆扁表其门，以兴善行。"[⑧]《汉书·文帝纪》十二年（前168）三月诏：

---

① 刘修明：《两汉乡官"三老"浅探》，《文史哲》1984年第5期。

② 《礼记正义·文王世子》，第962页。

③ 《管子校注·度地篇》黎翔凤撰，梁运华整理：《管子校注》，中华书局2004年版，第1064页。

④ 《史记·陈涉世家》，第1591页。

⑤ 《汉书·高帝纪》，第33页。

⑥ 连云港市博物馆等编：《尹湾汉墓简牍》，中华书局1997年版，第77页。

⑦ 《汉书·百官公卿表》，第742页。

⑧ 《续汉书·百官志》，第3624页。

> 孝悌，天下之大顺也。力田，为生之本也。三老，众民之师也。廉吏，民之表也。朕甚嘉此二三大夫之行。今万家之县云无应令（师古曰：无孝悌、力田之人可应察举之令），岂实人情？是吏举贤之道未备也。其遣谒者劳赐三老、孝者帛人五匹，悌者、力田二匹，廉吏二百石以上率百石者三匹。及问民所不便安，而以户口率置三老孝悌力田常员，令各率其意以道民焉。①

安作璋、熊铁基先生指出："三老制度，实为当时一种社会教育制度"；"三老不是行政职务，亦无俸禄"；"乡的主要行政事务（听讼和赋役）是由啬夫承担的，三老非正式官吏"。② 牟发松先生有专篇文章考证"三老"之身份指出：三老的身份③"非吏而得与吏比"，是汉代"国家认定的地方社会领袖"。三老虽有乡官之名，却非属吏，但教化之师的身份使之受到社会尊重，故被视为乡官之首。

两汉乡三老的职责主要是"掌教化"，乡三老是奉行教化的楷模，乡三老负责整个乡里的教化职能，三老以身垂范，以德化人，为地方社会的教化之师，故文帝诏称"三老，众民之师也"。④《汉书·武帝纪》载元狩六年（前117）六月遣使者"分循行天下"，诏曰"谕三老孝弟以为民师"。⑤ 《后汉书·明帝纪》注云：三老"劝导乡里，助成风化"。⑥《后汉书·秦彭传》载："建初元年（76），迁山阳太守。以礼训人，不任刑罚。崇好儒雅，敦明庠序。每春秋飨射，辄修升降揖让之

---

① 《汉书·文帝纪》，第124页。

② 安作璋、熊铁基：《秦汉官制史稿》，第681—683页。

③ 牟发松先生指出：关于三老身份的第一种观点即"三老是在编的正式乡官"，正是注意到三老"得与吏比"的一面，第二种观点即"三老不是在编的正式乡官，而是荣誉头衔、民意代表"，则强调了"非吏"的一面。实际上"非吏而得与吏比"的双重性，对立统一于三老一身，是不可割裂的，这正是两汉三老一职的特点所在，也是两汉地方统治体制设计中的高明所在。（牟发松：《汉代三老："非吏而得与吏比"的地方社会领袖》，《文史哲》2006年第6期。）

④ 《汉书·文帝纪》，第124页。

⑤ 《汉书·武帝纪》，第180页。

⑥ 《后汉书·明帝纪》，第96页。

仪。乃为人设四诫，以定六亲长幼之礼。有遵奉教化者，擢为乡三老，常以八月致羊酒以劝勉之。”① 秦彭举“有遵奉教化者”为乡三老，说明三老的职责仍是教化乡里。乡三老为“众民之师”掌教化，若所在乡县风俗败坏，兄弟不亲、婆媳不和、邻里争斗之类道德失范之事，乡三老则有不可推卸的责任。《汉书·司马相如传》载：“故遣信使，晓谕百姓以发卒之事，因数之以不忠死亡之罪，让三老孝弟以不教诲之过。”② 又如宣帝时，高陵县有兄弟争田之讼，左冯翊韩延寿自责曰：“幸得备位，为郡表率，不能宣明教化，至令民有骨肉争讼，既伤风化，重使贤长吏、啬夫、三老、孝弟受其耻，咎在冯翊，当先退。”于是“令丞、啬夫、三老亦皆自系待罪”。③《北堂书钞》卷75注引谢承《后汉书》载：“宋度迁长沙太守。人多以乏衣食，产乳不举。度切让三老，禁民杀子，比年之间，养子者三千余人，男女皆以‘宋’为名。”宋度“切让三老，禁民杀子”，则表明当地三老没有履行好教化乡里的职责。

孝、悌、力田与乡三老相似也是乡官中的荣誉头衔④，西汉惠帝时出现了最早关于孝、悌、力田的记载，惠帝四年（前191），令全国“举民孝悌力田者复其身”⑤。高后元年（前187），又“初置孝悌力

① 《后汉书·秦彭传》，第2467页。

② 《汉书·司马相如传》，第3046页。

③ 《汉书·韩延寿传》，第3213页。

④ 关于孝、悌、力田的性质，学界有不同的观点。有学者认为，孝、悌、力田是不是乡官，是模范乡民，如“‘三老’、与‘孝弟’、‘力田’等同属于所谓‘乡官’，他们是地方民众的代表，与‘吏分属于两个完全不同的系统’”。“孝、悌、力田是‘劝导乡里，助成风化’的模范乡民，而不是乡官。”（万义广：《汉代“孝悌力田”述论》，《农业考古》2007年第4期。）有学者认为力田是农官，（黄富成：《略论汉代乡村农官——力田》，《农业考古》2006年第4期。）传统观点认为孝悌力田是乡官，如章怀太子李贤、杜佑、颜师古等人，均持此论（《后汉书》明帝纪李贤注，杜佑《通典》卷三十三·职官十五·乡官。）多有学者采用传统观点（余英时：《汉代循吏与文化传播》，载《士与中国文化》，上海人民出版社2003年版，第155页。）“孝悌力田官就构成郡县乡三级一贯的完备官制”（李珉：《汉朝“以孝治天下”管见》，《西南民族学院学报》1999年4月增刊。）“孝悌力田当为各方选出来的乡官”（曹方林：《西汉“孝悌力田”述评》，《文史杂志》2006年第1期。）笔者认为，孝、悌、力田应不属乡官之列，荣誉之职。

⑤ 《汉书·惠帝纪》，第90页。

田"[①]。至文帝时，举三老、孝、悌、力田遂成定制，《汉书·文帝纪》文帝还在诏书中说："孝悌，天下之大顺也。力田，为生之本也。三老，众民之师也。廉吏，民之表也。朕甚嘉此二三大夫之行。今万家之县，云无应令，岂实人情？是吏举贤之道未备也。其遣谒者劳赐三老、孝者帛人五匹，悌者、力田二匹，廉吏二百石以上率百石者三匹。及问民所不便安，而以户口率置三老孝悌力田常员，令各率其意以道（导）民焉。"[②] 孝、悌和力田的分工各有侧重，孝、悌导"敦行"，力田劝"务本"；务本一方面劝乡里之农勤力，一面也是劝背本趋末者归田。其与乡官三老的设立一体，目的是"劝励天下，令各敦行务本"。[③]

以往学界认为孝和悌是合二为一。据《尹湾汉简·集簿》中记载，孝和悌是分开设立的，孝、悌是两个不同的科目。东海郡有"县三老卅八人，乡三老百七十人，孝弟、力田各百廿人，凡五百六十八人"。[④]由此可知，孝、悌、力田共有三百六十人，并不是按乡行政单位而设。《说文》："孝，善事父母者。从老省，从子，子承老也。"[⑤] 汉惠帝四年"举民孝弟力田者复其身"。颜师古注："弟（悌）者，言能以顺道事其兄也。"[⑥] 孝、悌二者虽有不同，但都是汉代以孝治国之体现，宣风化俗的必须，稳定封建统治所必需的。孝、悌之职的职责就是掌管孝行等伦理道德教化，不但通过自身来作以表率感化乡里，而且挖掘上报乡里忠孝的典型，并予以表彰和宣扬，积极推行孝道的教化作用。关于"孝"对维护政治稳定的重要作用，《论语》中早有论述："其为人也孝弟，而好犯上者，鲜矣。不好犯上，而好作乱者，未之有也。君子务本，本立而道生。孝弟也者，其为仁之本与!"[⑦]《孝经》也言："事亲者居上不骄，为下不乱，在丑不争。"[⑧] 孝悌之风的推行可以建立稳定

① 《汉书·高后纪》，第96页。
② 《汉书·文帝纪》，第124页。
③ 《汉书·高后纪》，第96页。
④ 《尹湾汉墓简牍》，第77页。
⑤ 《说文解字注》，第398页。
⑥ 《汉书·惠帝纪》，第90页。
⑦ 《论语译注·学而》，第2页。
⑧ 《孝经注疏·纪孝行章》，第110页。

的家庭秩序，进而由点到面促进整个社会的稳定乃至国家政治稳定，在家庭之中，子女孝顺父母，晚辈尊敬长辈，家庭必然和睦。家庭和睦安宁，人人互尊互爱，百姓安居乐业，整个社会秩序自然就稳定了。“孝”的思想贯穿到国家的政治实践之中，臣属竭尽人臣之责，君臣关系和睦，自然有利于良好国策的制定和实施，从而推动国家统治的稳固。孝是维护社会和谐与政治稳定的有力保障，这也正是汉代统治者实行“以孝治天下”国策的根本原因所在。汉代统治者认为“民知尊长养老，而后乃能入孝弟。民入孝弟，出尊长养老而后成教，成教而后国可安也”。[①] 把孝悌观念的推行直接与汉王朝的统治秩序相联系，并将“以孝治天下”定为汉代政治统治的基本国策。孝、悌这样的荣誉乡官的设置，正是这一治国理念的行政制度上的实践，并在孝、悌的积极推行下，在广泛的乡里基层社会推行孝治措施，从而形成人人争当孝子的良好社会风气，涌现出大量孝行卓异的孝子，取得了明显的社会效果。如《后汉书·循吏列传》载任延拜会稽都尉，“每时行县，辄使慰勉孝子，就餐饭之”。[②]《后汉书·刘平传》载庐江郡毛义，以孝行称，“建初中，章帝下诏褒宠义，赐谷千斛，常以八月长吏问起居，加赐羊酒。寿终于家”。[③] 毛义因为孝行，受到皇帝的褒扬，并赐谷千斛，加赐羊酒，长吏问起居。《后汉书·江革传》又载：“元和中，天子思革至行，制诏齐相曰：‘谏议大夫江革，前以病归，今起居何如？夫孝，百行之冠，众善之始也。国家每惟志士，未尝不及革。县以见谷千斛赐“巨孝”，常以八月长吏存问，致羊酒，以终厥身。如有不幸，祠以中牢。’由是‘巨孝’之称，行于天下。”[④] 江革被称为江“巨孝”，因孝行卓著而受到赐谷、致羊酒、长吏存问等殊荣和待遇。《三国志·魏志·王烈传》载，东汉王烈是著名的孝子，其行为感天动地，成为人们效仿的榜样，他“英名著于海内。道成德立，还归旧庐，遂遭父丧，泣泪三年。遇岁饥馑，路有饿殍，烈乃分釜庾之储，以救邑里之命。是

① 《礼记正义·乡饮酒义》，第2396页。
② 《后汉书·任延传》，第2460页。
③ 《后汉书·刘平传》，第1294页。
④ 《后汉书·江革传》，第1303页。

以宗族称孝，乡党归仁。以典籍娱心，育人为务，遂建学校，敦崇庠序。其诱人也，皆不因其性气，诲之以道，使之从善远恶。益者不自觉，而大化隆行，皆成宝器”。[①] 这些孝子之行的大量涌现，与孝、悌在汉代乡里基层社会中对孝道的积极宣扬是分不开的，“孝”观念在基层民众的不断渗透，产生了积极而深远的影响，形成了良好的社会风气和崇孝养老之俗，有力维护了个体家庭的发展和汉王朝统治的稳固。

力田，“为生之本也”、“勤劳也”就是指努力耕作之意。汉代以农业立国，力田之设置正是汉代重农思想的体现，目的是倡导“以农为本”的思想和风气，以期形成乡里社会重农之风，达到风化乡里百姓务农殖稼、稳定乡里基层社会的目的。《续汉书·百官志五》注云：“凡郡国皆掌治民，……常以春行所主县，劝民农桑。”[②] 在每年春季到来之时，郡、县诸曹掾史吏员皆要劝农耕种，而具体操作执行正是由力田来完成的。可见，力田在汉代乡里基层社会的农桑风化中起到重要职能作用，力田身体力行，是政府乡里教化的实施者，是汉代乡里农稼风俗倡导者。

力田为乡里表率，以身作则，劝导乡里，助成农桑风化，劝民归农、努力耕稼，推广农业生产技术，组织乡里百姓的农业生产，促进农业生产的发展。如武帝末年，赵过在推行铁犁牛耕及代田法等农业生产新技术时，就是依靠“二千石遣令长、三老、力田及里父老善田者，受田器，学耕种养苗状”。[③] 正是汉代社会最基层的这些三老、力田、里父老等乡官，他们是政府推行重农政策的基本社会力量，身体力行地组织、教导广大百姓将新工具、新技术推而广之。

汉代地方行政制度的乡官中三老、孝、悌、力田在乡里基层社会中起着传播礼仪文化、敦化礼乐孝道、促民农桑、普及农业生产知识，他们的威望和影响力对敦厚和教化两汉乡里民风起到了重要作用。正因为三老、孝、悌、力田，在整齐社会风俗，稳定社会秩序方面的良好的表

① 《三国志·魏志·王烈传》（晋）陈寿：《三国志》，中华书局1959年版，第355页。

② 《续汉书·百官志》，第3621页。

③ 《汉书·食货志》，第1139页。

率功能，两汉政府对他们格外重视，屡有赏赐和褒扬，并在经济上享受特殊待遇“复其身”即免除他们的租税及徭役，以及赐田、赐帛、赐钱、赐爵等。《汉书》载：

高祖二年二月赐酒肉1次。

惠帝四年复其身1次。

文帝十二年赐帛1次。

武帝元狩元年四月赐帛1次。

宣帝元康元年、元康四年、神爵四年、甘露三年二月，赐爵4次。

元帝初元元年、初元五年，永光二年、建昭五年，赐爵4次。

成帝建始元年、建始三年、河平四年、绥和元年，赐爵4次。

哀帝绥和二年赐帛1次。

《后汉书》记载：

明帝中元二年、永平三年、永平十二年、永平十七年，赐爵4次。

章帝永平十八年、建初三年、建初四年、元和二年，赐爵4次。

和帝永元八年、永元十二年、元兴元年，赐爵3次。

安帝永初三年、元初元年、延光元年，赐爵3次。

顺帝永建元年、永建四年、阳嘉元年，赐爵3次。

桓帝建和元年赐爵1次。

灵帝光和四年赐帛1次。

献帝建安二十年1次。

从上述分析可知，自西汉高祖起讫东汉献帝，历代皇帝对三老、孝、悌、力田赏赐达数十次之多，赏赐的内容主要是钱帛和爵级为主，可见三老、孝、悌、力田之敦化乡里的乡官受到中央政府的高度重视，最高统治者希望通过赏赐三老、孝、悌、力田以经济上的优待和崇高的地位，使之成为地方乡里的精神领袖，通过他们垂范乡里，树立孝悌、力田等楷模，引导民众，以起到“劝导乡里，助成风化”[①]促进乡里民众家庭和睦，勤力农耕，将汉王朝的“以孝治国”、“以农为本”的治国方针转化为乡里基层社会的风习时尚，进而建立起尊尊、亲亲的伦理价值体系和以农为本社会风气，稳定和巩固基层社会统治秩序。正是由

① 《后汉书·明帝纪》，第96页。

于汉王朝在基层乡里建立了有效的移风易俗行政制度，使得汉王朝“以礼易俗”的移风易俗思想得以在汉代基层社会付诸实践，并使得汉代乡里社会风气出现了重大转变，出现了“移风易俗，黎民醇厚”、“海内殷富，兴于礼仪，断狱数百，几致刑措”[①] 风俗美善之局面。

① 《汉书·文帝纪》，第135页。

第三章

秦汉移风易俗的社会实践

《周礼·八则》曰："礼俗以驭其民"，就是讲政府需要充分利用礼制和风俗来驾驭民众，维护社会秩序。秦汉时期，政府在施政的过程中，贯彻执行着这一治国理念，在基层社会积极推行移风易俗，秦汉统一的国家机器以行政力量干预社会风俗的走向，把上层文化中的礼制贯彻到基层社会中，并整合和移易着从育诞、丧葬到信仰风俗再到社会风气等诸多层面的社会风俗，力图使之符合大一统的官方意识形态，进而保障社会秩序的稳定。风俗以其强大的规范性和约束力量，在社会的各个角落调节着人们的行为方式，潜移默化地对社会进行着控制，成为礼制、法律、行政控制手段之外的另一种社会秩序维护力量。

第一节　秦汉移风易俗社会实践的主要途径

汉代家庭和学校是儒家实施移风易俗的重要途径，家庭是个体最早接受教育的场所，在汉代以孝顺为核心内容的家庭道德教化是整个社会风气改良的基础，在家国同构的时代，"亲亲"的家庭伦理关系是"尊尊"政治治秩序的直接依据，家齐才能国治。汉代从中央到地方的各级学校及私学已成为集中进行儒家道德教育的专门机构，在对学生进行包括"礼"在内的知识学习和行为规范的练习，进而使儒家道德理想行为规范落实于个人生活之中，使之内化为个人行为内在的精神动力和准则。在此基础上把儒家的道德理想、行为规范进一步内化为社会的风俗与习惯，此即所谓修身—齐家—治国—平天下的逻辑发展，也是一个教化成俗的过程。在这一过程中，一方面，学校培养的人才是官吏选拔的重要来源，其思想素质直接影响到国家的政治治理；另一方面，学校在儒学礼制推行、敦厚社会风气方面发挥着重要的功能，在传播儒家文化、化民成俗、改变各地落后风俗方面，发挥了积极的作用，推动形成“知礼明伦”的社会风气，进而实现国家以风俗美善的方式对基层社会的控制。家庭教化和学校教育虽然彼此相对独立，但两者并非决然对立，也不仅仅是并行不悖的，而是互为补充、紧密联系、相辅相成的，在两者双重的教化作用下，个人的行为规范与礼制结合，以实现风俗美善。

一 “三纲五常”伦理道德体系下的家庭教化

家庭是社会的组成细胞，是社会的基本组织和生产单位，是移风易俗的社会实践的重要途径，家庭是个体最早接受教化的场所，“君子不出家而成教于国”。[①] “立爱自亲始，教民睦也；立教自长始，教民顺也。”[②] 费正清指出：古代中国“社会单元是家庭而不是个人，家庭才是当地政治生活负责的部分。在家庭生活中灌输的孝道和服从，是培养一个人以厚忠于统治者并服从国家政权的训练基地”。[③] 家庭教化指以封建家庭的所有成员为对象，教诫他们遵守封建的道德准则和政治伦理关系，以及行为方式、个人的人格教育等。儒家伦理道德的教诲被放在家庭教化的首位，并向社会的最基层渗透，促进社会风气的儒化，这对维护封建社会秩序的稳定和在基层社会的控制具有重要意义。

两汉时期统治者以孝治天下，以孝为核心的封建伦理道德教化是汉代家庭教化的灵魂和基础，汉代社会是以家庭为本的封建宗法制社会，历代统治者特别重视这种以血缘为纽带的个人与家庭、宗族、国家的伦理道德关系的建设和强化，孝观念在社会的最基本组成细胞——家庭内部被推广，孝已经成为汉代人所认同的道德观念，并逐渐成为其道德传统并把“孝”作为调整家庭、社会关系的规范，也在巩固和稳定社会结构和社会秩序等方面发挥着巨大的作用。贾谊就指出：“谨为子孙婚

① 《礼记正义·大学》，第2350页。
② 《礼记正义·祭义》，第1939页。
③ ［美］费正清：《美国与中国》，商务印书馆1987年版，第17页。

妻嫁女，必择孝悌世世有行义者，如是，则其子孙慈孝。"[①] 早在孩童识字阶段，"孝"观念就已经开始由家长向孩子灌输，汉代蒙学主要使用的教材《急就篇》、《仓颉篇》、《凡将篇》等，都包含着大量的孝道教育，如《急就篇》中就有介绍蕴含孝道思想的儒家典籍，"诸物尽讫五官出，宦学讽《诗》、《孝经》、《论》"。在汉代无论是王侯之家还是黎民百姓，都把《孝经》作为孩童人生教育的第一门课，如汉元帝"年十二，通《论语》、《孝经》"。[②] 东汉崔寔《四月民令》载：十一月，"砚冰冻，命幼童入小学，读《孝经》、《论语》篇章"。范升"少孤，依外家居。九岁通《论语》、《孝经》，及长，习《梁丘易》、《老子》，教授后生"。[③] 可见《孝经》的教育成为汉代孩童蒙学教育的必修课程，正是汉代家庭教化承担着封建王朝移风易俗重要使命的体现，把"以孝治国"的理念推行到基层。汉武帝"罢黜百家，表彰六经"[④] 确立儒家学术独尊的地位以后，儒学经典逐渐成为汉代的官方学术，儒生通经成为入仕途的重要手段，而为了保持家族已有的政治、经济特权和学术地位，他们无不重视儒学，以专长的儒学经典传授子孙，成为世传家业。"遗子黄金满籝，不如一经。"[⑤] 以"孝"为核心的儒家经学的传授成为汉代家庭教育的重点，家庭教育与官方经学教育出现了相互沟通的情况。在汉代学术家学传承的过程中，《孝经》的研习是所有士人的必修科目，是研习五经的前提和基础。《汉书·艺文志》记载了西汉《孝经》的传承和发展："汉兴，长孙氏、博士江翁、少府后仓、谏大夫翼奉、安昌侯张禹传之，各自名家。经文皆同，唯孔氏壁中古文为异。"[⑥] 当时有许多大儒，如董仲舒、刘向、许慎、郑玄、何休等对《孝经》都有深入的研究，董仲舒用阴阳五行学说阐释《孝经》，将孝阐释为关乎天经地义的大事；刘向将《孝经》颜氏本（今文本）与古

① 《新书校注·胎教》，第 390 页。
② 《汉书·疏广传》，第 3039 页。
③ 《后汉书·范升传》，第 1226 页。
④ 《汉书·武帝纪》，第 212 页。
⑤ 《汉书·韦贤传》，第 3017 页。
⑥ 《汉书·艺文志》，第 1719 页。

文本相比较，整理了一个规范的《孝经》读本。[1] 这都促进了《孝经》的传播，扩大了孝观念在当时家庭、社会中的积极影响。东汉传承《孝经》的有郑众、范升、卫宏、许慎、马融、郑玄、何休等人。许慎编辑整理古文《孝经》一卷。郑玄为今文《孝经》作《孝经注》，清代严可均在《孝经注疏·序》中说："汉儒有功圣经，莫如郑氏。郑氏《诗笺》、《三礼》注，颁在学官。而《易》、《书》、《论语》注亡，近人辑本，残阙不全，独《孝经》注，亡而复存，可与《诗》、《礼》比并。"何休对《孝经》也有研究，他在《公羊春秋解诂·序》中说："昔者，孔子有云：吾志在《春秋》，行在《孝经》。此二学者，圣人之极致，治世之要务也。"可见，"孝"观念作为汉代家庭伦理核心、社会道德规范，通过汉代的家庭教化深刻地影响了两汉人的思想行为和社会风气，社会上形成尊孝养老的风气，和家庭以"孝"为中心的教化是分不开的。

汉代家庭教育还强调伦理道德教化，目的在于培养家庭成员"修己"以安人，这对维护社会秩序的稳定无疑具有重要的意义。秦汉时期是我国传统家庭结构及伦理模式趋于稳定巩固的时期，为两千年封建社会家庭伦理道德教育的发展奠定了基础。汉代大儒董仲舒在其《春秋繁露》中提出的"三纲五常"之说，"三纲"指"君为臣纲，父为子纲，夫为妻纲"[2]，要求臣、子、妻必须绝对服从于君、父、夫，也要求君、父、夫为臣、子、妻作出表率，体现了封建社会中君臣、父子、夫妇之间的特殊道德关系，并以此确立了君权、父权、夫权的绝对统治地位，把封建等级制度神化为社会的根本法则。"五常"指仁、义、礼、智、信，这是儒学的基本道德准则。儒家认为，这五条原则是永恒不变的，所以称为常，是用来调整、规范君臣、父子、兄弟、夫妇、朋友等人伦关系的行为准则。随着儒学独尊的确立，"三纲五常"逐渐成为汉代人家庭伦理教化和社会生活行为的规范。到了东汉时期《白虎通义》把这一思想继承和发展，并明确地将"三纲"表述为：

---

① 《隋书·经籍志》中《孝经类小序》记载："至刘向典校经籍，以颜本比古文，除其繁惑，以十八章为定。"

② 《春秋繁露义证·阳尊阴卑》，第325页。

“三纲者，何谓也？谓君臣、父子、夫妇也。……故《含文嘉》曰：‘君为臣纲，父为子纲，夫为妇纲。’”[①] 将“五常之道”概括为：“明三纲，正六纪”，要求做到“诸舅有义，族人有序，昆弟有亲，师长有尊，朋友有旧”，[②] 将封建伦理道德教育神圣化，成为封建伦理规范的最高法则和维护封建统治的最有力武器。“三纲五常”作为汉代家庭伦理教化的重要内容，在社会的基层不断渗透推广，并逐渐形成习俗观念内化为人们内心的理念来规范约束人们的行动。在“夫为妻纲”的家庭尊卑等级伦理纲常的约束下，妇女“三从四德”的观念逐渐为人们所认可。所谓“三从”即是指未嫁从父，既嫁从夫，夫死从子。“四德”一词见于《周礼》，九嫔“掌妇学之法，以教九御妇德、妇言、妇容、妇功”。[③] 郑玄注曰：“妇德谓贞顺，妇言谓辞令，妇容谓婉娩，妇功谓丝枲。”东汉女文人班昭撰写《女诫》对妇女的伦理道德规范进行了总结，在书中强调妇德：“女有四行，一曰妇德，二曰妇言，三曰妇容，四曰妇功。夫云妇德，不必才明绝异也；妇言，不必辩口利辞也；妇容，不必颜色美丽也；妇功，不必工巧过人也。清闲贞静，守节整齐，行己有耻，动静有法，是谓妇德。择辞而说，不道恶语，时然后言，不厌于人，是谓妇言。盥浣尘秽，服饰鲜洁，沐浴以时，身不垢辱，是谓妇容。专心纺绩，不好戏笑，洁齐酒食，以奉宾客，是谓妇功。此四者，女人之大德，而不可乏之者也。”[④] 在“四德”之中，首先是品德，要孝顺父母，能正身立本；然后是相貌要端庄稳重持礼，不轻浮随便；言语上要会随意附义，能理解别人所言，遵从父母教导；治家上要相夫教子、尊老爱幼、勤俭节约等。随着封建家庭伦理教化不断的推行，家庭中的妇女地位到了东汉时已经发生了变化，[⑤] 封建礼教越

---

① 《白虎通疏证·三纲六纪》，第 373 页。

② 同上书，第 373—374 页。

③ 《周礼注疏·天官·九嫔》，第 269 页。

④ 《后汉书·列女传》，第 2789 页。

⑤ 西汉时，女子在家庭中的地位相对独立，与后世相比还有相对的自由权。据彭卫在《汉代婚姻关系中妇女地位考察》中指出，这种现象出现的原因主要是：汉代妇女从事职业广泛；父权尚未渗入社会的各个角落；原始婚俗遗存的影响等。表现为，妇女有自己的择偶标准，如汉代“外黄富人女甚美，庸奴其夫，亡邸父客，父客谓曰：‘必欲求贤夫，从张耳。’女听，为请决，嫁之”。

来越得到社会的认同，妇女对于封建家庭伦理纲常已经有主动顺从的趋势，女性的贞节观大为加强，甚至有女子因拒绝再嫁而采取自杀行为。“三纲五常”、“三从四德”的家庭伦理道德教化，已经通过日常的家庭教化，逐渐演变成为一种潜移默化的社会习俗，并为社会大众所接受，规范着汉代基层社会的统治秩序。

在家庭日常生活中，长辈更是以自己的言行潜移默化的熏陶着子女，规范着子女的行为，如汉初名臣万石君石奋以“孝谨”而著称于世，他用自己的言行引导着子孙，“奋长子建，次甲，次乙，次庆，皆以驯行孝谨，官至二千石。……子孙遵教，亦如之。万石君家以孝谨闻乎郡国，虽齐、鲁诸儒质行，皆自以为不及也”。[①] 张汤的儿子张安世“尊为公侯，食邑万户，然身衣弋绨，夫人自纺绩”，他的谦俭之行对后世子孙起着潜移默化的感染作用，其子孙在这种家庭环境的熏陶教育下多是“恭俭自修，明习汉家制度故事，有敬侯遗风”。[②] 尹翁归公正廉洁不受馈赠，“清洁自守，语不及私，然温良谦退，不以行能骄人，甚得名誉于朝廷”。在这样的家庭教育影响下“翁归三子皆为郡守。少子岑历位九卿，至后将军。而闳孺应至广陵相，有治名”,[③] 这种无形的教化，会形成独特风格的“家风”，进而带动社会风气的敦化。

家庭中教化是进行社会风俗移易的一条重要的途径，汉代家庭的德教作为教育的首务，教导子女自我收敛、修身养性，强调“忠”、“孝”、“节”、“以”、“三纲五常”的儒家道德观念，进而以个体家庭为中心的教化带动整个社会的风气改善，实现“化民成俗”以淳厚民风，对稳定社会秩序意义重大。

二　“导民以礼，风之以乐”的汉代学校教化

学校是传播文化的专门机构，是封建王朝敦厚社会风气、进行移风易俗的主要途径。《礼记·学记》中明确指出“化民成俗，其必由

---

① 《汉书·万石君传》，第2193—2194页。

② 《汉书·张汤传》，第2657页。

③ 《汉书·尹翁归传》，第3209页。

学”,[1] 化民成俗必须立学设教，学校教育对整个社会风气改善具有建设性的意义。众所周知，秦始皇统一中国采纳了李斯的意见，焚书坑儒，禁私学，废学弃教而以吏为师。秦王朝既没有开设国学，又禁绝私学，颁布挟书律，特别禁止儒家经典的传授，也就无从谈起学校教化了。西汉建国之初，社会经济遭受秦末战火蹂躏，百废待兴。汉初王朝统治者，以黄老“无为”思想为指导，实行与民休息，恢复社会经济的发展，没有过多的精力关注学校的发展，“尚有干戈，平定四海，亦未暇皇庠序之事也。孝惠、吕后时，公卿皆武力有功之臣。孝文时颇微用，然孝文帝本好刑名之言。及至孝景，不任儒者，而窦太后又好黄老之术，故诸博士具官待问，未有进者”。[2] 直到汉景帝时，为了推行教化、培养贤才、敦厚民风，蜀郡太守文翁在成都开设学校，开辟了西汉地方兴学之先河。至汉武帝即位，经过汉初七十多年的恢复和发展，社会经济有了突飞猛进的发展，为繁荣文教事业提供了雄厚的物质条件。汉武帝“罢黜百家，表彰六经”[3] 接受董仲舒“立太学以教于国，设庠序以化于邑”[4] 的意见，在中央设立太学，并把太学看作培养人才、教化天下民风的根本：“养士之大者，莫大乎太学。太学者，贤士之所关也，教化之本原也。”[5] 武帝还推广文翁在郡兴立地方学校的做法，“令天下郡国皆立学校官”。[6] 自此儒学通过中央太学和地方官学向社会广泛传播，承担了化民成俗的重要任务。

汉代的学校分为官学和私学两种。汉代的官学分中央官学和地方官学两大类。中央官学主要是太学，另外还有培养文学艺术的鸿都门学和培养贵族子弟的宫邸学。汉武帝接受董仲舒的兴太学以教化民众的建议，于元朔五年（前 124）下诏书：“盖闻导民以礼，风之以乐，今礼坏乐崩，朕甚闵焉。故详延天下方闻之士，咸荐诸朝。其令礼官劝学，

① 《礼记·学记》，第 648 页。
② 《史记·儒林列传》，第 3137 页。
③ 《汉书·武帝纪》，第 212 页。
④ 《汉书·礼乐志》，第 1032 页。
⑤ 《汉书·董仲舒传》，第 2512 页。
⑥ 《汉书·循吏传》，第 3626 页。

讲议洽闻，举遗兴礼，以为天下先。”[1] 在京师长安设太学，自此太学成为汉王朝的“贤士之所关”、“教化之本原”。[2] 太学置博士为教官，博士之长西汉曰博士仆射，东汉改称博士祭酒，秩六百石。汉代每一经设一名博士，西汉初置五经博士各一人（五经：《诗》、《书》、《礼》、《易》、《春秋》），到宣帝时增至十四人。平帝时，王莽增五经为六经，每经设博士五人，共置三十名博士。太学的学生称博士弟子，公孙弘为博士弟子员制度拟定了具体办法，“为博士官置弟子五十人，复其身。太常择民年十八以上、仪状端正者，补博士弟子。郡国县官有好文学、敬长上、肃政教、顺乡里、出入不悖，所闻，令、相、长、垂上属所二千石。二千石谨察可者，常与计偕，诣太常，得受业如弟子”。[3] 汉武帝以后，统治者重视儒学的发展，太学得到了迅速发展。“昭帝时举贤良文学，增博士弟子员满百人，宣帝末增倍之。元帝好儒，能通一经者皆复。数年，以用度不足，更为设员千人，郡国置《五经》百石卒史。成帝末年，或言孔子布衣养徒三千人，今天子太学弟子少，于是增弟子员三千人。”[4] 平帝时，王莽辅政，于元始四年为太学扩建校舍，规模十分巨大，史称“筑舍万区”，能容生员万人。东汉光武帝刘秀下令在洛阳建立太学，广筑学舍讲堂，各地生徒纷纷拥到太学读书，出现“诸生横巷”的盛况。汉明帝进一步提倡教育，太学更加发展。到了东汉末年，有“诸生三万余人”[5] 的记载，可见东汉时期太学的规模之大。

汉代太学以五经为教材，进行经学教育，礼乐道德教化被提升到更为重要的地位，这也正是汉代“以经化俗”的具体实践。在太学的教学中，儒家礼制规范被灌输给了太学生，把学术和社会联系起来。汉武帝初置太学立《诗》、《书》、《易》、《礼》、《春秋》五经博士，同时要求太学生兼习《论语》、《孝经》等公共必修课程。董仲舒指出：“六学皆大，而各有所长。《诗》道志，故长于质；《礼》制节，故长于文；

---

① 《汉书·儒林传》，第3593页。

② 《汉书·董仲舒传》，第2512页。

③ 《汉书·儒林传》，第3594页。

④ 同上书，第3596页。

⑤ 《后汉书·党锢列传》，第2158页。

《乐》咏德，故长于风；《书》着功，故长于事；《易》本天地，故长于数；《春秋》正是非，故长于治人。”[①] 成帝即位之初，匡衡上疏：“……臣闻六经者，圣人所以统天地之心，著善恶之归，明吉凶之分，通人道之正，使不悖于其本性者也。故审六艺之指，则人天之理可得而知，草木昆虫可得而育，此永永不易之道也。及《论语》、《孝经》，圣人言行之要，宜究其意。……”太学通过以《五经》、《论语》、《孝经》等的经学教育，把儒家“忠”、“孝”、“节”、“义”的伦理观念传输给太学生，培养了一批具有儒家道德风范的政治人才，他们“忧国恤民，谋道讲德”积极参与政治，在学术和政治之间架起一座桥梁。太学博士的职责除了讲授经学之外，还有议政、出使等职责，博士经常出任风俗巡行使者，“察风俗，举贤良，平冤狱”[②] 代表皇帝巡行四方，观览风俗、宣明德化，敦化美俗。接受经学教育的太学生作为社会的精英，更是引领着社会的风尚，他们恪守儒家经义，讲求高尚人格，推崇孝道节义，注重名节操守。在他们的示范下，整个社会的风气发生儒化的趋势。典型的例子：东汉末年桓灵时期，太学生在反对宦官专权的斗争中表现的高尚气节。太学生们广结名公巨卿，发展为党同伐异的“清流”。《后汉书·党锢列传》载：“桓灵之间，主荒政谬，国命委于阉寺，士子羞与为伍，故匹夫抗愤，处士横议。遂乃激扬名声，互相题拂，品核公卿，裁量执政，婞直之风，于斯行矣。”[③] 他们多以“谣言”或“风谣”作为武器攻击政敌，贬斥奸佞，同时褒奖“清流”之士；还题目品藻即品评人物，用某类称号指出人物的品格、德藻、形容、仪表、举止等。“是时太学生三万余人，皆推先陈蕃、李膺，被服其行。由是学生同声竞为高论，上议执政，下议卿士，范滂、岑晊之徒仰其风而扇之。于是天下翕然，以臧否为谈，名行善恶托以谣言曰：‘不畏强御陈仲举，天下模楷李元礼。’公卿以下皆畏，莫不侧席。又为三君、八俊、八顾、八及之目，犹古之八元、八凯也。陈蕃为三君之冠，王畅、李膺为八俊之首。海内诸为名节志义者皆附其风。膺等虽免废，名

① 《春秋繁露义证·玉杯》，第 13 页。

② 《汉书·魏相传》，第 3137 页。

③ 《后汉书·党锢列传》，第 2185 页。

逾盛，希之者唯恐不及涉其流者。时虽免黜，未及家，公府州郡争礼命之。”[①] 以太学为中心的清议之风盛行，在社会上造成了极大的舆论影响。“清议”也导致“党锢”之祸，以太学生为主的“清流”之士被禁锢，没有机会参与政治，不得不另求出路，由愤激的评议朝政转为发言玄远，随后更发展为魏晋时期的清谈和玄学之风。

地方官学即所谓郡国学校，也担负培养人才的任务，但其更为重要的使命是“善乡俗”，推行地方社会教化，改变地方的不良风气。汉代首创地方官学，当推蜀郡太守文翁。汉景帝时，文翁任蜀郡太守，为了革除蜀地蛮夷之风，从蜀地郡县中选拔十余人，“遣诣京师，受业博士，或学律令”，[②] 经过数年学习，“蜀生皆成就还归”，[③] 文翁委以重任。“又修起学官于成都市中，招下县子弟以为学官弟子”，[④] 在蜀地大力兴办学校，加强地方教育，给予免徭役的优待，并依照其学习成绩，“高者以补郡县吏，次为孝弟力田”，[⑤]“常选学官僮子，使在便坐受事。每出行县，益从学官诸生明经饬行者与俱，使传教令，出入闺阁”。[⑥] 通过物质和荣誉的各种奖励扩大地方官学的影响，出现了“县邑吏民见而荣之，数年，争欲为学官弟子，富人至出钱以求之”[⑦] 的局面，以至于西汉中后期“蜀地学于京师者比齐鲁焉”。[⑧] 到了武帝时，“乃令天下郡国皆立学校官”。[⑨] 至平帝元始三年（3），颁布地方官学制度，郡国学校普遍设立。《汉书·平帝纪》载：“郡国曰学，县、道、邑、侯国曰校，校、学置经师一人；乡曰庠，聚曰序，序、庠置孝经师一人。”[⑩] 这是汉代正式在全国各地设立学官的开始，这也把地方文化建

---

① 《后汉纪·孝桓帝纪》，（汉）荀悦、（东晋）袁宏著，张烈点校，中华书局2002年版，第432页。

② 《汉书·循吏传》，第3625页。

③ 同上。

④ 同上书，第3626页。

⑤ 同上。

⑥ 同上。

⑦ 同上。

⑧ 同上。

⑨ 同上。

⑩ 《汉书·平帝纪》，第355页。

设纳入官方教育体系之中。汉代地方官学为学、校两级，分置经师与孝经师一人，俸禄大约百石左右，郡国学校由郡文学或文学祭酒具体负责。文学是地方官学的学术官，其职责与中央政府中的博士类似，除作为郡国长官的学术顾问外，在地方官学中还负责进行教授诸生的活动，以及举荐"通明经术者"推广教化。郡国学校主要是进行经籍教学，并定期举行"乡射礼"等典礼活动，向社会普遍宣扬伦理道德，达到"教化万民"的目的。乡里庠序主要从事《孝经》宣讲，重点在于封建伦理道德教育，更加注重的是宣风教化的作用，面向社会推广儒家礼仪制度。

汉代地方官吏通过加强地方教育纯化民风，辟除恶习。如汉昭帝时，韩延寿任颍川太守，针对颍川民间告奸成风、民风刁钻的恶习，充分发展地方官学，改变地方民风，"延寿于是令文学校官诸生皮弁执俎豆，为吏民行丧嫁娶礼。百姓遵用其教，卖偶车马下里伪物者，弃之市道"。[①] 东汉时期，地方官学进一步发展，班固在其《两都赋》中就指出："四海之内，学校如林，庠序盈门"[②] 反映了东汉地方教育发展的盛况，在所谓"南夷北狄"的边疆地区都设立了学校。《后汉书·南蛮传·序》云："光武中兴，锡光为交趾，任延守九真，于是教其耕稼，制为冠履，初设媒娉，始知姻娶，建立学校，导之礼义。"[③] 锡光、任延任郡太守时，积极兴学办教，在交趾地区用中原地区的先进文化改良社会风俗，用儒家的礼义来教化边民功绩卓著。《后汉书·任延传》也载："初，平帝时，汉中锡光为交趾太守，教导民夷，渐以礼义，化声侔于延。王莽末，闭境拒守。建武初，遣使贡献，封盐水侯。领南华风，始于二守焉。""任延、锡光移变边俗，斯其绩用之最章章者也。"[④] 后来，任延调任武威太守，又将他在九真一带的治理方式用到武威地区，"又造立校官，自掾史子孙，皆令诣学受业，复其徭役。章句既通，悉显拔荣进之。郡遂有儒雅之士"。[⑤] 促进了边郡的民风儒化。从

① 《汉书·韩延寿传》，第 3210 页。

② 《后汉书·班固传》，第 1368 页。

③ 《后汉书·南蛮传》，第 2836 页。

④ 《后汉书·任延传》，第 2462 页。

⑤ 同上书，第 2463 页。

卫飒到栾巴在桂阳地区持续不断地进行设教化民的行政实践，建武二年，卫飒任桂阳太守，“郡与交州接境，颇染其俗，不知礼则。飒下车，修庠序之教，设婚姻之礼。期年间，邦俗从化”。[①] 卫飒鉴于桂阳郡风俗蛮夷，不知礼节，积极敦促“庠序之教”使当地民众懂得了婚姻之礼，社会风俗从化，促进了桂阳地区的社会发展。后来到了汉顺帝时期，栾巴为桂阳太守，继续修学兴教，“以郡处南垂，不闲典训，为吏人定婚姻丧纪之礼，兴立学校，以奖进之。虽干吏卑末，皆课令习读，程试殿最，随能升授”。[②]

汉代地方官学是实施礼教的中心和辐射源，在内地发展教育促使了社会风气向更加良好的方向转化，在边郡及尚未开化的地方起到革除陋习，移风易俗，濡染汉文化，通过示范和教化等手段来影响带动社会风俗。

汉代私学在基层教化和移风易俗中也起到重要的作用。汉代私学初级阶段是学习《论语》、《孝经》，这一阶段学生进入乡塾学习，在塾师的指导下完成学业。无论是官学还是私学都把《论语》、《孝经》定为基础教材，正是为了突出儒家孝悌和伦理之本的思想。高级阶段是对专经研习，这一阶段在“精舍”或“精庐”中进行，许多经学大儒自立学舍，讲授经学。如董仲舒、韦贤、蔡邕、马融、郑玄等经学大师授业弟子众多。《后汉书·儒林列传》载：东汉程曾“授业长安，还家讲授，会稽顾奉等数百人，常居门下”。[③] 任安“少游太学……学终还家教授，诸生自远而至”。[④] 刘淑“学明五经……立精舍讲授，诸生常数百人”。[⑤] 桓敷“立精舍讲授，诸生常数百人”[⑥] 等。

汉代私学教学内容以儒家经典为主，《后汉书·儒林列传》载：杨纶“少为诸生，师事司徒丁鸿，习《古文尚书》……讲授于大泽中，

① 《后汉书·卫飒传》，第2459页。
② 《后汉书·栾巴传》，第1841页。
③ 《后汉书·儒林列传》，第2518页。
④ 同上书，第2551页。
⑤ 同上。
⑥ 《后汉书·党锢列传》，第2190页。

弟子至千余人”。[①] 谢该“善明《春秋左氏》，为世名儒，门徒数百千人。”[②] 尹敏“少为诸生，初习《欧阳尚书》，后受《古文》，兼善《毛诗》、《谷梁》、《左氏春秋》”。[③] 汉代中央太学和地方郡国学校的数量有限，不能满足求学者的需求，这也促进了私学的蓬勃发展。私学所容纳的学生人数远比太学多，而且在私学受业的生徒，一般不受经济条件、地域远近、出身等条件的限制，如《后汉书·循吏列传》载：“卫飒……家贫好学问，随师无粮，常庸以自给。”[④]《后汉书·文苑列传》：“侯瑾……少孤贫，依宗人居。性笃学，恒庸作为资。”[⑤] 两汉时期全国到底有多少私学生徒，因史料不载无法确知，但通过一些经师所授生徒数量常达数百乃至千人，可以推想汉代受到私学教育的人数蔚为壮观。如《后汉书·杜抚传》载：杜抚“后归乡里教授，……弟子千余人”。[⑥] 武阳县人口约五万，杜抚的学生人数就占全县人口的2%。可见，受到私学教育的人数远远地超过了官学受教人数，有学者统计：“西汉的私家教授分布在42郡国。西汉郡国103，则私学布域占全国郡国的40%以上。东汉私学分布于54郡国。东汉郡国105，私学布域占全国郡国50%强。东汉除承继西汉绝大部分教育区外，还开辟了一些新的施教地域，如西北有安定、敦煌，西南有犍为、牂柯，东南有江夏、九江、丹阳等。”[⑦] 可见汉代私学在全国各地的儒学传播和普及上起到重要的作用。在儒家伦理孝悌观念的教化和社会风气美善的过程中，私学发挥了重要的作用，私学与官学相互补充，私学教育注重伦理的培养，要求学生对师长恭敬尽礼，严格遵守经师家法，直接带动了尊师重教的社会风气。私学教育极重士气节操的培养，特别是当政治腐败，朝野风气衰败之时，大批耿直之士不愿同流合污，他们不畏强权，不慕禄位，而隐身私学与之展开斗争，带动和影响了社会风气的转变。

---

① 《后汉书·儒林列传》，第2564页。

② 同上书，第2584页。

③ 同上书，第2558页。

④ 《后汉书·循吏列传》，第2458页

⑤ 《后汉书·文苑列传》，第2649页。

⑥ 《后汉书·杜抚传》，第2573页。

⑦ 郝建平：《论汉代教育对社会的影响》，《阴山学刊》1993年第3期。

汉代政府通过各级教育系统传播儒学、灌输儒家价值观念，教化百姓，美善风俗，对社会产生了广泛而深远的影响，从政治、经济到社会生活的各个方面儒学潜移默化地改造着社会风气。赵翼在《廿二史札记》“东汉功臣多近儒”条中讲：“东汉中兴，则诸将帅皆有儒者气象”“光武诸功臣，大半多习儒术，与光武意气相附合。盖一时之兴，其君与臣奉皆一气所钟，故性情嗜好之相近，有不期然而然者，所谓有是君即有是臣民也。”这种社会上形成的“儒者气象”与汉代的教育是密切相关的。汉代各级教育系统还培养了大批“以经术润饰吏事”① 的官吏，他们把儒学价值观念贯彻到行政实践当中，把移风易俗作为一项重要的任务，化民成俗，使社会风俗美善。《后汉书·循吏列传序》载：“自章、和以后，其有善绩者，往往不绝。如鲁恭、吴祐、刘宽及颍川四长，并以仁信笃诚，使人不欺；王堂、陈宠委任贤良，而职事自理：斯皆可以感物而行化也。边凤、延笃先后为京兆尹，时人以辈前世赵、张。又王涣、任峻之为洛阳令，明发奸伏，吏端禁止，然导德齐礼，有所未充，亦一时之良能也。”②

第二节　秦汉移风易俗在人生礼仪层面的实践

——从生育到丧葬的风气扭转

在人生的历程中，每个人都要经历包括诞生、成年、婚姻、丧葬等人生阶段的礼仪习俗，这些习俗反映了当时人们求福避祸的普遍心理，也折射出当时人们关于世界的认识、思想观念和信仰等。秦汉时期，人生礼仪风俗的许多方面，如“生子不举”的生育禁忌之俗、崇孝养老之风、厚葬风气等，直接影响或冲击着王朝封建统治的政治、经济、文化秩序，所以对人生礼仪层面的风俗进行移易是秦汉时期移风易俗的重点，本节选取生育和丧葬习俗的扭转进行个案分析。

---

① 《汉书·循吏传》，第3623—3624页。

② 《后汉书·循吏列传》，第2457—2458页。

一　秦汉时期对“生子不举”之风①的扭转

新生命的不断诞生是人类能够世代繁衍，生生不息的基础。生育问题，不仅关系到一个家庭的兴旺发达，更关乎到一个民族的繁衍生息，更是一个国家国力兴衰和持续发展的根本。因此，对于生育问题，历朝历代的统治者都非常重视。秦汉时期通过立法严惩和舆论抨击，来扭转民间的“生子不举”陋俗，以维持王朝人口的正常增长和性别比例的协调发展，进而保证以农为本的社会生产正常进行和政府税赋的充足来源。

（一）秦汉时期“生子不举”之风

人们认为在某些日子出生的子女会对父母不利，即所谓生子的信仰习俗“妨父母”的禁忌。在神秘主义文化氛围影响下，秦汉时期的“生子不举”生育禁忌习俗在基层社会中盛行。《史记·孟尝君列传》载：“初，田婴有子四十余人。其贱妾有子名文，文以五月五日生。婴告其母曰：‘勿举也。’其母窃举生之。及长，其母因兄弟而见其子文于田婴。田婴怒其母曰：‘吾令若去此子，而敢生之，何也？’文顿首，因曰：‘君所以不举五月子，何故？’婴曰：‘五月子者，长与户齐，将不利其父母。’文曰：‘人生受命于天乎？将受命于户邪？’婴默然。文曰：‘必受命于天，君何忧焉。必受命于户，则可高其户耳，谁能至者！’婴曰：‘子休矣。’”② 孟尝君田文因为是“以五月五日生”，父亲田婴就决定要“勿举”，“去此子”。孟尝君的母亲私下养育，后来被发现后，“田婴怒其母”。可见，当时的人们对“五月五日生”的孩子不举的陋俗在社会上盛行。这一“生子不举”之风俗在秦汉时期变得愈演愈烈，《西京杂记》卷二载：西汉成帝时，大臣王凤也是五月五日生，“其父欲不举”，“‘俗谚举五日子，长及户，则自害，不则害其父母。’其叔父曰：‘昔田文以此日生，其父婴敕其母曰：勿举。其母窃

① 关于秦汉时期“生子不举”的问题已有学者讨论，李贞德：《汉隋之间的“生子不举”问题》，“中央研究院”历史语言研究所集刊，66 本 3 分册，1995 年；彭卫、杨振红：《中国风俗通史（秦汉卷）》，上海文艺出版社 2002 年版，第 353 页；王子今：《秦汉“生子不举”现象和弃婴故事》，《史学月刊》2007 年第 8 期等。

② 《史记·孟尝君列传》，第 2352 页。

举之。后为孟尝君，号其母为薛公大家。以古事推之，非不祥也。’遂举之。”王充《论衡》也记载正月五月生子不举的习俗：“讳举正月五月子。以为正月五月子，杀父与母。不得已举之，父母祸死。”[①] 并分析原因，“夫正月岁始，五月盛阳，子以生精炽热烈，厌胜父母，父母不堪，将受其患，传相放效，莫谓不然”。应劭在《风俗通义》中也有关于五月生子不举的记载，“五月五日生子，男害父，女害母。故田文生而婴告其母勿举，且曰：长与户齐，将不利其父母”。[②]

除了正月五月不举等生日禁忌之外，孩儿出生的某些异常状况有时也引起“生子不举”。东汉应劭《风俗通义》载：

> 俗说生子至于三，似六畜，言其妨父母，故不举之也。谨按春秋《国语》：越王勾践令民生二子者，与之饩，生三子者，与之乳母，三子力不能独养，故与乳母。所以人民繁息，卒灭强吴，雪会稽之耻，行霸于中国者也。古陆终氏娶于鬼方，谓之女嬇，是生六子，皆为诸侯。今人多生三子，子悉成长，父母完安，岂有天所孕育，而害其父母兄弟者哉！[③]

此条文中还指出，社会上流行的“不举寤生子”、“不举生鬓须子”的不良风俗，“俗说儿坠地便能开目视者，谓之寤生，举寤生子，妨父母；……不举父同月子，俗说妨父也；……不举生鬓须子，俗说，人四十五，乃当生鬓须，今生而有之，妨害父母也”。[④] “寤生”就是逆生，就是婴儿出生的时候脚先出，头后出，而“鬓须子”就是生来长胡须的婴儿也被认为妨害父母，这两种情况出生的婴儿多为父母“不举”。

当时社会上还有因贫困不举子的风气，《汉书·王吉传》载：“吉意以为，‘夫妇，人伦大纲，夭寿之萌也。世俗嫁娶太早，未知为人父母之道而有子，是以教化不明而民多夭。聘妻送女亡节，则贫人不及，

① 《论衡集解·四讳》，第470页。
② 《风俗通义校注·正失》，第133—134页。
③ 同上书，第133页。
④ 《风俗通义校注·佚文》，第561—562页。

故不举子'。"[①] 王吉祥其实指出了秦汉时期"生子不举"之风盛行的最普遍原因，即"贫人不及，故不举子"。《汉书·贡禹传》更加深刻地指出民众因贫困而不举子："禹以为古民亡赋算口钱，起武帝征伐四夷，重赋于民。民产子三岁则出口钱，故民重困，至于生子辄杀，甚可悲痛。宜令儿七岁去齿乃出口钱，年二十乃算。"[②]《北堂书钞》卷七五引《谢承后汉书》言："宋度迁长沙太守，人多以乏衣食，产乳不举。度切让三老，禁民杀子。比年之间，养子者三千余人。男女皆以'宋'为名也。"按"宋度"一作"宗庆"，这则材料还见于《太平御览》卷260引《东观汉纪》载："宗庆字叔平，为长沙太守，民养子者三千余人，男女皆以'宗'为名。"[③]《后汉书·贾彪传》载："（贾彪）补新息长。小民困贫，多不养子……彪严为其制，与杀人同罪……数年间，人养子者千数。佥曰'贾父所长'，生男名为'贾子'，生女名为'贾女'。"[④] 可见，百姓多因贫困而无法生计，无力养子，而多生子不举。

在男尊女卑的封建社会之中，性别仍为判定人的尊贵卑贱的通用尺度，《汉书·外戚传》载："孝成赵皇后，本长安宫人。初生时，父母不举，三日不死，乃收养之。"[⑤] 就连孝成帝的皇后赵飞燕在出生时也遇到了"父母不举"的情况，因为三日不死才又被收养。《太平经·分别贫富法》载："天下失道以来，多贱女子，而反贼杀之，令使女子少于男，故使阴气绝，不与天地法相应。"《太平经》指出女子"不足筋力养有余也……少者还愁苦老者，无益其父母，父母故多杀之也"以至形成民间多有不举女婴、溺杀女婴的风气。

（二）秦汉时期对"生子不举"之风的扭转

对"生子不举"的陋习，司马迁、宣丰、王充、应劭等士人进行了舆论批判。如应劭对多种社会上流行的"生子不举"陋俗，以历史的例证，说明其俗荒诞不经。"《春秋左氏传》：郑武公娶于申，曰武姜，生庄公及公叔段。庄公寤生，惊姜氏，因名寤生。武公老终天年，

---

① 《汉书·王吉传》，第3064页。

② 《汉书·贡禹传》，第3075页。

③ 《东观汉记校注》，第843页。

④ 《后汉书·贾彪传》，第2216页。

⑤ 《汉书·外戚传》，第3988页。

姜氏亦然，安有妨其父母乎？”[①]“按《左传》，桓公子与父同月生，因名子同，汉明帝亦与光武同月生。”[②]“谨按《周书》：灵王生而有髭，王甚神圣，克修其职，诸侯服享，二世休和，安在其有害乎？”[③]

秦汉政府还从维护统治秩序的角度出发，通过立法来强制扭转这一“生子不举”的陋俗。云梦睡虎地秦简《法律答问》记载了有关于惩处“杀子”的法律条文：“‘擅杀子，黥为城旦舂。其子新生而有怪物其身及不全而杀之，勿罪。’今生子，子身全殴（也），毋（无）怪物，直以多子故，不欲其生，即弗举而杀之，可（何）论？为杀子。”[④]整理小组译文：“‘擅自杀子，应黥为城旦舂。如小儿生下时身上长有异物，以及肢体不全，因而杀死，不予治罪。’如新生小儿，身体完好，没有生长异物，只是由于孩子太多，不愿他活下来，就不加养育而把他杀死，应如何论处？作为杀子。”[⑤]可以看出秦代法律不惩罚杀害残疾婴儿的行为，而对不举发育正常的婴儿的行为，而因为孩子太多而不养育，把婴儿杀掉，是要施以“黥为城旦舂”的刑罚进行惩处。睡虎地秦简《法律答问》中还载有“人奴擅杀子”及相关情形的条文。如：“人奴擅杀子，城旦黥之，畀主。”[⑥]整理小组译文：“私家奴婢擅自杀子，应按城旦的样子施以黥刑，然后交还主人。”[⑦]“汉承秦制”张家山汉简《二年律令》中的《贼律》载：“父母殴笞子及奴婢，子及奴婢以殴笞辜死，令赎死。”[⑧]这说的是父母殴打其子及奴婢致死，也应当抵罪。可以得知，在汉代也应当有相应的法律制裁手段强制扭转“生子不举”之风。

汉代地方官吏也是严厉打击生子不养的陋俗，以扭转“生子不举”的风气。如《后汉书·张奂传》载：“（延熹六年，163）拜武威太守，

---

① 《风俗通义校注·佚文》，第561页。

② 同上。

③ 同上书，第562页。

④ 《睡虎地秦墓竹简·法律答问》，第181页。

⑤ 同上。

⑥ 同上书，第183页。

⑦ 同上。

⑧ 张家山二四七号汉墓竹简整理小组：《张家山汉墓竹简（二四七号墓）》，文物出版社2006年版，第14页。

平均徭赋，率厉散败，常为诸郡最，河西由是而全。其俗多妒忌，凡二月、五月产子及父母同月生，悉杀之。奂示以义方，严加赏罚，风俗遂改，百姓生为立祠。”张奂任武威太守时，对当地“二月、五月产子及父母同月生，悉杀之”生子不举的陋俗，严厉打击，风俗遂改。[①]《后汉书·王吉传》载，王吉为沛相时，颁令：“若有生子不养，即斩其父母，合土棘埋之。”[②]

秦汉社会上的“生子不举”的陋俗，对社会政治、经济以及统治秩序都带来了冲击和负面影响。“生子不举”的陋俗阻碍了人口增加，直接影响到了算赋、口赋的征收，影响到帝国的财政税收的增加。由于汉代不举女婴，导致大量女婴死亡，导致两性比例严重失调。从而造成了东汉后期男多女不足的社会问题。使得很多男子无女可娶，从而影响人口的正常再生产，甚至导致新一轮的人口恶性循环。无法婚娶的男子多为无产少业的贫苦者，这些人是社会中最不稳定的边缘群体，极易走向犯罪道路，致使社会秩序遭到破坏。以司马迁、王充、应劭等士人对社会上弥漫的“生子不举”之风进行了鞭挞，强调这种行为的荒诞，引导社会舆论对这种陋俗的批判。秦汉政府更是通过法律和行政的手段对这一陋俗进行控制，以维护人口生产的正常进行。

二　厚葬现实与薄葬观念的冲突

丧葬风俗是一个时期、一个时代的经济、政治、文化以及社会思想的反映，丧葬风俗的变迁从某种程度上可以反映出当时人们的社会经济状况、心理观念、伦理道德等方面的变化。先秦时期就已经有“事死如事生”的观念，在这种观念的影响下，中国自古以来就非常注重人死之后的礼仪，由此逐渐形成了复杂的葬礼风俗。秦汉时期，在阴阳五行、谶纬迷信、神仙方术等学说流行的影响下，巫风盛行“街巷有巫，闾里有祝”，[③]这种“谓死如生”[④]的鬼魂崇拜观念变得更加浓烈和厚

① 《后汉书·张奂传》，第2139页。

② 《后汉书·王吉传》，第2501页。

③ 《盐铁论简注·散不足》，第233页。

④ 《论衡集解·薄葬》，第461页。

重，这些都成为当时厚葬风行的土壤。加之，汉代统治阶级提倡“以孝治天下”，在统治者的极力倡导下，儒家的孝道观念深入人心，表现在丧葬上就是厚葬之俗，厚葬被当时人们认为是履行孝道的行为，特别是汉代以举孝廉入仕途，厚葬甚至成为决定仕途的政治标准，这样就对厚葬之风推波助澜，更是使得人们趋之若鹜，以至“死以奢侈相高，虽无哀戚之心，而厚葬重币者则称以为孝，显名立于世，光荣著于俗，故黎民相慕效，以致发屋卖业”。[①] 厚葬之风导致倾家荡产，以至于活人为厚葬其亲而债台高筑，无法维持生活，造成了人力、物力、财力的巨大浪费。厚葬盛行严重败坏了社会风气。厚葬造成了礼制上的僭越更是直接冲击到了封建王朝的统治秩序。秦汉时期的一些有识之士对当时社会上流行厚葬之风的越礼和危害进行了激烈的抨击，并力主薄葬，为东汉末年及魏晋南北朝时期的薄葬风俗的流行奠定了思想基础。

（一）秦汉时期厚葬之风

秦汉时期厚葬之风，以帝王、贵戚、官僚等上层社会的丧葬礼仪表现得最为突出，特别是帝王陵寝，秦始皇帝陵之厚葬是举世公认的，秦始皇从继承王位的第一年起便开始营建自己的陵墓，统一天下之后，更是发天下七十万刑徒去大规模修建自己的骊山墓。《史记·秦始皇本纪》载，“始皇初即位，穿治骊山，及并天下，天下徒送诣七十余万人，穿三泉，下锢而致椁，宫观百官奇器珍怪徙臧（藏）满之。令匠作机弩矢，有所穿近者辄射之。以水银为百川江河大海，机相灌输，上具天文，下具地理。”[②] 秦始皇陵虽然经历两千多年的风风雨雨，据考古工作者的实地测量，陵园平面呈南北长东西窄的长方形，有内外两重夯土围墙，内围墙长约 1300 米，宽 578 米，周长 3800 多米。外围墙长 2173 米，宽 974 米，周长 6294 米。坐落于内围墙的坟丘，底部近方形，每边长度为 350 米左右，高度为 43 米。[③] 1974 年，在陵东 1500 米处发现了规模巨大的兵马俑坑。据秦俑考古队的发掘报告，一号、二号、三号兵马俑坑面积约 20780 平方米，除了大量的兵马俑出土以外，

① 《盐铁论简注·散不足》，第 241 页。

② 《史记·秦始皇本纪》，第 265 页。

③ 王玉清：《秦始皇陵调查简报》，《考古》1962 年第 8 期。

还有众多的战车、陶马、陶质鞍马以及数万件青铜兵器。[①] 如此巨大的工程，正表现出秦始皇“视死如生”的厚葬意愿。

汉承秦厚葬之风，虽经秦末战火，国力衰败，然厚葬之风尤未减弱。如历史上以节俭著称的汉文帝，在修霸陵时就宣布：“治霸陵皆以瓦器，不得以金银铜锡为饰，不治坟，欲为省，毋烦民。”[②] 临终又明确诏令丧事从简：“其令天下吏民，令到出临三日，皆释服。毋禁取妇、嫁女、祠祀、饮酒、食肉者。自当给丧事服临者，皆无践。绖带无过三寸，毋布车及兵器，毋发民男女哭临宫殿。宫殿中当临者，皆以旦夕各十五举声，礼毕罢。非旦夕临时，禁毋得擅哭。已下，服大红十五日，小红十四日，纤七日，释服。佗不在令中者，皆以此令比率从事。布告天下，使明知联意。”“霸陵山川因其故，毋有所改。”[③] 文帝强调要薄葬，然而从霸陵的工程量和被盗掘的情况来看，其所谓“薄”也未必真的就薄。[④]《汉书·张汤传》记载霸陵随葬钱币被盗掘的事件：“会人有盗发孝文园瘗钱，垂相（严）青翟朝，与（张）汤约俱谢，至前，（张）汤念独承相以四时行园，当谢，（张）汤无与也，不谢。承相谢，上使御史案其事。”[⑤]《晋书·索綝传》又明确记载西晋末年霸陵和杜陵遭到盗掘：“时三秦人尹桓、解武等数千家，盗发汉霸、杜二陵，多获珍宝。”[⑥]

“汉天子即位一年而为陵，天下贡献三分之，一供宗庙，一供宾客，一充山陵。”[⑦] 这就是说要把每一年贡献的三分之一作为修筑皇帝陵的费用。汉武帝执政 54 年，建造茂陵就要耗费汉代鼎盛时期十八年

① 《秦始皇陵》，《文物》1975 年第 11 期；秦俑坑考古队：《秦始皇陵东侧第三号兵马俑坑清理简报》1979 年第 12 期。

② 《史记·孝文本纪》，第 433 页。

③ 同上。

④ 王子今先生在《霸陵薄葬辨疑》一文中，从“关于‘景帝不从遗诏’说”，“另一种可能：孝文窦皇后不薄葬”等角度，辨析了对霸陵薄葬持否定态度的观点。但可以肯定的是史书记载，霸陵复土工程就动用了三万一千人。后世盗发霸陵时，依然“多获珍宝。”《晋书·索綝传》的记载说明汉文帝薄葬不薄。

⑤ 《汉书·张汤传》，第 3142 页。

⑥ 《晋书·索綝传》，（唐）房玄龄等撰，中华书局 1974 年版，第 1651 页。

⑦ 同上。

的贡献，1962年考古工作者实测，茂陵现高46.5米，顶部东西长39.5米，南北宽35.5米，陵底边长240米；陵园垣墙长430米，南北宽414.87米，墙基宽5.8米。[①] 据文献记载：陵中“多藏金钱财物，鸟兽鱼鳖牛马虎豺生禽，几百九十物，尽瘗臧之”。[②] 至武帝死时陵中不复容物。除茂陵外，汉代其他皇帝的陵墓也非常浩大，积土成山，列木成林，营建之时会聚卒徒众多；丧葬时，动用的下棺及填坟土之人，也常常在数万人之多。《汉书·哀帝纪》载，建平二年，太后崩，起陵于恭皇之园“遂葬定陶，发陈留、济阴近郡国五万人穿复土”。[③] 汉成帝，为修陵墓更是“大兴徭役，重增赋敛，征发如雨”、“取土东山，与谷同价”，弄得国虚民穷，“公家无一年之畜，百姓无旬日之储，上下俱匮，无以相救”。[④]

秦汉帝王陵寝高大恢弘，王公、贵族也纷纷仿效，“列侯贵人车服僭上，众庶仿效，羞不相及，婚嫁尤崇侈靡，送死过度”[⑤] 的厚葬风气。当时规定，“天子坟高三仞”，“诸侯半之”，“大夫八尺’，“士四尺”而据杨宽先生研究，天子坟高在十二丈左右，诸侯在五到八丈之间。[⑥] “京师贵戚，必欲江南檽梓，豫章楩楠，……工匠雕治，积累日月，计一棺之成功，将千万夫，既具终用，重且万斤，非大众不能举，非大车不能挽，东至乐浪，西至敦煌，万里之中，相竞用之。”[⑦] 桓宽在《盐铁论·散不足》：“古者瓦棺容尸，……今富者绣墙题凑。中者梓棺楩椁。贫者画荒衣袍，缯囊缇橐。古者明器有形无实，示民不用也。及其后，则有醯醢之藏，桐马偶人弥祭，其物不备。今厚资多藏，器用如生人。郡国徭吏素桑楺，偶车櫓轮，匹夫无貌领，桐人衣纨绨。古者不封不树，反虞祭于寝，无坛宇之居，庙堂之位。及其后则封之，庶人之坟半仞，其高可隐。今富者积土成山，列树成林，台榭连阁，集

① 雒忠如：《陕西兴平县茂陵勘查》，《考古》1964年第2期。
② 《汉书·贡贡传》，第3070页。
③ 《汉书·哀帝纪》，第339页。
④ 《汉书·谷永传》，第3462页。
⑤ 《汉书·地理志》，第1642页。
⑥ 杨宽：《中国古代陵寝制度史研究》，上海古籍出版社1985年版。
⑦ 《潜夫论笺校正·浮侈》，第134页。

观增楼；中者祠堂屏阁，垣阙罘恩。古者邻有丧，舂不相杵，巷不歌谣。孔子食于有丧之侧，未尝饱也。子于是日哭，则不歌。今俗因人之丧以求酒肉，幸与小坐而责辨，歌舞俳优，连笑伎戏。……古者事生尽爱，送死尽哀。……今生不能致其爱敬，死以奢侈相高；虽无哀戚之心，而厚葬重币者则称以为孝，显名立于世，光荣著于俗。故黎民相慕效，至于发屋卖业。"[①] 从考古出土的一些王公贵族的陵墓随葬品中，就可以反映出这一风气的盛行，北京大葆台的一号墓题凑所用柏木椽竟多达一万五千根，王公贵族"一棺所成，功将千万"是不争的事实。长沙马王堆1、2、3号墓，墓主人长沙国丞相利仓和他的妻子及儿子，随葬器物有漆器、纺织衣物、陶器、木俑、竹木器、乐器等3500多件，封国的丞相尚且如此，诸如国王，随葬则更为丰厚。满城中山靖王刘胜及其妻窦绾的墓，出土的铜铁金银器、玉石器、漆器等多达4200多件，并出土"金缕玉衣"。[②] 刘胜的玉衣长1.88米，由2498块玉片组成，所用金丝重约1100克，窦绾的玉衣长1.72米，由2160块玉片组成，所用金丝约700克。[③] 制作精良，费工极巨，可见汉代王公贵族丧葬习俗奢侈豪华，厚葬之风的弥漫。

上行下效，统治者大肆厚葬，在权贵富豪竞奢厚葬的影响下，使得汉代民间厚葬之风盛行，地主、富商、富裕农民、手工业者的丧葬耗费也十分巨大。"丧葬逾制，奢丽过礼，竟相仿效"[④] 为长者死后厚葬而博取令誉不惜耗尽家产，甚至借贷求助，真正是"废事业而荣终亡，替所养而为厚葬"。[⑤]《后汉书·崔骃列传》载：崔寔父亲去世，崔寔"剽卖田宅，起冢茔，立碑颂。葬讫，资产竭尽，因穷困，以酤酿贩鬻为业。时人多以此讥之，寔终不改"。[⑥] 光武帝曾感叹道："世以厚葬为

---

① 《盐铁论简注·散不足》，第237页。

② 湖南省博物馆、中国科学院考古研究所：《长沙马王堆二、三号汉墓发掘简报》，《文物》1974年第7期。

③ 中国科学院考古研究所技术室：《满城汉墓"金缕玉衣"的清理和复原》，《考古》1972年第2期。

④ 《后汉书·吕强传》，第2530页。

⑤ 《后汉书·赵咨传》，第1314页。

⑥ 《后汉书·崔駰传》，第1731页。

德，薄终未鄙，富者奢僭，贫者殚财，法令不能禁，礼义不能止。”[①]

（二）秦汉诸子的薄葬风俗观念

汉代厚葬之风盛行，上到天子王侯下到黎民百姓都追求厚葬，“竭财以事神，空家以送终”。[②] 即使“倾家殚财”也要施行，因埋葬死者而导致倾家荡产，以至于活人为厚葬其亲而债台高筑，无法维持生活，造成了人力、物力、财力的巨大浪费，厚葬严重败坏了社会风气。汉代以孝治国，孝观念在汉代的封建统治中具有特殊作用，统治者极力倡导孝道，并推行至社会的各个角落，厚葬成为家庭孝道的重要体现，随着厚葬陋习的推广，厚薄程度甚至成为判断子女是否行孝的标准。这一片面的标准，忽视了作为孝含义的另一重要内容养老，“废事生而荣终亡，替所养而为厚葬”[③] 的风气在两汉盛行。这种苛生荣终的社会风气严重败坏了社会道德风尚。由于一味追求厚葬，与“虽有其财，而无其尊，不得逾制”[④] 的封建礼制背道而驰，许多王公贵族乃至富家商贾在丧制上多有僭越，破坏尊卑之序，严重冲击了政治统治秩序。秦汉之时众多有识之士，对厚葬陋习痛心疾首，并给予严厉批驳，从《吕氏春秋》到西汉的杨王孙、刘向、谷永、张临、朱云、龚胜，再到东汉的王充、王符、崔寔、仲长统、杨震、祭遵、王堂、樊宏、梁商、羊续、袁闳、赵歧、梁腾、邓腾、郑玄、何熙、马融、卢植、孔僖、符融、谢夷吾、李穆姜、赵咨、张奂、李固、范冉、曹操等，他们对当时社会上流行厚葬之风的越礼和危害进行了激烈的抨击，并力主薄葬。笔者略举几例分析如下：

《吕氏春秋》主张薄葬短丧。《吕氏春秋》对社会上奢侈厚葬成风，在《节丧》、《安死》等章节中作出了尖锐的批评：

> 国弥大，家弥富有，葬弥厚。含珠鳞施，夫玩好货宝。钟鼎壶滥，舆马衣被戈剑，不可胜其数。诸养生之具，无不从者。题凑之

① 《后汉书·光武帝纪》，第51页。
② 《论衡集解·薄葬》，第461页。
③ 《后汉书·赵咨传》，第1314页。
④ 《汉书·成帝纪》，第324页。

室，棺椁数袭，积石积炭，以环其外。……世俗之行丧，载之以大辅，羽旄旌旗、如云偻翣以督之，珠玉以配之，黼黻文章以饬之，引绋者左右万人以行之，以军制立之然后可。[1]

世之为丘垄也，其高大若山，其树之若林，其设阙庭、为宫室、造宾阼也若都邑，以此观世示富则可矣，以此为死则不可也。[2]

《吕氏春秋》强调人们争相奢侈厚葬，并不是为了安死而是活人争求虚荣，这种厚葬行为不仅不能使死者安死，反而拖累了生者，甚至导致生者倾家荡产，此种行为绝非出于慈亲孝子之心：

令世俗大乱，之主愈侈，其葬则心非为乎死者虑也，生者以相矜尚也。侈靡者以为荣，节俭者以为陋，不以便死为故，而徒以生者之诽誉为务，此非慈亲孝子之心也。父虽死，孝子之重之不怠；子虽死，慈亲之爱之不懈。夫葬所爱所重，而以生者之所甚欲，其以安之也，若之何哉？[3]

《吕氏春秋》还一针见血地指出，厚葬是导致盗墓的直接原因，社会动乱，厚葬成风，盗墓的猖獗，导致人死不安生。厚葬的高坟大墓，为石铭置之垄上，就向人们宣示："此其中之物，具珠玉、玩好、财物、宝器甚多，不可不抇，抇之必大富，世世乘车食肉。"[4] 并指出盗墓的目的在于有利甚至有暴利可图，厚葬使得盗墓者为追逐暴利不惜铤而走险。一些游手好闲、好逸恶劳又贪图享乐的刁民无赖，为投机取巧，便聚集起来，专干打劫盗墓一类的勾当：

君之不令民，父之不孝子，兄之不悌弟，皆乡里之所釜鬲者而

---

① 陈奇猷校释：《吕氏春秋校释》，学林出版社 1984 年版，第 525—526 页。

② 《吕氏春秋校释·安死》，第 535—536 页。

③ 《吕氏春秋校释·节丧》，第 525 页。

④ 《吕氏春秋校释·安死》，第 536 页。

逐之，惮耕稼采薪之劳，不肯官人事，而祈美衣侈食之乐，智巧穷屈，无以为之，于是乎聚群多之徒，以深山广泽林薮，扑击遏夺，又视名丘大墓之厚者，求舍便居，以微扣之，日夜不休，必得所利，相与分之。①

厚葬的目的本来是慈亲孝子对死者尽人伦亲情、爱意、寄托哀思，让其在地下安息、长享富贵荣华的，但厚葬也直接引诱盗墓者前来盗坟掘墓。出殡时浩大的声势、封丘高垄、树木标识，无异于告诉盗墓者金银财宝埋藏在那里的地下。这样，若遇到朝代更替、政权易位、农民起义、军阀混战或兵荒马乱、饥寒交迫之际，坟墓就很可能被盗，而且陪葬品越丰厚，丘垄越高大，被盗的几率越大。厚葬的最终结果是使亡故的亲人陵墓毁坏、财宝掠尽、暴尸荒野，形同戮尸，饱受凌辱，非但没有尽到对亲属死者的慈孝之情，反而使其死后被虐尸侮辱，灵魂永远不得安宁。令活着的亲人心灵受到巨大伤害，难以容忍。正是鉴于此，《吕氏春秋》强调让死者安死的最佳选择，莫过于节丧薄葬："尧葬于谷林，通树之；舜葬于纪市，不变其肆；禹葬于会稽，不变人徒；是故先王以俭节界死也，非爱其费也，非恶其劳也，为死者虑也。先王之所恶，惟死者之辱也。发则必辱，俭则不发。故先王之葬，必俭、必合、必同。何谓合？何谓同？葬于山林则合乎山林，葬于阪隰同乎阪隰。"②

《淮南子》短丧薄葬观念。《淮南子》针对汉代长丧厚葬的社会风气发起了抨击，指出"夫三年之丧，非强而致之，听乐不乐，食旨不甘，思慕之心未能绝也"，③"夫三年之丧，是强人所不及也，而以伪辅情也。三月之服，是绝哀而迫切之性也"，④不能"不原人情之终始，而务以行相反之制，五衰之服"。尚若"悲哀抱于情，葬缠称于养"，"被衰戴绖，戏笑其中，虽致之三年，失丧之本也"。⑤在《精神训》中指出："吾生也有七尺之形，吾死也有一棺之土，吾生之比于有形之

① 《吕氏春秋校释·安死》，第536页。

② 同上书，第537页。

③ 《淮南鸿烈集解·本经训》，第267页。

④ 《淮南鸿烈集解·齐俗训》，第356页。

⑤ 《淮南鸿烈集解·本经训》，第267页。

类，犹吾死之沦于无形之中也。然则吾生也物不以益众，吾死也土不以加厚，吾又安知所喜憎利害其间者乎。”[1] 并在《齐俗训》中进一步提出了薄葬的主张：

> 夫儒、墨不原人情之终始，而务以行相反之制，五缞之服，……古者非不知繁升降盘梁还之礼也，蹀采齐、肆夏之容也，以为旷日烦民而无所用，故制礼足以佐实喻意而已矣。古者非不能陈钟鼓，盛管箫，扬干戚，奋羽旄，以为费财乱政，制乐足以合欢宣意而已，喜不羡于音。非不能竭国麋民，虚府殚财，含珠鳞施，纶组节束，追送死也，以为穷民绝业而无益于槁骨腐肉也，故葬薶足以收敛盖藏而已。昔舜葬苍梧，市不变其肆，禹葬会稽之山，农不易其亩，明乎生死之分，通宁侈俭之适者也。[2]

强调“含珠鳞施，纶组节束，追送死也”“无益于槁骨腐肉也”，认为人死之后“转入玄冥，其散应无形。……譬若刍狗土龙之始成，文以青黄，绢以绮绣，缠以朱丝，尸祝袀袨，大夫端冕以送迎之。及其已用之后，则壤土草蓟而已，夫有孰贵之！”[3]

杨王孙的裸葬薄葬观。杨王孙，汉武帝时人，西汉前期无神论者，学黄、老之术，家业千金，厚自奉养生，亡所不致。及病且终，先令其子，曰：“吾欲裸葬，以反吾真，必亡易吾意！死则为布囊盛尸，人地七尺，既下，从足引脱其囊，以身亲土。”[4] 杨王孙要求实行裸葬，“以反吾真”明显受到先秦道家薄葬思想的影响，同时，他也指出，厚葬带来的危害，“盖闻古之圣王，缘人情不忍其亲，故为制礼。今则越之。吾是以裸葬，将以矫世也。夫厚葬诚亡益于死者，而俗人竞以相高，靡财单币，腐之地下。或乃今日人而明日发，此真与暴骸于中野何异?”[5] 杨王孙还从无鬼论出发指出：人死后形神皆空，无知，无鬼。

① 《淮南鸿烈集解·精神训》，第224—225页。

② 《淮南鸿烈集解·齐俗训》，第356—357页。

③ 同上。

④ 《汉书·杨王孙传》，第2907页。

⑤ 同上。

他认为："且夫死者，终生之化，而物之归者也。归者得至，化者得变，是物各反其真也。反真冥冥，亡形亡声，乃合道情。夫饰外以华众，厚葬以隔真，使归者不得至，化者不得变，是使物各失其所也。且吾闻之，精神者天之有也，形骸者地之有也。精神离形，各归其真，故谓之鬼。鬼之为言归也。"① 认为人死后形神分离，人死后尸体已经没有什么感觉，精神不会离开身体而独立存在。"其尸块然独处，岂有知哉？裹以币帛，鬲以棺椁，支体络束，口含玉石，欲化不得，郁为枯腊。千载之后，棺椁朽腐，乃得归土，就其真宅。由是言之，焉用久客？昔帝尧之葬也，窾木为椟，葛藟为缄，其穿下不乱泉，上不泄殡。故圣王先易尚，死易葬也。不加功于亡用，不损财于亡谓。"② 杨王孙并在此基础上认为："今费财厚葬，留归鬲至，死者不知，生者不得，是谓重惑。于戏！吾不为也。"③ 杨王孙的裸葬薄葬观念，强调死者不知，厚葬无益于死者，更不利于生者，并亲自予以施行。在秦汉时厚葬风俗盛行的情况下提出的，这在当时是惊世骇俗的，赵咨评价说"王孙裸葬，墨夷露骸，皆达于性理，贵于速变。"④ 可见其对后世的薄葬观念影响深远。

刘向的薄葬观念。刘向，初名更生，字子政。楚元王刘交玄孙，沛地（今江苏沛县）人。著有《五经通义》、《五经要义》、《世说》、《列女传》、《新序》、《说苑》等书，是西汉后期主张薄葬的杰出代表。刘向的薄葬思想主要见于《谏营昌陵疏》，"《易》曰：'古之葬者，厚衣之以薪，藏之中野，不封不树。后世圣人易之以棺椁。'棺椁之作，自黄帝始。黄帝葬于桥山，尧葬济阴，丘垄皆小，葬具甚微。舜葬苍梧，二妃不从。禹葬会稽，不改其列。殷汤无葬处。文、武、周公葬于毕，秦穆公葬于雍橐泉宫祈年馆下，樗里子葬于武库，皆无丘垄之处。此圣帝明王、贤君智士、远览独虑无穷之计也。其贤臣孝子，亦承命顺意而薄葬之"。⑤ 认为这些都是"诚奉安君父，忠孝之至"的行为。接着，

① 《汉书·杨王孙传》，第 2908 页。

② 同上。

③ 同上。

④ 《后汉书·赵咨传》，第 1315 页。

⑤ 《汉书·刘向传》，第 1952 页。

又列举吴王阖闾和秦惠文、武、昭、严、襄五王及秦始皇厚葬的危害，认为“其葬愈厚，丘垄弥高，宫庙甚丽，发掘必速”[1]。刘向列举了古代一些主张薄葬的贤明君臣，为薄葬找到历史依据，并把厚葬作为一个重大的政治问题，意识到厚葬会给国家带来严重后果。刘向上书汉成帝，厚葬给民众带来的经济负担，甚至导致民怨民反，甚至威胁到汉王朝的统治。“及徙昌陵，增埤为高，积土为山，发民坟墓，积以万数，营起邑居，期日迫卒，功费大万百余，死者恨于下。生者愁于上，怨气感动阴阳，因之以饥饥，物故流离以十万数。”[2] 指出薄葬“非苟为俭，诚便于体也”，“德弥厚者葬弥薄，知愈深者葬愈微”，[3] 并暗示节俭者国祚长存，奢侈者后嗣再绝。强调以“孝文皇帝去坟薄葬，以俭安神”为榜样，以“秦昭、始皇增山厚臧，以侈生害”[4] 为教训，实行薄葬，“以息庶众”。

王充的无神论薄葬观。王充字仲任，会稽上虞人，是东汉前期著名的唯物主义思想家，著有《论衡》一书，他的薄葬观念主要集中在该书的《论死》、《死伪》、《订鬼》、《薄葬》、《纪妖》、《祀义》等篇章中，集中论述了“人死不为鬼”的无神论思想，对当时社会上流行的厚葬之风进行了抨击和批判。王充认为厚葬的一个重要根源就是有鬼论，当时社会巫鬼迷信盛行，人们认为死后会变为鬼而有知，因而“作偶人以侍尸柩，多藏食物以散精魂”。[5] 因此，王充指出要想彻底铲除厚葬恶习，就必须让人们明白“死人无知，厚葬无益”的道理，他在《论衡·论死》篇一开头就指出：“世谓死人为鬼、有知、能害人。试以物类验之，死人不为鬼，无知，不能害人。”[6] 认为死后无知、不能为鬼、不能害人的理由。王充以为人之所以能够生活于世，是因为精气与血脉相结合的关系。认为：“人死血脉竭，竭而精气灭，灭而形体朽，朽而成灰土，何用为鬼？”“人之死，犹火之灭也。火灭而耀不照，

① 《汉书·刘向传》，第 1955 页。
② 同上。
③ 同上。
④ 同上书，第 1957 页。
⑤ 《论衡集解·论死》，第 414 页。
⑥ 同上。

人死而知不惠。”“夫死，骨朽筋力绝，手足不举……何以能害人也?”他明确指出：“天下无独燃之火，世间安得有无体独知之精。”人死后，精气离形而灭，形体腐朽为灰土。精气、形体既皆朽灭，便不能有“鬼”的产生。从而使精气、形体两不朽，但两者既相离，便失去作用，则形体便不能有动作言行的产生，精气也不可能独自理出形象。既然没有鬼，又何必厚葬以慰藉鬼魂呢？于是王充的结论是：“死人无知，厚葬无益。”[①] 王充的“无鬼论”直接批判了灵魂不灭的学说，打击了厚葬的迷信根源。

王充还在《论衡·薄葬》篇论述了以前的薄葬思想不正确、不透彻，指出：“儒家论不明，墨家议之非故也。”他认为墨家薄葬论的错误之处在于有鬼论与薄葬论的自相矛盾，而儒家的错误则在于“不明死人无知之义”、“惧开不孝之源”。强调无鬼论来证明“死人无知，厚葬无益”。王充把厚葬看作严重的社会政治问题，认为厚葬久丧会危害到国家的存亡，“救漏防者，悉塞其穴，则水泄绝。穴不悉塞，水有所漏，漏则水为患害。论死不悉则奢礼不绝，不绝则丧物索用。用索物丧，民贫耗之至，危亡之道也”。[②] 从国计民生的角度来反对劳民伤财的厚葬风气。在东汉社会鬼神迷信泛滥、厚葬恶习盛行之时，王充能够提出无神论，坚决反对厚葬之风，并从政治的高度进行分析论断，这在当时是难能可贵的。

王符反浮奢的薄葬观念。王符在《潜夫论》中对浮华骄奢的厚葬弊端进行了激烈地抨击和剖析，在《潜夫论·浮侈》篇中痛心疾首地谴责了这种奢侈淫浮之风：

> 今京师贵戚，郡县豪家，生不极养，死乃崇丧。或至刻金镂玉，檽梓楩楠良田造茔，黄壤致藏，多埋珍宝偶人车马。造起大冢，广种松柏，庐舍祠堂，崇侈上僭。宠臣贵戚，州县世家，每有丧葬，都官属县，各当遣吏斋奉，车马帷帐，贷假待客之具，竞为

① 《论衡集解·论死》，第414—415页。

② 《论衡集解·薄葬》，第463—464页。

华观。此无益于奉终，无境于孝行，但作烦搅扰，伤害吏民。[①]

京师贵戚，必欲江南檽梓，豫章楩楠，边远下土，亦竞相仿效。夫檽梓、豫章，所出殊远，又乃生于深山穷谷，经历山岑，立千步之高，百丈之溪，倾倚险阻，崎岖不便，求之连日然后见之，伐斫连月然后讫。会众然后能动担，牛列然后能致水，油溃入海，连淮逆河，行数千里，然后到雒。工匠雕治，积累日月，计一棺之咸，功将千万。夫既终用，重且万斤，非大众不能举，非大车不能挽。东至乐浪，西至敦煌，万里之中，相竞用之。此之费工伤农，可为痛心！[②]

对这种奢靡厚葬之风的危害，王符认为，其“费功伤农”害国害民，如果照此下去“则国危矣”。

王符还指出奢靡厚葬之风并不是“孝悌之真行”，认为“养生顺志，所以为孝也。今多违志，俭养约生以待终。终没之后，乃崇饬丧纪以言孝，盛飨宾旅以求名。诬善之徒，从而称之。此乱孝悌之真行，而误后生之痛者也”。强调“生不极养，死乃崇丧”的行为，“无益于奉终，无增于孝行，但作烦搅扰，伤害吏民”。[③] 他还指出社会上之所以厚葬盛行，原因并非民性使然，“是故世之善否，俗之薄厚，皆在于君”。[④] 期望最高统治者能够“正表仪以率群下”上行下效，以改变这种浮奢的厚葬之风。

赵咨的薄葬观念。赵咨是灵帝博士，累迁敦煌太守，东海相。为人正直，“在官清简，计日受奉，豪党畏其俭节”。当赵咨在都城（洛阳）临终时，他为丧葬预做准备。买了小素棺，并聚二十石干土。随后他告诉属下，亡后他应穿自己的故巾单衣，先置土于棺，然后将尸体放在上面。他相信这样做尸体会速朽，将能使他早归后土。为了防止后人改变葬法，临终时为文论薄葬：

① 《潜夫论笺校正·浮侈》，第137页。

② 同上书，第134页。

③ 同上书，第137页。

④ 同上书，第380页。

> 夫含气之伦，有生必终，盖天地之常期，自然之至数。是以通人达士，鉴兹性命，以存亡为晦明，死生为朝夕，故其生也不为娱，亡也不知戚。夫亡者，元气去体，贞魂游散，反素复始，归于无端。既已消仆，还合粪土，土为弃物，岂有性情，而欲制其厚薄，调其燥湿邪？但以生者之情，不忍见形之毁，乃有掩骼埋窆之制。①

他还总结了古往今来的厚葬发展的总体情况，指出社会上的葬俗有愈晚愈趋向奢侈浮华的倾向，指出当时厚葬之风为：“华夏之士，争相陵尚，违礼之本，事礼之末，务礼之华，弃礼之实，单家竭财，以相营赴。废事生而营终亡，替所养而为厚葬，岂云圣人制礼之意乎?”② 又“并棺合椁，以为孝恺，丰赀重禭，以昭恻隐。”③ “古人时同即会，时乖则别，动静应礼，临事合宜，王孙裸葬，墨夷露骸，皆达于性理，贵于速变。……彼数子岂薄至亲之恩，亡忠孝之道邪?”④ 所以在这样的思想指导下，赵咨虽没有做到像杨王孙那样“以身亲土”的裸葬，但也身体力行“但欲制坎，令容棺椁，棺归即葬，平地无坟，勿卜时日，葬无设奠，勿留墓侧，无起封树”。⑤ 这也正是赵咨与其他主张薄葬思想的学者相比，较为突出之处。

东汉中后期，随着社会骄奢浮华之风盛行，厚葬风气进一步发展，面对当时的社会风气日坏，以王符、赵咨为代表的知识分子对当时社会上流行厚葬之风的越礼和危害进行了激烈的抨击，并力主薄葬以移易社会上的厚葬之风。可以看出，这些薄葬论者大多都有经学背景，有些甚至为极有成就的儒家学者，如马融、郑玄等人。这些士人的薄葬呼号在社会舆论上引起广大关注，使得秦汉统治者认识到厚葬风俗的重要影响，在政治上“僭制”，破坏封建礼制尊卑之序，直接冲击王朝封建统治秩序；在经济上厚葬破财伤生浪费大量社会财富，无益于死者，有损

① 《后汉书·赵咨传》，第1314页。

② 同上书，第1315页。

③ 同上。

④ 同上。

⑤ 同上。

于生者，而且厚葬之墓大多难逃被盗掘的命运；在社风气上有害社会道德风尚，片面追求厚葬以成“孝名”，而不重视养生，严重污染了人们道德观念。为此秦汉统治者多次颁诏禁止“厚死伤生”的厚葬风气，例如汉文帝就在遗诏中指出：“当今之世，咸嘉生而恶死，厚葬以破业，重服以伤生，吾甚不取。”① 要求自己死后实行薄葬“霸陵山川因其故，毋有所改”。② 汉成帝永始四年，诏曰：“圣王明礼制以序尊卑，异车服以章有德，虽有其财而无其尊，不得逾制”，③ 而现在“车服嫁娶葬埋过制，吏民慕效，浸以成俗，而欲望百姓俭节”，④“以渐禁之”。汉明帝为厚葬导致“田荒不耕”深感忧虑，并要求“申明科禁”“宜下郡国”。光武帝、章帝等也都曾下诏，强调不许竭尽家财厚葬。然而这些诏令并没有真正触及厚葬风气所涉及的社会心理层面问题，也没有改变社会上的厚葬之气，但秦汉学者们对当时社会上流行厚葬之风的越礼和危害进行了激烈的抨击，形成的薄葬观念，为魏晋南北朝时期薄葬风俗的流行奠定了思想基础。

第三节 秦汉移风易俗在信仰层面的推行

——以淫祀之禁为例

信仰风俗指的是一种能够传达人们信仰观念和崇拜心理的习俗，其思想意识的核心是信仰鬼神，相信神灵能够保佑信仰者。而“淫祀”被看作是不合礼制即民间的非官方、非正统的祭祀，它包括祀典之外产生不合礼法的神灵或祭祀活动，也包括正祀的淫祀化倾向，属于民间信仰的范畴。《礼记·曲礼》云：“非其所祭而祭之，名曰淫祀。”⑤ 淫祀作为一种民间大众心理与行为，它的形成与传播与民众生存环境、秦汉巫风盛行的社会背景有着紧密的联系。首先，恶劣的生存环境、难以抵御的自然灾害、无法治愈的疾病、动乱的现实生活等苦难增强了下层民

① 《史记·文帝纪》，第 433 页。

② 同上书，第 434 页。

③ 《汉书·成帝纪》，第 324 页。

④ 同上书，第 325 页。

⑤ 《礼记正义·曲礼下》，第 227 页。

众对神灵之需求，他们根据禳灾祛病、求福长生的需要来创设祭祀以祈求庇护，淫祀的神灵已经成为民众的心理需要和精神支柱。其次，秦汉时期鬼神、巫风弥漫的社会背景为淫祀提供了思想的土壤。鲁迅曾指出："中国本信巫，秦汉以来，神仙之说盛行，汉末又大畅巫风，而鬼道愈炽。"① 秦汉时期人们普遍信仰鬼神的存在，天下初定时汉高祖刘邦就在长安"置祠祝官、女巫。其梁巫，祠天、地、天社、天水、房中、堂上之属；晋巫，祠五帝、东君、云中君、司命、巫社、巫祠、族人、先炊之属；秦巫，祠社主、巫保、族累之属；荆巫，祠堂下、巫先，司命、施糜之属；九天巫，祠九天：皆以岁时祠宫中，其河巫祠河于临晋，而南山巫祠南山秦中。"② 分别奉祀不同的神灵。到了王莽弄权窃汉，对鬼神淫祀痴崇，"至其末年，自天地六宗以下至诸小鬼神，凡千七百所，用三牲鸟兽三千余种。后不能备，乃以鸡当鹜雁，犬当麋鹿。"③ 两汉时，民间巫鬼淫祀盛行，巫者充斥民间社会的街巷闾里。《盐铁论·散不足》言"古者德行求福，故祭祀而宽；仁义求吉，故卜筮而希。今世俗宽于行而求于鬼，怠于礼而笃于祭，嫚亲而贵势。至妄而信日，听訑言而幸得，出实物而享虚福……是以街巷有巫，闾里有祝"。④《汉书·地理志》说楚国"信巫鬼，好淫祀"。⑤ 陈国"好祭祀，用史巫，故其俗巫鬼"。⑥ 反映出在秦汉时期社会普遍流行及当时的民间社会之中巫鬼文化盛行，孕育了大量的民间淫祀求福活动。淫祀之风的盛行对社会经济造成极大的浪费，对封建统治造成了潜在的威胁，并严重破坏着社会秩序的稳定，为秦汉政府所不容，为此秦汉政府对淫祀风俗实行了不同程度的禁绝和打击政策。

一　淫祀之风对秦汉社会秩序的冲击

淫祀作为民间信仰一旦产生就成为民众重要的心灵寄托与心理安

① 鲁迅：《中国小说史略》，齐鲁书社 1997 年版，第 39 页。
② 《史记·封禅书》，第 1378—1379 页。
③ 《汉书·郊祀志》，第 1270 页。
④ 《盐铁论简注·散不足》，第 233 页。
⑤ 《汉书·地理志》，第 1666 页。
⑥ 同上书，第 1653 页。

慰，但其结果必然是追求狂热而得不偿失，并严重影响了秦汉社会秩序。

（一）淫祀之风对秦汉社会经济的破坏

淫祀劳民伤财，给民众造成沉重的经济负担，影响百姓的正常生产、生活，并直接影响了社会经济的发展。东汉时豫章“郡土多山川鬼怪，小人常破赀产以祈祷”。[①] 曾在齐地担任过营陵令、泰山郡守的应劭在其著《风俗通义·怪神篇》“城阳景王祠”条中记载城阳景王祠“自琅琊、青州六郡及渤海都邑乡亭聚落，皆为立祠，造饰五二千石车，商人次第为之，立服带绶，备置官属，烹杀讴歌，纷籍连日，转相诳曜，言有神明，其谴问祸福立应，历载弥久，莫之匡纠”。[②] 东汉时“会稽俗多淫祀，好卜筮。民常以牛祭神，百姓财产以之困匮，其自食牛肉而不以荐祠者，发病且死先为牛鸣，前后郡将莫敢禁”。[③] 巫者借淫祀之机诳骗愚民财物，给民众带来了沉重的经济负担，而作为农业生产的重要资源和代役工具的耕牛被大量的杀掉用于淫祀，严重影响了秦汉社会的经济生产秩序，继而导致赋税减少，直接影响国家财政收入。

（二）淫祀之风对秦汉政治秩序的冲击

淫祀有着稳定的信众群体，具有聚众功能，并可能冲击政治，对秦汉政权存在潜在威胁。众所周知陈胜、吴广为领袖的中国历史上的第一次大规模农民起义就是利用了淫祀的形式，即用所谓“篝火狐鸣”作为起义的发动手段的，后来民间的各种起事往往会利用淫祀作为号召。特别是仪式较“规范化”信徒众多的淫祀，这类群体活动极易导致社会动乱。东汉应劭已明显感受到，民间盛行的城阳王祠祀活动具有“长乱积惑”之嫌，民众如此“转相诳曜”，淫祀对秦汉统治秩序甚至王朝政权都具有潜在的危害性，巫觋们假称神鬼，妄说吉凶也在社会上引起混乱。《后汉书·刘盆子传》载：“赤眉众虽数战胜，而疲敝厌兵，皆日夜愁泣，思欲东归……军中常有齐巫鼓舞祠城阳景王，以求福助。巫狂言景王大怒，曰：‘当为县官，何故为贼？’有笑巫者辄病，军中

① 《后汉书·栾巴传》，第1841页。

② 《风俗通义校注·怪神》，第394页。

③ 《后汉书·第五伦传》，第1397页。

惊动。时方望弟阳怨更始杀其兄，乃逆说（樊）崇等曰：‘更始荒乱，政令不行，故使将军得至于此。今将军拥百万之众，西向帝城，而无称号，名为群贼，不可以久。不如立宗室，挟义诛伐。以此号令，谁敢不服？’崇等以为然，而巫言益甚。前及郑，乃相与议曰：‘今迫近长安，而鬼神如此，当求刘氏共尊立之。’六月，遂立盆子为帝，自号建世元年。”① 上述赤眉军拥立刘盆子为帝的过程中就是由随军的齐巫在祭祀城阳景王的场合下提出的。淫祀所形成的非法集会、非法组织甚至由其引起的农民起义，直接影响了秦汉王朝地方统治秩序，甚至冲击了中央政府的封建统治。

淫祀作为礼乐文明的对立物出现，在礼仪上的僭越直接冲击了社会伦理秩序。古代统治者崇祀天地祖先山川百神，按照礼制各等级的人有不同的祭祀内容。《礼记·曲礼》：“天子祭天地，祭四方，祭山川，祭五祀，岁遍。诸侯方祀，祭山川，祭五祀，岁遍。大夫祭五祀，岁遍。士祭其先。”②《礼记·王制》：“天子诸侯宗庙之祭，春曰礿，夏曰禘，秋曰尝，冬曰烝。天子祭天地，诸侯祭社稷，大夫祭五祀，天子祭天下名山大川。五岳视三公，四渎视诸侯，诸侯祭名山大川之在其地者。”③这种天子到庶人祭祀地位的差别，标志着政治地位的不同。而淫祀多不在汉代的国家祀典，正如《汉书·郊祀志》载：“周公相成王，王道大洽，制礼作乐，天子曰明堂辟雍，诸侯曰泮宫。郊祀后稷以配天，宗祀文王于明堂以配上帝。四海之内各以其职来助祭。天子祭天下名山大川，怀柔百神，咸秩无文。五岳视三公，四渎视诸侯。而诸侯祭其境内名山大川，大夫祭门、户、井、灶、中溜五祀。士庶人祖考而已。各有典礼，而淫祀有禁。”④《论语·为政》：“非其鬼而祭之，谄也。”⑤ 正如葛兆光先生指出：“到了国家权威与社会秩序已经岌岌可危的时代，人们就把这种容易造成思想与生活世界的混乱的祭祀活动，看成是对秩序的破坏，把本来是虚构的神祉和随意的祠祀，看成是一种实在的对中

① 《后汉书·刘盆子传》，第479页。

② 《礼记正义·曲礼下》，第225页。

③ 《礼记正义·王制》，第572页。

④ 《汉书·郊祀志》，第1193页。

⑤ 《论语译注·为政》，第22页。

央的权力分割与挑战。”[1] 淫祀破坏了国家正常祭祀秩序，冲击了国家所尊神灵的独尊性和神圣性，而淫祀的泛滥最终会影响统治阶级权力的合法性。

二　秦汉政府对淫祀之风的控制

淫祀使得神灵名目日趋繁杂，鬼神之间的尊卑高下的区分变得模糊起来，祭祀仪式难以按照严格的等级规模进行，而且威胁到王朝的统治。面对盛行的民间淫祀巫风，秦汉政府为了维护社会的安定，强化国家对民众的控制，通过法律、行政和教化的手段对淫祀之风进行控制。《睡虎地秦简·法律答问》中就有“擅兴奇祠，赀二甲”，[2] 汉元始元年二月汉平帝，下诏“班教化，禁淫祀”。[3] 而在东汉初年发生的几次“妖巫”起事，对东汉王朝政权产生了不小的震动，“卷人维汜，妖言称神，有弟子数百人，坐伏诛。后有弟子李广等宣言汜神化不死，以诳惑百姓。(建武）十七年，遂共聚徒党，攻没皖城，杀皖侯刘闵，自称‘南岳大师’”。[4] 又据《后汉书·臧宫传》载：“妖巫维汜弟子单臣、傅镇等，复妖言相聚，入原武城，劫吏人，自称将军。”[5] 以上利用妖巫起事，使得不少官员认识到了淫祀的危害，上书痛斥其弊，呼吁禁绝各级政府对淫祀严加控制。汉桓帝就下诏“坏郡国诸房祀”。[6] 可见，汉朝中央政府，为稳定其封建统治，明显加强了对淫祀的控制。

汉代地方官吏在打击淫祀之风的过程中也起到重要的作用。《后汉书·第五伦传》载：第五伦于光武帝建武二十九年（53）拜会稽太守，“会稽俗多淫祀，好卜筮。民常以牛祭神，百姓财产以之困匮，其自食牛肉而不以荐祠者，发病且死先为牛鸣，前后郡将莫敢禁。伦到官，移书属县，晓告百姓。其巫祝有依托鬼神诈怖愚民，皆案论之。有妄屠牛者，吏辄行罚。民初颇恐惧，或祝诅妄言，伦案之愈急，后遂断绝，百

① 葛兆光：《中国思想史》，复旦大学出版社 2005 年版，第 256 页。

② 《睡虎地秦墓竹简·法律答问》，第 131 页。

③ 《汉书·平帝纪》，第 351 页。

④ 《后汉书·马援传》，第 838 页。

⑤ 《后汉书·臧宫传》，第 694 页。

⑥ 《后汉书·桓帝纪》，第 314 页。

姓以安”。[①] 宋均出任楚地辰阳长时，因该地“其俗少学者而信巫鬼”，均“为立学校，禁绝淫祀，人皆安之”。中元元年（56）宋均迁九江郡太守，因蝗虫飞临九江郡界，众巫选取百姓青年男女作山公、山妪以祭山，“岁岁改易，既而不敢嫁娶，前后守令莫敢禁”。于是宋均下书曰：“自今以后，为山娶者皆娶巫家，勿扰良民”，[②] 于是遂绝。《后汉书·栾巴传》载：顺帝末，栾巴自徐州迁任豫章太守，“郡土多山川鬼怪，小人常破赀产以祈祷”，栾巴“乃悉毁坏房祀，剪理奸巫，于是妖异自消。百姓始颇为惧，终皆安之”。[③]

《风俗通义》“城阳景王祠”条载朱虚侯刘章被文帝封为城阳王，死后立祠，民讴歌纷籍，言有神明，问祸福立应，历时甚久。率先将城阳景王祠作为淫祀加以禁绝的是乐安太守陈蕃。陈蕃经“太尉李固表荐，征拜议郎，再迁为乐安太守”。[④] 在乐安郡任上禁断景王祠。后来，出任济南国相的曹操鉴于这种祭神迎神活动“奢侈日甚，民坐贫穷”[⑤] 许多官吏商贾趁机敛财，仅济南一处就有景王庙六百多处。曹操看到淫祀导致田地荒芜，经济凋敝，民不聊生，就仿效前辈陈蕃采取了强制禁绝淫祀的措施下令官吏、百姓禁止祭祀鬼神，于是出现“奸宄逃窜，郡界肃然”[⑥] 的局面。应劭为营陵令时，“到闻此俗，旧多淫祀，靡财妨农，长乱积惑，其侈可忿，其愚可愍……死生有命，吉凶由人，哀哉黔黎，渐染迷谬，岂乐也哉，莫之征耳”。决定禁绝对刘章的祭祀，乃移书为令曰：“今条凡禁，申约吏民，为陈利害，其有犯者，便收朝廷。”[⑦]

禁绝淫祀之风是为了确保官方对祭祀权力的垄断权，此举不仅可以增强官方权威，使过去依赖鬼神除厄解困转成了依赖官府，而且清理了社会秩序，防止“长乱积惑”。秦汉政府通过这些厉行禁绝淫祀、驱除

① 《后汉书·第五伦传》，第 1397 页。
② 《后汉书·宋均传》，第 1411 页。
③ 《后汉书·栾巴传》，第 1841 页。
④ 《后汉书·陈蕃传》，第 2159 页。
⑤ 《三国志·武帝纪》，第 4 页。
⑥ 同上书，第 3 页。
⑦ 《风俗通义校注·怪神》，第 395 页。

愚昧、广立学校、以德化人的行动，实践对淫祀巫鬼之风的移易，加强对广大民众的控制，维护基层社会的稳定和国家的统治秩序。

第四节 秦汉移风易俗的社会实践效果

——以秦汉世风的转变为中心考察

世风，就是指一个时代的社会风气，包含道德风尚、行为准则、价值观念以及风俗习惯等诸多内容，并在社会上形成舆论导向和社会思潮，随着社会历史发展和人们观念形态的变化，而逐渐形成具有时代特色的社会风气。秦汉时期是中国封建制度确立和上升时期，与前代相比无论是疆域、政治、经济、学术、文化等各个方面都进入了一个新的时代，政治制度渐趋完备、疆域不断扩张、内外交流扩大、经济与文化的发展迅猛，在秦汉移风易俗实践的推引下这一时期的世风也发生了明显的转变。

一 秦至西汉初年的“急进”世风

秦至西汉初年封建大一统国家初步建立，整个社会处于一种急进、狂放的风气之中。秦代“以法治俗”的实践以失败告终，而西汉初年，在汉初黄老无为的政治统治思想的指导下，并没有有意识地进行大规模地风俗移易，所以这种急进、狂放的社会风气并没有大的改变。《史记·三王世家》载：“大江之南，五湖之内，其人轻心。”[①] 这个“轻”字正表现出，这一时期“轻悍”、“剽轻”狂放急躁的社会风气。如史料多处反映出荆楚民风轻急而果敢。《史记·货殖列传》记载，西楚民风为“其俗剽轻”，南楚“其俗大类西楚”。[②]《史记·淮南衡山列传》载：“淮南王（刘长）自以为最亲，骄蹇，数不奉法。上以亲故，常宽赦之。三年，入朝。甚横。”[③] 淮南王刘长不仅擅自杀死朝中大臣，还与南越，匈奴阴谋造反。其子淮南王刘安和衡山王刘赐也阴谋造反，未

① 《史记·三王世家列传》，第2113页。

② 《史记·货殖列传》，第3267页。

③ 同上书，第3268页。

遂，自刎而死。对此，司马迁指出："诗之所谓'戎狄是膺，荆舒是惩'，信哉是言也。淮南、衡山亲为骨肉，疆土千里，列为诸侯，不务遵蕃臣职以承辅天子，而专挟邪僻之计，谋为畔逆，仍父子再亡国，各不终其身，为天下笑。此非独王过也，亦其俗薄，臣下渐靡使然也。夫荆楚僄勇轻悍，好作乱，乃自古记之矣。"[①] 《风俗通义·过誉》曰："楚之界，其俗急疾有气决。"[②] 《史记·吴王濞列传》载："孝文时，吴太子入见，得侍皇太子饮博。吴太子师傅皆楚人，轻悍，又素骄，博，争道，不恭，皇太子引博局提吴太子，杀之。"[③] 正是由于受到有轻悍之风的楚地老师影响，再加上他们平日对吴太子的骄纵，才造成了这次纠纷。《史记·吴王濞列传》载：刘邦"患吴、会稽轻悍"号为难治。《汉书·地理志》也载："吴、粤之君皆好勇，故其民至今好用剑，轻死易发"，"本吴粤与楚接比，数相并兼，故民俗略同。"[④] 反映出当时吴、粤地轻急、剽悍的社会风气。在北方三晋、燕赵之地强悍促急、勇武好斗，《汉书·地理志》载："钟、代、石、北，迫近胡寇，民俗懻忮，好气为奸，不事农商，自全晋时，已患其剽悍，而武灵王又益厉之。故冀州之部，盗贼常为它州剧。"[⑤] 燕地的蓟"其俗愚悍少虑，轻薄无威，亦有所长，敢于急人，燕丹遗风也"。[⑥] 而上谷至辽东"地广民希，数被胡寇，俗与赵、代相类"。[⑦] 赵、中山民俗懁急"丈夫相聚游戏，悲歌忼慨，起则椎剽掘冢，作奸巧，多弄物，为倡优。文子弹弦跕，游媚富贵，遍诸侯之后宫"。邯郸"大率精急，高气势，轻为奸"。郑地"男女亟聚会，故其俗淫"。卫地"有桑间濮上之阻，男女亦亟聚会，声色生焉，故俗称郑、卫之音。……故其俗刚武，上气力。……其失颇奢靡，嫁取送死过度，而野王好气任侠，有濮上风"。[⑧] 秦汉的社

---

① 《史记·淮南衡山列传》，第3076页。

② 《风俗通义校注·过誉》，第174页。

③ 《史记·吴王濞列传》，第2823页。

④ 《汉书·地理志》，第1667—1668页

⑤ 同上书，第1656页。

⑥ 同上书，第1657页。

⑦ 同上。

⑧ 《汉书·地理志》，第1652页。

会生活中，弥漫着紧迫、急促的风俗氛围。《史记·货殖列传》："闾巷少年，攻剽椎埋，劫人作奸，掘冢铸币，任侠并兼，借交报仇，篡逐幽隐，不避法禁，走死地如骛。"[①] 西汉"少年"蔑视法令，急进豪放，好勇斗狠，正体现出这一时期急进、轻悍的时代风气。

秦至西汉初年的"急进"世风，在政治生活中体现得十分明显。秦行苛政，施急法，而至民风急烈。《韩非子·五蠹》说到为政之急缓："夫古今异俗，新故异备。如欲以宽缓之政，治急世之民，犹无辔策而御驿马，此不知之患也。"[②] 正说明了行政方式和世风变迁之间有着密切的联系，西汉建立之初，曾破秦法改为简易，但不久法令就日趋繁细，到了西汉中期，法律严密程度达到极点。当时"律令凡三百五十九章，大辟四百九条，千八百八十二事，死罪决事比万三千四百七十二事。文书盈于几阁，典者不能遍睹"[③] 刑罚空前严酷，可以从侧面反映汉武帝时代是典型的"急世"。在"急世"下，行政方式自然也较急进，汉代时的"酷吏"正是这一急进行政方式的执行者，《汉书·酷吏传》记载了十三名著名的"酷吏"，其中九人都是在西汉中期以前的，分别是文景时四人，武帝时五人，他们多是以"长吏益惨急而法令明察"、"穷治之狱用"[④] 为特征的官吏。而形容这些官吏也多是"严酷"、"酷急"、"惨酷"、"暴酷"等词汇，郅都"号曰'苍鹰'"，[⑤]"冯翊殷周蝮鸷"，[⑥] 都强调"酷吏"行政手段急切果断。"酷吏"行政的突出特点就是"神速"。《史记·平准书》："义纵、尹齐、王温舒用惨急刻深为九卿。"[⑦]《史记·酷吏列传》记述王温舒为河内太守时事，"令郡具私马五十匹，为驿自河内至长安"，遂"捕郡中豪猾，郡中豪猾相连坐千余家。上书请，大者至族，小者乃死，家尽没入偿臧。奏行

① 《史记·货殖列传》，第 3271 页。

② 《韩非子集释·五蠹》，第 1051 页。

③ 《汉书·刑法志》，第 1101 页。

④ 《史记·平准书》，第 1424 页。

⑤ 《史记·酷吏列传》，第 3133 页。

⑥ 同上书，第 3154 页。

⑦ 《史记·平准书》，第 1433 页。

不过二三日，得可事。论报，至流血十余里。河内皆怪其奏。以为神速”。[①]

秦至西汉初年的“急进”世风，在经济生活中体现得更为突出。西汉初年，统治阶层奉行“崇利而简义”[②] 的道德观念和行为准则，对经济活动采取放任政策，“时民近战国，皆背本趋末”[③]，人们在经济生活中急进求利，对“求富益货”狂热追求，形成“天下熙熙，皆为利来，天下壤壤，皆为利往”[④] 的逐末之风。当时的人们唯利是图，“故黥劓而髡钳者犹复攘臂为政于世，行虽犬彘，家富势足，目指气使，是为贤耳。故谓居官而置富者为雄桀，处奸而得利者为壮士，兄劝其弟，父勉其子”。[⑤] 人们不辞辛劳地逐利、求富，就是因为财富、权势已经成为衡量能力、品行的标准，“今世贵空爵而贱良，俗靡而尊奸；富民不为奸而贫为里侮也，廉吏释官而归为邑笑；居官敢行奸而富为贤吏，家处者犯法为利为材士”。[⑥] 人们崇商趋利、重利而舍义整个社会形成了“贵利贱义，高富下贫，喜为商贾，不好仕宦”[⑦] 的价值观。《汉书·酷吏传》载：“长安中奸猾浸多，闾里少年群辈杀吏，受赇报仇，相与探丸为弹，得赤者所武吏，得黑丸者斫文吏，白者主治丧，城中薄暮尘起，剽劫行者，死伤横道，枹鼓不绝。”[⑧] 为了钱财恶少年受人雇佣报仇杀人，可见汉初社会上人们的急进求富的风气之盛。

秦至西汉初年，在狂放急进的社会风气下，西汉男女关系也比较松懈。在民间，里社郊日，男女聚会，杂然相处，男女交往并没有太大的约束。男女关系较为随便，只要两情相悦即可往来或同居。《汉书·地理志》载，“郑国……男女亟聚会，故其俗淫。《郑诗》曰‘出其东门，有女如云’。又曰‘溱与洧方，灌灌兮；士与女，方秉菅兮’。‘恂盱且

---

① 《史记·酷吏列传》，第3148页。

② 《盐铁论简注·非鞅》，第55页。

③ 《汉书·食货志》，第1127页。

④ 《史记·货殖列传》，第3255页。

⑤ 《汉书·贡禹传》，第3077页。

⑥ 《新书校注·时变》，第97页。

⑦ 《汉书·地理志》，第1651页。

⑧ 《汉书·酷吏传》，第3673页。

乐，唯士与女，伊其相谑。’此其风也。吴札闻郑之歌，曰：‘美哉！其细已甚，民弗堪也。是其先亡乎’。”① 卫地“男女亟聚会。声色生焉。故俗称郑卫之音。……其失颇奢靡，嫁取送死过度，而野王好气任侠，有濮上风”。② 西汉前期妇女贞节观念较为淡薄，不讲求“从一而终”，在这一时期妇女择婚、离婚和再嫁都是十分自由。《史记·张耳传》载：秦末张耳之妻“外黄富人女，甚美，庸奴其夫，亡邸父客。父客曰：‘必欲求贤夫，从张耳。’女听，为请决，嫁之。”③ 张耳妻不仅“庸奴”其前夫，而且自作决定改嫁张耳。《史记·陈丞相世家》载：“张负女孙五嫁而夫辄死，人莫敢娶。”④ 张负的孙女因为夫死，五次改嫁，最后才嫁给陈平为妻。而卓文君与司马相如私奔的故事，更是为世人所共知之。

二 汉代世风的儒化转变

汉武帝“罢黜百家，独尊儒术”之后，儒学成为封建国家的统治意识形态，儒学正统思想成为维护帝国统治秩序的基本纲纪。汉代统治者提倡儒家教化，从中央太学到地方官学，以及私学皆以实行儒家教育为己任，使儒学在社会上迅速发展和传播。一时“四海之内，学校如林，庠序盈门”。⑤ 而儒学正统思想对“急进”的社会风气历来持否定的态度，主张“谨厚”、“持重”。《论语·学而》：“君子不重，则不威；学则不固。”⑥ 《礼记·玉藻》：“君子之容舒迟，见所尊者齐遬。足容重，手容恭，目容端，口容止，声容静，头容直，气容肃，力容德，色容庄，坐如尸，燕居告温温。”⑦ 儒家在社会风气上强调“谨厚”，随着儒学的发展，在“以经移俗”的指导思想下整齐风俗，西汉中期以后世风逐渐由“急进”向“谨厚”转变。

---

① 《汉书·地理志》，第 1652 页。
② 同上书，第 1665 页。
③ 《史记·张耳列传》，第 2571 页。
④ 《史记·陈丞相世家》，第 2051 页。
⑤ 《后汉书·班固传》，第 1368 页。
⑥ 《论语译注·学而》，第 6 页。
⑦ 《礼记正义·玉藻》，第 1358 页。

西汉中后期到东汉，在政治生活中儒者气象渐趋明显。西汉初王朝统治者，多出身平民，构成了“布衣卿相”的局面，其文化素质较低，君臣之间没有必要的朝仪约束，以致在殿上“饮酒争功，醉或妄呼，拔剑击柱”。[①] 刘邦更是骂儒生是败事的“竖儒”，甚至取儒冠“溲溺其中”[②] 对儒生进行侮辱。而到了东汉，统治集团的构成发生了重大的变化，赵翼《廿二史札记》卷四有“东汉功臣多近儒”条称，比较两汉高层权力集团人才结构的不同：“西汉开国功臣多出于亡命无赖，至东汉中兴，则诸将帅皆有儒者气象，亦一时风会不同也。”[③] 之所以称东汉刘秀统治集团具有“儒者气象”这与西汉中后期至两汉之际儒学传播和普及有密切的关联。刘秀君臣大多出身大族，习读儒经。刘秀本人就是儒生出身，他“受《尚书》，略通大义”[④] 颇有儒学修养。这一时期的将相也多有儒学背景，如邓禹、贾复等皆自幼学习儒经，朱祐、祭遵、李忠皆好儒学，景丹、耿纯、刘隆、王霸等，都是留学长安的太学生。赵翼指出：“是光武诸功臣，大半多习儒术，与光武意气相孚合，盖一时之兴，其君与臣本皆一气所钟，故性情嗜好之相近，有不期然而然者，所谓有是君即有是臣也。”[⑤] 这些具有儒学背景的东汉君臣，在政治生活中注意修身立德。刘秀“少时谨信，与人不款曲，唯直柔耳”。刘秀自称：“吾理天下，亦欲以柔道行之。”[⑥] 强调以德治国，实行“仁政”。在这种的儒家德治思想的指导下，东汉涌现出了大量的修身立德的贤官良吏，他们德树一方“荡涤烦苛之法”，[⑦]“每事务于宽厚”，[⑧]“夫为政犹张琴瑟，大弦急者小弦绝”，[⑨]“立君之道，仁义为主”[⑩] 已经成为施政者的共同意识。

---

① 《史记·叔孙通列传》，第 2722 页。

② 《史记·郦生列传》，第 2692 页。

③ （清）赵翼：《廿二史札记》卷 4，《四部备要》本。

④ 《后汉书·光武帝纪》，第 1 页。

⑤ 《廿二史札记》，卷 4。

⑥ 《后汉书·光武帝纪》，第 68—69 页。

⑦ 《后汉书·陈宠传》，第 1549 页。

⑧ 同上。

⑨ 同上。

⑩ 《后汉书·梁统传》，第 1166 页。

汉代地方官吏在行政实践中以儒家正统思想为指导，在各个实施儒家礼乐教化，改造着各地的社会风气。随着儒学逐渐完成向地方社会的渗透，秦至西汉初的世风也从“急进”逐渐向“谨厚”、“舒缓”转变，《三国志·蜀书·张嶷传》载张嶷与诸葛瞻书，其中说到“吴、楚剽急，乃昔所记”。[①] 吴、楚“剽急”的社会风气，已经成为昔日的史迹。如建武六年，李忠任丹阳太守“以丹阳越俗不好学，嫁娶礼仪，衰于中国，乃为起学校，习礼容，春秋乡饮，选用明经，郡中向慕之”。[②] 李忠对于丹阳地区社会风俗不重视学校和婚娶不合礼节的现象，通过兴办地方学校，把中原文化中的“礼容”和儒家经典灌输给当地百姓，促使这一地区社会风气大化。汉章帝建初元年，秦彭迁任山阳太守。“以礼训人，不任刑罚。崇好儒雅，敦明庠序。每春秋飨射，辄修升降揖让之仪。乃为人设四诫，以定六亲长幼之礼。有遵奉教化者，擢为乡三老，常以八月致酒肉以劝勉之。”[③] 秦彭在山阳郡“敦明庠序”用儒学教化民众，促进了当地风俗的改进。在西南蜀地，经过文翁的兴学施教之后，经过两汉间的历任地方官吏的施教，蜀地世风受到儒学的浸润，与中原地区的社会风气逐渐趋同。《华阳国志·蜀志》记载：“蜀自汉兴至乎哀、平，皇德隆熙，牧守仁明，宣德立教，风雅英伟之士命世挺生，……经纶皓素。故司马相如耀文上京，杨子云齐圣广渊，严君平经德秉哲，王子渊才高名隽，李仲元湛然岳立，林公孺训诂玄远，何君公谟明弼谐，王延世著勋河平。其次，杨壮、何显、得意之徒恂恂焉。斯盖华、岷之灵标，江、汉之精华也。故益州刺史王襄悦之，命王褒作《中和颂》，令胄子作《鹿鸣》声歌之，以上孝宣帝。”[④]《华阳国志·先贤士女总赞》及《益梁宁三州先汉以来士女目录》还记载了大量的儒生、孝子、忠臣、烈士、贞女、节妇，证明了在西汉初“辟陋有蛮夷风”的蜀地到了东汉世风已经出现了儒化趋势。

随着儒学的传播，儒家义利观念逐渐深入人心，西汉初人们在经济

① 《三国志·蜀书·张嶷传》，第 1054 页。

② 《后汉书·李忠传》，第 756 页。

③ 《后汉书·秦彭传》，第 2467 页。

④ 《华阳国志校注·蜀志》，第 221 页。

上逐利、求富的急进风气到了东汉发生了转变。孔子认为，只有符合礼制和道德规范的利，才应该争取，“君子喻于义，小人喻于利”，[①] 儒家正统观念认为在经济上应该重义轻利。在义和利两者之间，应该贵义而贱利。董仲舒在《春秋繁露·身之养重于义》提出：“天之生人也，使人生义与利。利以养其体，义以养其心。心不得义不能乐；体不得利不能安。义者心之养也，利者体之养也。体莫贵于心，故养莫重于义”，[②] 强调人生本来就有义与利，利是用来养其身体，而义是用来养其心的；心没有义就不快乐，身体没有利就不能安心，而身体没有心重要，所以利也没有义重要，并进一步提出了重义轻利的思想，“正其谊不谋其利，明其道不计其功”。[③] 在这种儒家义利观的指导下“倡义导商”引导社会经济观念的转变，东汉许多富商大贾具有儒家乐善好施的品格，如王丹“家累千金，隐居养志，好施周急。每岁农时，辄载酒肴于田间，候勤者而劳之。其惰懒者，耻不致丹，皆兼功自厉。邑聚相率，以致殷富。其轻黠游荡废业为患者，辄晓其父兄，使黜责之。没者则赙给，亲自将护。其有遭丧忧者，辄待丹为办，乡邻以为常。行之十余年，其化大洽，风俗以笃”。[④] 樊重“世善农稼，好货殖。……其营理产业，物无所弃，课役童隶，各得其宜，故能上下戮力，财利岁倍，至乃开广田土三百余顷。其所起庐舍，皆有重堂高阁，陂渠灌注。又池鱼牧畜，有求必给。尝欲作器物，先种梓漆，时人嗤之，然积以岁月，皆得其用，向之笑者咸求假焉。资至巨万，而赈赡宗族，恩加乡闾。……其素所假贷人间数百万，遗令焚削文契”。[⑤] 等等。

随着儒学不断向社会各个层面渗透，“礼乐教化”的推行，礼的观念已经深入人心，在“三纲五常”以及“忠”、“孝”、“节”、“义”等儒家正统观念的教化之下，社会风气日益呈现出与西汉初不同的面貌，社会上越来越重视名节、强化妇女贞节观，并形成“谨后”的社会风气。两汉之际，随着儒学的传播和发展，很多著名儒者世以传经为业，

① 《论语译注·里仁》，第39页。

② 《春秋繁露义证·身之养重于义》，第263页。

③ 《汉书·董仲舒传》，第2524页。

④ 《后汉书·王丹传》，第930页。

⑤ 《后汉书·樊宏传》，第1119页。

这些儒者以“忠孝节义”作为标准要求自己，并形成社会上共同的价值观。他们为了名节，甚至不惜牺牲自己的生命。如《后汉书·独行列传》载：“初，平帝时，蜀郡王皓为美阳令，王嘉为郎。王莽篡位，并弃官西归。及公孙述称帝，遣使征皓、嘉，恐不至，遂先系其妻、子。使者谓嘉曰：‘速装，妻、子可全。’对曰：‘犬马犹识主，况于人乎！’王皓先自刎，以首付使者。述怒，遂诛皓家属。王嘉闻而叹曰：‘后之哉！’乃对使者伏剑而死。”[①] 东汉时“清流”之士人群体的形成无疑是重视忠孝节义名节的一个力证。东汉士大夫把通过以儒家经学致仕者称之为“清流”，而将依靠外戚宦官势力进入官场的官僚贬斥为“浊流”，“清流”之士以“节义”自诩不与浊流交往，形成议论朝政、品鉴人物的清议之风。《后汉书·党锢列传》载：“桓灵之间，主荒政谬，国命委于阉寺，士子羞与为伍，故匹夫抗愤，处士横议。遂乃激扬名声，互相题拂，品核公卿，裁量执政，婞直之风，于斯行矣。”[②] 马融虽为儒学大师，因其俯苟梁冀，士节有亏，以至于“清流”之士所不齿。节义之士成为交往和仰慕的对象。“海内希风之流，遂共相标榜，指天下名士，为之称号”，[③] 出现了“三君”“八俊”“八顾”“八及”“八厨”的名士。在与宦官和外戚的斗争过程中，士大夫表现出了为信念对死无畏的节操。赵翼在《廿二史札记》“东汉尚名节”条称：“盖当时荐举征辟，必采名誉，故凡可以得名者，必全力赴之，好为苟难，遂成风俗。”[④] 汉武帝以后，儒家的“三纲五常”即“君为臣纲，父为子纲，夫为妻纲”，[⑤]“仁、义、礼、智、信五常之道”，通过各种手段推行。“阳尊阴卑……丈夫虽贱皆为阳，妇人虽贵皆为阴。”[⑥] 西汉末，经学家刘向继承先秦儒家的伦理观念和董仲舒的“三纲”理论，认为“君臣、父子、夫妇三者，天下之大纲纪也”，把“夫为妻纲”细则化，并规定了女性要“避嫌远别”、“适人之道，一与之醇，终身不

① 《后汉书·独行列传》，第670页。

② 《后汉书·党锢列传》，第2185页。

③ 同上书，第2187页。

④ 《廿二史札记》卷5。

⑤ 《春秋繁露义证·阳尊阴卑》，第325页。

⑥ 同上。

改”。东汉《白虎通义》进一步把儒学理论神圣化，并进一步强化了对妇女的约束，强调妇女“在家从父母，既嫁从夫，夫没从子也”，“夫者，扶也，以道扶接也。妇者，服也，以礼屈服也”。[①] 东汉女文人班昭撰《女诫》，对妇女的言行举止提出了深入而细致的规定，强调男尊女卑、夫为妻纲、三从四德的妇德，“夫有再娶之义，妇无再适之文。故曰夫者天也，天固不可逃，夫固不可离也”。[②] 在儒家礼教逐渐普及的文化背景下，男尊女卑的观念逐渐深入人心，西汉初较为自由的男女关系已经不复存在，大量守贞洁的妇女涌现。据学者统计两汉妇女守贞节见诸记载的共 54 人，西汉 2 人，而东汉占 52 人。[③] 这也正说明东汉妇女贞节观念已形成一种社会风气无形地约束着妇女的行为方式。汉代统治者正是希望通过各种方式把儒家正统观念渗透到人们的风俗习惯之中，并进而约束和规范人们的思想观念和行为方式，并在社会上形成忠孝、仁爱、礼义为荣的社会风气，以维持统治秩序的稳定。

综上，西汉中后期以后与西汉初相比世风有了显著的转变，由“急进”转为“谨厚”。这与西汉中后期以后的儒学传播和普及是密切相关的，武帝以后，确立了儒学治国的指导思想，在“以礼易俗”的移风易俗思想指导下，汉代统治者对社会上各个层面的风俗进行着整合与移易。可以完全肯定地说，汉代“以礼易俗”的实践深刻影响了社会风俗的方方面面，无论衣、食、住、行，还是政治、经济、婚姻家庭等其他方面，都已被儒学浸透，对形成具有共同文化心理起到了显著的促进作用，汉代的生活方式已经由风俗各异而开始出现趋同，到了东汉人们在生活中已经把儒学正统思想内化为自身道德行为规范，并形成良好的社会风气。司马光在《稽古录》卷 13 中就曾指出，光武帝“偃武修文，崇德报功，勤政治，养黎元，兴礼乐，宣教化，表行义，励风俗。继以明、章，守而不失，于是东汉之风，忠信廉耻，

① 《白虎通疏证·三纲六纪》，第 376 页。

② 《后汉书·列女传》，第 2790 页。

③ 刘增贵：《汉代婚姻制度》，台北华世出版社 1980 年版，第 27 页。

几于三代矣”。[①] 顾炎武也曾赞美东汉良好的道德风气说：“三代以下，风俗之美，无尚于东京（指东汉）者。”[②] 周振鹤指出：“经过两百年的移风易俗过程，使西汉后期原有的八方殊俗异彩纷呈的风俗渐渐地趋于六合同风的单一化形态，因此密集的多元的风俗文化区已经消失，尤其中原地区的那种百里不同风、千里不同俗的面貌已不再现。在东汉后期，我们已没有足够的材料来划分新的风俗文化区。当然这也和文献的缺失有关，《续汉书·郡国志》没有留下像《汉书·地理志》那样精彩的风俗地理资料。但可以肯定地说，东汉后期的风俗地域差异是显著地削弱了，尤其是在生产方式与婚姻制度方面，基本上已经是达到六合同风的状态了。”[③] 当然由于各地经济、文化的发展很不平衡，“基本上已经是达到六合同风的状态”的提法有些过于肯定，但毋庸置疑的是，与秦和西汉初年相比，东汉风俗的地域差异的确有一定程度的削弱，儒学在统治者的大力推行下向社会的各个层面渗透，儒家教化通过潜移默化的方式，发挥着“在下美俗”的作用，不仅汉代的政治、经济、军事、法律与文化教育及社会生活等都被纳入到儒学的轨道之中，并影响和改变着人们的行为方式、意识形态、道德观念等诸多方面的习惯和传统。

---

① （宋）司马光著，吉书时点校：《稽古录》，北京师范大学出版社 1988 年版，第 91—92 页。

② 《日知录集释》卷 13，第 1009 页。

③ 周振鹤：《从“九州异俗”到“六合同风”——两汉风俗区划的变迁》，《中国文化研究》1997 年第 4 期。

第四章

移风易俗与秦汉社会控制

“俗而礼，礼而俗”，俗是礼之源，礼是俗之纲。礼一旦形成，成为礼制的典章制度，就成为人们行为规范的原则，进而有力地整合人们的思维模式、行为模式和风俗习惯。法也在社会实践中不断改造和约束着俗的发展，俗也影响着法的实施，风俗甚至代替法律。秦汉统治者“大一统”统治思想的指导之下，基本确立了中国文化的稳定结构与格局，风俗作为文化中的重要现象，这一时期的风俗的演进也呈现出融合统一的趋势和特点。秦汉移风易俗思想经过“以法治俗”到“以道齐俗”再到“以礼易俗”的历史嬗变，最终“以礼易俗”、“化民成俗”的移风易俗思想在大一统的局面下被确定为官方意识形态，在“为政之要，辩风正俗最其上也”[①] 思想的指导下，统一的国家机器通过儒学教化、舆论批判、法律控制等手段对风俗进行干预和引导，利用风俗的强大规范性和约束力，潜移默化的对社会进行着控制，维护大一统中央集权的政治体制。“以礼易俗”的移风易俗思想对于汉代乃至整个封建时代的社会秩序的稳定发挥了重要的作用。随着儒家学说不断的社会化，儒家价值观念不断向社会的纵深处渗透，“以礼易俗”、“化民成俗”成为后世封建统治者遵循的重要治国理念。

---

① 《风俗通义校注·序》，第8页。

第一节　俗、礼、法三者之间

一　“俗而礼，礼而俗”

“俗”，《说文·人部》释为“习也。从人谷声。”段玉裁《说文解字注》指出许慎以“习”训“俗”为“以双声为训。习者，数飞也。引伸之凡相效谓之习”。[①]《礼记·曲礼》：“教训正俗，非礼不备”，[②]“君子行礼，不求变俗”。[③] 清代学者孙诒让指出：“礼俗当分两事，礼谓吉凶之礼……俗谓土地之习。”[④] 古代学者将礼、俗对举说明礼与俗是两类不同的事物。《汉书·地理志》曰：“好恶取舍，动静亡常，随君上之情欲，故谓之俗。”[⑤] 俗的形成具有自发性、习惯性、区域性、可变性和多样性等特点。

俗先于礼，礼本于俗，礼是俗发展到一定阶段的产物，即“礼从俗”。[⑥]

---

① 《说文解字注》，第 376 页。

② 《礼记正义·曲礼上》，第 32 页。

③ 《礼记正义·曲礼下》，第 167 页。

④ 孙诒让：《周礼正义》，中华书局 1987 年版，第 71 页。

⑤ 《汉书·地理志》，第 1640 页。

⑥ 关于“礼”的起源问题，学界有多种观点。1. 起源于风俗。刘师培指出：“上古之时，礼源于俗。”（刘师培：《古政原始论》之十《礼俗原始论》，《刘师培全集》第 2 册，中央党校出版社 1997 年版，第 54 页。）吕思勉在《经子题解》也说：“礼源于俗。”这以观点多为现代学者认可。2. 起源于人情。司马迁《史记·礼书》：“缘人情而制礼，依人性而作仪。”现代学人李安宅指出：“礼的起源，自于人情。”（李安宅：《〈仪礼〉与〈札记〉之社会学的研究》第二章，《国学小丛书》，商务印书馆 1931 年版。）3. 起源于祭祀。汉代的许慎在《说文》中就以“事神致福”来解释“礼”。郭沫若也持此种观点。（郭沫若：《十批判书》，东方出版社 1996 年版。）4. 起源于仪式。认为礼起源于原始社会的种种礼仪。杨宽在《“冠礼”新探》中指出：“礼的起源很早，远在原始氏族社会中，人们已经习惯把重要的活动加上特殊的礼仪。原始人常以具有象征意义的物品，连同一系列的象征性动作，构成种种仪式，用来表达自己的感情和愿望，这些礼仪，不仅长期成为社会生活的传统习惯，而且常被用作维护秩序、巩固社会组织和加强部落之间联络的手段。进入阶级社会以后，许多礼仪还被大家沿用着，其中部分礼仪往往被统治阶级所利用和改变，作为巩固统治阶级内部组织和统治人民的一种手段。”（杨宽：《古史新探》，中华书局 1965 年版，第 234 页。）李泽厚指出：礼“是原始巫术礼仪基础上的晚期氏族统治体系的规范化和系统化”。（李泽厚：《中国古代思想史》，人民出版社 1985 年版，第 8 页。）杨志刚在《中国礼仪制度研究》中也持此种观点。（杨志刚：《中国礼仪制度研究》，华东师大出版社 2001 年版。）

而礼一旦形成，成为礼制的典章制度，就成为人们行为规范的原则，进而有力地整合人们的思维模式、行为模式和风俗习惯。荀子就提出了移风易俗的命题，强调以礼化俗，“厚德音以先之，明礼义以道之，致忠信以爱之，尚贤使能以次之，爵服庆赏以申之，时其事、轻其任，以调齐之，长养之，如保赤子。政令以定，风俗以一”，[①] 使“民归之如流水，所存者神，所为者化”，[②] 从而达到“大化至一”。[③] 俗是礼的源头，而礼是俗之纲纪。以礼化俗，礼不断渗透、制约和整合着俗，礼被作为根本性原则指导着风俗的移易和整合，社会风俗遵循着礼治的轨道前行，调适着民间社会秩序。礼而俗的过程，本身就是一种自上而下，上行下效的过程。有学者指出：“礼和俗相互依存、胶着，双向地增强了上层文化与下层文化或精英文化与民间文化的渗透。”[④] 在秦汉大一统封建社会环境下，礼在官方的倡导和推行下在意识形态上占据了统治地位，它被以制度和规范的形式贯彻到基层民众的生活习俗中去。《论语·学而》曰：“不以礼节之，亦不可行也。”[⑤] 荀子曰：“礼起于何也？曰，人生而有欲，欲而不得，则不能无求，求而无度量分界，则不能不争。争则乱，乱则穷。先王恶其乱也，故制礼义以分之，以养人之欲，给人之求，使欲必不穷乎物，物必不屈于欲，两者相持而长，是礼之所以起也。”[⑥] 以礼节俗，礼在规范着社会风俗的走向，礼对俗具有导向作用，汉代的循吏把以礼化俗、以礼节俗贯彻执行地方行政实践中，通过“道之以政，齐之以刑，民免而无耻；道之以德，齐之以礼，有耻且格”。把礼乐教化推行到地方，把礼义廉耻、重农力耕等观念灌输给百姓，使百姓知道善恶、美丑，进而使得社会风俗美善。如韩延寿、黄霸在颍川设立“条教”，使民知礼，风化地方的事例。《汉书·韩延寿传》载：韩延寿任颍川郡守时，教化乡里“上礼义，好古教化，

① 《荀子集解》，第 286 页。

② 同上书，第 287 页。

③ 同上书，第 288 页。

④ 刘志琴：《礼俗文化的再研究——回应文化研究的新思潮》，《史学理论研究》2005 年第 1 期。

⑤ 《论语译注·学而》，第 8 页。

⑥ 《荀子集解》，第 346 页。

所至必聘其贤士，以礼待用，广谋议，纳谏争。举行丧让财，表孝弟有行。修治学官，春秋乡射，陈钟鼓管弦，盛升隆揖让……又置正、五长，相率以孝弟，不得舍奸人。……后吏无追捕之苦，民无楚之忧，皆便安之。"[①] 告诫民众要"和睦亲爱，消除怨咎"，摒弃怨仇争讼的陋习，提倡行谦让、让资财、表孝弟的新社会风尚。到了宣帝时，黄霸任颍川太守，极力推行教化，"然后为条教，置父老师帅伍长，班行之于民间，劝以为善防奸之意，乃务耕桑，节用殖财，种树蓄养，去食谷马。米盐靡密，初若烦碎，然霸精力能推行之。……霸力行教化而后诛罚，务在成就全安长吏"。[②] 正是这些汉代地方官吏推行礼乐教化措施，使得颍川"好争讼分异"的社会风气逐渐转向"谨厚"。此类事例在汉代不胜枚举。礼对俗的影响和塑造，是上层精英文化通过礼而俗的过程把官方意识形态推行到了下层民众中，从而使得上层文化与下层文化之间的价值差异逐渐缩小，使得下层风俗文化对礼的价值观念认同，并在此基础上形成共同的文化心态，进而促进各地域、各民族之间的风俗整齐。

二　俗与法之间

《管子·枢言》："法出于礼"，[③] 法经历了一个由"俗"而"礼"，由"礼"而"法"的发展过程。《商君书》中论述"法"与"俗"的关系："故圣人之为国也，观俗立法则治，察国事本则宜。不观时俗，不察国本，则其法立而民乱，事剧而功寡。"[④] 这里就指出俗与法两者是不可分割的，化俗要考虑到法，立法要观察俗。并强调随着时代的变迁俗也发生着变化，"俗生于法而万转"，[⑤] 而应当"度俗而为之法"[⑥]

① 《汉书·韩延寿传》，第 3211 页。

② 《汉书·黄霸传》，第 3629—3231 页。

③ 《管子校注·枢言》，第 246 页。

④ 《商君书锥指·算地》蒋礼鸿：《商君书锥指》，中华书局 1986 年版，第 48 页。

⑤ 《商君书锥指·立本》，第 72 页。

⑥ 《商君书锥指·一言》，第 63 页。

“制度时，则国俗可化而民从制”[①]“圣人之立法化俗”[②] 秦始皇“并海内，兼诸侯，南面称帝”，[③] 继承“孝公用商鞅之法，移风易俗”[④] 以法治俗的传统，“悉内六国礼仪，采择其善”，[⑤] 重订礼仪，“匡饬异俗”，[⑥] 希望能够整齐天下风俗，实现“大治濯俗，天下承风”的局面。秦始皇试图以法治俗建立新的文化秩序，但却以亡国而告终，引起了汉代人们对法与俗的思考。《淮南子》中就有关于法与俗的关系的探讨，《氾论训》中就把法度看作调节风俗的重要手段“法度者，所以论民俗而节缓急也”。[⑦] 而《主术训》中却强调“刑罚不足以移风，杀戮不足以禁奸，唯神化为贵”，[⑧] 又对刑杀持否定性意见。[⑨] 王符在《潜夫论》中指出：严明的法令对于整治风俗有着重要的作用。“法令赏罚者，诚治乱之枢机也，不可不严行也。……夫积怠之俗，赏不隆则善不劝，罚不重则恶不惩。故凡欲变风改俗者，其行赏罚也，必使足惊心破胆，民乃易视。”[⑩] 强调法律是控制不良风俗的关键。仲长统强调在不同的时期，德教和刑罚对风俗的作用也在发生着变化，“至于革命之期运，非征伐用兵，则不能定其业。奸宄之成群，非严刑峻法，则不能破其党。时势不同，所用之数亦异也”。在衰世必须严刑峻法杜奸邪，以“治衰敝之俗”。汉代在执行以礼化俗的同时，肯定法律对风俗的控制作用，法律参与对风俗的控制，如汉代“循吏”利用法律权威进行移风易俗，

① 《商君书锥指·一言》，第 59—60 页。

② 同上书，第 60 页。

③ 《史记·秦始皇本纪》，第 283 页。

④ 《史记·李斯列传》，第 2542 页。商鞅变法实际上就是一次对秦国传统礼俗的改革。在商鞅所颁布的变法命令中，有许多涉及移风易俗的内容，例如其中有“令民父子兄弟同室内息者为禁”，“民有二男以上不分异者，倍其赋”，“始秦戎翟之教，父子无别，同室而居。今我更制其教，而为其男女之别，大筑冀阙，营如鲁卫矣”（《史记·商君列传》，第 2232、2230、2234 页）。

⑤ 《史记·礼书》，第 1159 页。

⑥ 《史记·秦始皇本纪》，第 245 页。

⑦ 《淮南鸿烈集解·氾论训》，第 931 页。

⑧ 《淮南鸿烈集解·主术训》，第 614 页。

⑨ 有学者认为：《淮南子》成于多人之手，因此这些相反的看法“应是当时不同意见的记录”。（彭卫、杨振红：《中国风俗通史·秦汉卷》，第 6 页。）

⑩ 《潜夫论笺校正·三式》，第 207—209 页。

光武帝建武二十九年（53），第五伦任会稽太守时，就利用法令禁绝民间淫祀陋俗，“会稽俗多淫祀，好卜筮。民常以牛祭神，百姓财产以之困匮，其自食牛肉而不以荐祠者，发病且死先为牛鸣，前后郡将莫敢禁。伦到官，移书属县，晓告百姓。其巫祝有依托鬼神诈怖愚民，皆案论之。有妄屠牛者，吏辄行罚。民初颇恐惧，或祝诅妄言，伦案之愈急，后遂断绝，百姓以安”。[①]

俗也影响着法的实施，在汉代社会生活中，风俗甚至代替法律，以软性控制的形式，调控着社会秩序，汉代的“息讼”现象就是很好的例证。“息讼”就是通过道德教化使人心向善，知耻而无奸邪之心，用情、礼、德唤起人们的良知，使人明是非、知荣辱，并规范、约束人们的行为，形成长幼有秩、尊卑有序、相互礼让的良风美俗，在一定程度上代替了法在社会控制中的作用，维护社会秩序的和睦安定。汉代各级地方官吏把“修教训之官，务以德善化民，民已大化之后，天下常亡一人之狱”[②] 作为吏治的重要目标，在实践中重视道德礼教，强调人们以修身束己为要务，完善人格，重视情操的伦理道德观，通过对当事人晓之以理，动之以情的宣扬“仁”、“孝”，利用情、礼、道德唤起人们的良知、正义感和荣辱之心，并在社会上形成“耻讼”的风气，在发生冲突与摩擦时通过各自的忍让来协商解决，而不是诉诸官府动用法律来强制解决。如《汉书·韩延寿传》载：韩延寿为左冯翊时，出行至高陵，遇到兄弟二人因讼田告到官府，韩延寿十分伤感自己教化不行，自责道：“幸得备位，为郡表率，不能宣明教化，至令民有骨肉争讼，既伤风化，重使贤长吏、啬夫、三老、孝弟受其耻，咎在冯翊，当先退。”[③] 于是称病不听事，“闭阁思过”。高陵县的“令、丞、啬夫、三老亦皆自系待罪”[④] 在这么强大的政治压力下，讼者的宗族纷纷责备当事人，这两个兄弟为此深深自悔，“皆自髡肉袒谢，愿以田相移，终死不敢复争”。[⑤] 韩延寿得知后大喜，开阁听事，并表扬了悔过从善之民。

---

① 《后汉书·第五伦传》，第 1397 页。

② 《汉书·董仲舒传》，第 2515 页。

③ 《汉书·韩延寿传》，第 3213 页。

④ 同上。

⑤ 同上。

从此以后，“郡中歙然，莫不传相敕厉，不敢犯。延寿恩信周遍二十四县，莫复以辞讼自言者”。[①]《后汉书》中《鲁恭传》、《吴祐传》和《许荆传》等篇章中都记载了官吏以自责感民的“息讼”事件记载。鲁恭为中牟令时，以德感民，不任刑罚。讼人许伯等争田，历任守令不能决断，鲁恭就给他们平理曲直，讼人“皆退而自责，辍耕相让”。亭长从别人借牛而不肯还，牛主讼于鲁恭。“恭召亭长，敕令归牛者再三，犹不从。恭叹曰：‘是教化不行也。’欲解印绶去。”掾史泣涕共同挽留，亭长于是悔过还牛，“诣狱受罪”。[②]吴祐为酒泉太守时，政唯仁简，以身率物。百姓有争讼者，“辄闭阁自责，然后断其讼，以道譬之”。有时亲自到闾里，去调解民众纠纷。“自是之后，争隙省息，吏人怀而不欺。”[③]许荆任桂阳太守时，行到耒阳县，“人有蒋均者，兄弟争财，互相言讼。荆对之叹曰：‘吾荷国重任，而教化不行，咎在太守。’乃顾使吏上书陈状，乞诣廷尉。均兄弟感悔，各求受罪”。[④]争讼在汉代百姓眼中是道德败坏的表现，汉代地方官员的自责、引咎，无疑会强化民间“耻讼”的风气，使百姓认为争讼是极不光彩的行为，是良心丧失、道德沦丧的表现，是陷官吏于不义的不德之举，将诉讼消灭于萌芽状态，从而减少法律的使用。汉代各级地方官员在治理地方时，重视道德教化在治理中的作用，通过教化引导，舆论鞭策等手段，使民风淳朴、风俗美善，而百姓相互礼让、互不争讼，已达到讼狱止息。这是风俗代替法律的作用，维持社会秩序的体现，风俗具有约束力，它一旦形成就能够潜移默化的规范人们的思想和行为，汉代地方官吏通过教化和引导使得民间形成“耻讼”、“厌讼”的风俗，风俗成为约束人们行为的潜在规则，它无形的制约和规范着人们的社会行为，进而减少法律的使用，反映了俗对法的影响。

综上，俗而礼，礼而俗，进而由“礼”而“法”的发展过程，俗是礼之源，礼是俗之纲。以礼化俗，礼不断渗透、制约和整合着俗。法

---

① 《汉书·韩延寿传》，第3213页。

② 《后汉书·鲁恭传》，第874页。

③ 《后汉书·吴祐传》，第2101页。

④ 《后汉书·许荆传》，第2472页。

也在社会实践中不断改造和约束着俗的发展，秦汉时期俗在礼和法的双重影响和约束下前行，调适着民间社会秩序。

第二节　移风易俗与秦汉社会控制

英国著名人类学家马林诺夫斯基给风俗下定义为："一种依靠传统力量而使社区分子遵守的标准化的行为方式。"[①] 风俗是社会群体自发规范的生活方式、行为模式，它依赖人们的语言、行为、思维方式、心理习惯世代相承，生活在这个氛围中的人，耳濡目染，周边人的言行举止，逐渐形成人们的心理定势和行为模式，并对人们的生活、言行产生一定的约束效应。风俗不是法律、法令，却有法律、法令控制的功能，而且比法律、法令有更强大更深远的约束力；风俗虽不是法律明确的条文强制规范，但靠潜移默化和习惯势力的影响控制着人们的心理、规范人们的行为。风俗对社会进行控制的过程，实际上就是风俗移易的过程。秦汉统治阶层认识到了风俗在国家治理中的重要作用，通过构建移风易俗制度推行着移风易俗的实践到社会的各个层面，以实现国家对基层社会的有效控制。

秦统一天下后，面对"七国异族，诸侯制法，各殊其俗"。[②] 各地风俗文化迥异的局面，秦始皇认识到了整饬各地风俗，对于稳定社会秩序的重要性，在法家统治思想传统的影响下，秦代形成"以法治俗"的移风易俗思想，并在秦王朝整齐风俗的过程中，通过一系列的法令制度贯彻了这一思想，强制推行"以法为教"，"以吏为师"，并在全国范围内实行"书同文，车同轨"等制度统一，强行清除恶俗、整齐人伦，通过法令强制灌输给民众臣忠、父慈、子孝等封建伦理观念，企图通过严酷法律手段以强制统一全国各地之风俗，利用法律和制度的手段限制风俗的走向，进而实现对社会秩序的控制。然而风俗文化传统的改变，仅仅依靠法律和制度的强制手段来进行是不行的，更重要的是在文化上的认同，秦与东方六国的文化差异没有消除，法律的强制推行风俗的移

① 马林诺夫斯基：《文化论》，中国民间文艺出版社 1987 年版，第 30 页。

② 《淮南鸿烈集解·览冥训》，第 212 页。

易更加剧了这种敌视态度，秦帝国对“行同伦”的理想风俗状态的追求未能实现。

西汉初年，整个社会经济凋敝，满目疮痍，这一时期汉代政府的首要任务，就是医治战争创伤，恢复和发展社会生产，稳定政治秩序，而对风俗的整合，建立统一的文化秩序并不是政府施政的中心。在汉初黄老道家“以道齐俗”移风易俗思想指导下，汉初政府对各地风俗并未做过多的干预，而是“因”、“顺”其发展，此时世风日益骄奢，“网疏而民富，役财骄溢，或至兼并豪党之徒，以武断于乡曲”。而一些地方宗室、卿大夫，“争于奢侈，室庐舆服僭于上，无限度”。[①] 僭越礼制犯乱上禁，甚至“隐机盱视而为天子”。可见，在“以道齐俗”思想下，汉初政府执行的是顺从其俗的办法，没有过多的干涉的风俗的走向，即没有有意识地对风俗进行改造，而是任由风俗在社会上发生、发展。随着社会经济的不断恢复，人们生活水平不断提高，人们的私有财富积累到一定程度，必然要求相应的物质享受，随着享受欲的不断膨胀，必然产生奢华之风，放纵声色，越礼逾制等风俗败坏的局面，扰乱了正常的社会秩序，削弱了中央皇权对地方社会的控制力，对中央政权的统治构成了极大的威胁。

西汉中期以后，随着社会经济恢复发展，“大一统”政治日趋稳定，对风俗文化的整齐就被提上了议事日程。儒学独尊之后，“道德仁义，非礼不成；教训成俗，非礼不备”[②] 成为施政方针的重要指导思想，汉代统治者开始强调“整齐风俗”，注重“以经治国”，“以礼易俗”，欲将地方社会风俗习惯纳入儒家的道德规范之中，借此稳定和巩固基层社会统治秩序。“六合同风，九州共贯”[③] 成为汉代统治者的施政理想，汉王朝统治者注重修定礼制以移风易俗，并在中央和地方建立起一套较为完备的推行移风易俗的制度。首先，从皇帝到公卿大夫统治阶层要示民以德，起到风俗表率的作用，“公卿大夫相与循礼恭让，则民不争；好仁乐施，则下不暴，上义高节，则民兴行；宽柔和惠，则众

① 《史记·平准书》，第1420页。
② 《礼记正义·曲礼》，第32页。
③ 《汉书·终军传》，第2816页。

相爱”。[①] 只有这样百姓才能上行下效，形成良风美俗。其此，中央派遣风俗巡行使者出巡各地采风纳谣、观览风俗、宣明德化、访察冤狱、督禁苛暴、存问孤寡、勉励生产、赈灾济困、访问民情、考察基层行政状况，敦促地方教化。再次，规定地方长吏以改善地方风俗为重任，汉武帝就指出“公卿大夫，所使总方略，一统类，广教化，美风俗也”，[②]“二千石官长纪纲人伦，将何以佐朕烛幽隐，劝元元，厉蒸庶，崇乡党之训”。[③] 汉元帝也指出：“相守二千石诚能正躬劳力，宣明教化，以亲万姓，则六合之内和亲，庶几乎无忧矣。”[④]“刺史一州之表，二千石千里之师，职在辩章百姓，宣美风俗。”[⑤] 地方长吏的重要任务就是“宣美风俗”。最后，在地方乡里设置专职教化官员，如乡三老、孝、悌、力田，通过他们垂范乡里，树立孝悌、力田等楷模，引导民众，以起到教民修德行善、厚重农桑，“劝导乡里，助成风化”。[⑥] 通过这一系列的移风易俗制度保证了“以礼易俗”治国方针的实施，以求实现“化元元，移风易俗”的目的。

汉代统治者通过教化、灌输儒家礼制观念，随着儒学从上层社会到下层社会传播和渗透，基层社会逐渐接受儒家价值观念，并渗透到包括衣、食、住、行、诞育、婚姻、养老、丧葬、信仰、节庆等社会各个层面的风俗，而风俗一旦形成，就具有一定的稳定性，又以自己的形式继承以往的意识、舆论和行为，年长月久，约定俗成，代代相传，习以为常，便形成一种特定的文化传统，以其强大的力量规范和调节着人们的行为方式。如汉代“以孝治国”统治者通过褒奖孝悌以推行孝道，《汉书》和《后汉书》帝王纪中载，对孝、悌的褒奖和赐爵就有 32 次之多，《汉书·惠帝纪》载：惠帝四年（前 191），“春正月，举民孝弟力田者复其身”。[⑦] 将孝纳入选举制度，通过“举孝廉”的形式选拔官吏，

① 《汉书·匡衡传》，第 3334 页。
② 《汉书·武帝纪》，第 166 页。
③ 同上书，第 166—167 页。
④ 《汉书·元帝纪》，第 279 页。
⑤ 《后汉书·刘恺传》，第 1307 页。
⑥ 《后汉书·明帝纪》，第 96 页。
⑦ 《汉书·惠帝纪》，第 90 页。

以孝作为选官的主要标准，武帝于元光元年（前134），“初令郡国举孝廉各一人”。[①]“举孝廉”成为选官制度的常科，汉武帝在元朔元年（前128）下诏：“今诏书昭先帝圣绪，令二千石举孝廉，所以化元元，移风易俗也，不举孝，不奉沼，当以不敬论；不察廉，不胜任也，当免。”[②]武帝把举孝廉提高到封建纲纪人伦的高度，借此树立汉代官吏的行为规范、为民作以表率和示范，并在地方社会形成孝悌风气。汉代循吏在地方以推行教化为己任，通过礼乐教化和引导，把儒家的伦理道德、孝悌观念灌输到百姓的日常生活中。《后汉书·刘宽传》载：刘宽，延嘉八年（前165）征拜尚书令，迁南阳太守，“每行县止息亭转，辄引学官祭酒及处士诸生执经对讲。见父老慰以农里之言、少年勉以孝悌之训。人感德兴行，日有所化”。[③]在乡里还设“三老”、“孝”、“悌”督导孝道的执行。《汉书·百官公卿表》载：“三老、掌教化。”[④]《续汉书·百官志》：“三老掌教化，凡有孝子顺孙，贞女义妇，让财救患，及学士为民法式者，皆扁表其门，以兴善行。”[⑤]汉代还设“孝”、“悌”荣誉乡官，以示范乡里、督励父慈子孝，通过教育、表彰、劝诫等手段保证孝道执行。汉代还把《孝经》的学习作为各级学校的必修课程，促进孝道的传播和普及。汉代法律内容也保障了孝道的推行，对于不孝的行为，施以严厉的刑罚，规定对不孝要“斩首枭之”。张家山汉简《二年律令》中有关于汉代不孝罪的规定。“子牧杀父母，殴詈太父母、父母、假（假）大母、主母、后母，及父母告子不孝，皆弃市。其子有罪当城旦舂、鬼薪白粲以上，及为人奴婢者，父母告不孝，勿听。年七十以上告子不孝，必三环之。三环之各不同日而尚告，乃听之。教人不孝，黥为城旦舂。”[⑥]

随着移风易俗的推行，社会形成重视名节、妇女贞节观的风气。许多士人为了名节，甚至不惜牺牲自己的生命。如《后汉书·独行列传》

① 《汉书·武帝纪》，第160页。

② 同上书，第167页。

③ 《后汉书·刘宽传》第887页。

④ 《汉书·百官公卿表》，第742页。

⑤ 《续汉书·百官志》，第3624页。

⑥ 《张家山汉墓竹简》，第13页。

载："初，平帝时，蜀郡王皓为美阳令，王嘉为郎。王莽篡位，并弃官西归。及公孙述称帝，遣使征皓、嘉，恐不至，遂先系其妻、子。使者谓嘉曰：'速装，妻、子可全。'对曰：'犬马犹识主，况于人乎！'王皓先自刎，以首付使者。述怒，遂诛皓家属。王嘉闻而叹曰：'后之哉！'乃对使者伏剑而死。"在儒家伦理观念逐渐普及的背景下，"夫为妻纲"、男尊女卑的观念逐渐深入人心，三从四德的妇德"夫有再娶之义，妇无再适之文。故曰夫者天也，天固不可逃，夫固不可违也"。女子重贞洁守妇道逐渐成为民间风气，"士女贞孝"不断涌现，以巴蜀地区为例，《后汉书》、《三国志》和《华阳国志》记载，该地区在东汉时期出现了大量有"贞孝"、"婉穆"等之称的贤良淑女。汉代统治者通过教化、嘉奖、法律等各种途径把儒家"忠"、"孝"、"节"、"义"观念灌输到民众中，随着儒家观念在基层民众的不断渗透，社会上形成了崇孝养老之俗和重视名节之风，而这些风俗习惯潜移默化的影响和规范着人们的行为和社会舆论，引导和控制民众按照儒家礼仪规范前行，国家权力的触角通过移风易俗的过程悄然伸入民间，从而达到对基层社会的控制。

在"以礼易俗"思想的指导下，"广教化，美风俗"成为汉代统治者施政的重要目标，《白虎通义·三教》曰："教者，所以追补败政，靡弊溷浊，谓之治也。"[①] 把教化视为维护政治统治，革除不良的社会风俗，从而达到天下大治的重要措施。汉代统治者在行政实践中把"教化行而风俗美"作为最高要求，统一的国家机器通过儒学教化、舆论批判、法律控制等手段对风俗进行干预和引导，把儒家"礼"强调的贵贱上下、尊卑长幼、男女有别的等级观念向下层民众中普及，力图使之符合政治和意识形态，使人们逐渐形成一定的信念、习惯、传统，用来约束自己的行为，以实现良好的良风美俗，实现国家对基层社会的控制，维护大一统中央集权的政治体制。随着儒家学说不断的社会化，儒家价值观念不断向社会的纵深渗透，"以礼易俗"，"化民成俗"成为后世封建统治者遵循的重要治国理念。

① 《白虎通疏证·三教》，第370页。

结　语

风俗在人们的社会生活中具有重要影响，关系到国家的治乱兴衰，引起秦汉学者们的广泛关注，并根据不同的政治、经济、思想文化形势的变化，对移风易俗提出自己的观点，以满足时代的需要，移风易俗思想在秦汉历史的每个发展阶段都会打上不同的时代烙印，不同学术流派的学者对移风易俗提出了各自不同的整齐方法，移风易俗成为学术探讨的重要对象，形成了秦代“以法治俗”到汉初黄老“以道齐俗”再到儒家“以礼易俗”的移风易俗思想的历史嬗变。

先秦诸子百家“争鸣”，甚至水火不容，但诸子的言论和思想，又你中有我，我中有你。这种学术思想的趋同与整合在秦汉时期愈来愈明显，汉代出现了以黄老为特色的道家思想，“其为术也，因阴阳之大顺，采儒、墨之善，撮名、法之要”，[1] 以及经过叔孙通、公孙弘和董仲舒发展的汉代儒家学说，理论上继承了先秦儒家学说，以从政、为政为主要目标，大量吸收和运用阴阳五行学说，兼采各家思想，构造儒家思想的新体系，这些是学术思想整合的突出表现和结果。而秦汉学者对移风易俗思想的认识和主张在这种学术的整合和趋同中产生了新的变化，反映了秦汉学术思想的发展趋势。

一定的统治理念须通过理念制度化，将自己外化为具体的制度形式从而获得实现，秦汉移风易俗思想在现实中要维护统治付诸于实践，就必须有一套行之有效的制度。秦汉时期是封建统一帝国时代的开端，在国家制度和政权建设上具有开创奠基的意义。秦汉时期为推行移风易俗建立了一套行之有效的制度对后世影响深远，秦汉移风易俗制度及体

---

① 《史记·太史公自序》，第 3289 页。

系，有效的成为秦汉统治者对社会的软性控制手段，秦汉时期移风易俗制度构建作为中国历代封建王朝推行移风易俗制度源头有着重要意义。

从秦代“以吏为师”，“以法为教”进行风俗整饬，到汉代循吏到三老竭力推行教化，秦汉时期执政者为推行移风易俗，建立了从中央到地方的移风易俗制度，特别是汉代的遣派“风俗巡行使”以观四方风俗的制度。汉武帝派遣“风俗使”巡行郡国，元狩六年诏曰：“今遣博士大等六人分循行天下，存问鳏寡废疾，无以自振业者贷与之。谕三老孝弟以为民师，举独行之君子，征旨行在所。……祥问隐处亡位，及冤失职，奸猾为害，野荒治苛者，举奏。郡国有所以为便者。上丞相、御史以闻。”[①] 汉代的风俗巡行使不仅考察吏治得失，察举俊贤，存问耆老鳏寡、赈灾济贫，在很大程度上成为地方监察制度的重要补充。这种源于三代周秦之制的风俗巡行使制度，在两汉时地位和作用已发生了变化，其在汉代政治生活中有着重要的地位和作用。

思想作为时代精神的升华，往往通过诸多具体制度的形式反作用于社会。“风俗并不只是社会的产物，它也塑造和影响着社会。”[②] 秦汉时期是我国封建中央集权制度确立的时期，统一国家的建设，必然促成文化的融合与统一。这一时期，在“大一统”思想的指导之下，基本确立了中国文化的稳定结构与格局，风俗作为文化中的重要内容，其演进趋势也呈现出融合统一特点。秦汉移风易俗思想在大一统的局面下被确定为官方意识形态，在具体的社会实践中就是要实现其最终目标——整齐风俗，并在实践中不断社会化。统一的国家机器干预风俗走向，力图使之符合政治和意识形态，借此进一步维护大一统中央集权的政治体制。秦汉时期移风易俗的实践涉及社会各个层面，从诞育到丧葬的人生礼仪风俗的塑造，到淫祀巫风的禁绝及社会风气的变迁等，以其强大的力量规范和调节着人们的行为方式，潜移默化地对社会进行着控制。

综上所述，风俗作为一种文化现象，相对法律与政令等强制性控制，风俗是一种潜移默化的社会控制手段，是一种软性控制。[③] 正是看

① 《汉书·武帝纪》，第180页。

② 彭卫、杨振红：《中国风俗通史》（秦汉卷），第24页。

③ 同上书，第17页。

到风俗的这种社会控制的功能可以为巩固封建统治服务，秦汉学者们著书立说阐发自己的移风易俗思想。秦汉时期，政府在施政的过程中，为实现“行同伦”、“六合同风，九州共贯”的理想，贯彻执行着这一治国理念，构建了一系列的制度在基层社会积极推行移风易俗，秦汉统一的国家机器以行政力量干预社会风俗的走向，把上层文化中的礼制贯彻到基层社会中，并整合和移易着从诞育、丧葬到信仰风俗再到社会风气等诸多层面的社会风俗，通过统一的国家机器通过儒学教化、舆论批判、法律控制等手段对风俗进行干预和引导，利用风俗的强大规范性和约束力，图使之符合大一统的官方意识形态，进而保障社会秩序的稳定。风俗以其强大的规范性和约束力量，在社会的各个角落调节着人们的行为方式，潜移默化的对社会进行着控制，成为礼制、法律、行政控制手段之外的另一种社会秩序维护力量。

参考文献

一　历史文献

（清）阮元校刻：《十三经注疏》，中华书局1957年版。
杨伯峻译注：《论语译注》，中华书局1980年版。
孙诒让：《周礼正义》，中华书局1987年版。
陈鼓应：《老子注译及评介》，中华书局1984年版。
陈鼓应：《庄子今注今译》，中华书局1983年版。
黎翔凤撰，梁运华整理：《管子校注》，中华书局2004年版。
蒋礼鸿：《商君书锥指》，中华书局1986年版。
（清）王先谦：《荀子集解》，中华书局1988年版。
陈奇猷校释：《韩非子集释》，上海人民出版社1974年版。
陈奇猷校释：《吕氏春秋校释》，学林出版社1984年版。
（汉）司马迁：《史记》，中华书局1959年版。
（汉）班固：《汉书》，中华书局1962年版。
（清）王先谦：《汉书补注》，中华书局1983年版。
（南朝宋）范晔：《后汉书》，中华书局1965年版。
（清）王先谦：《后汉书集解》，中华书局1984年版。
（汉）荀悦、（东晋）袁宏著，张烈点校：《两汉纪》，中华书局2002年版。
（晋）陈寿：《三国志》，中华书局1959年版。
（唐）房玄龄等撰：《晋书》，中华书局1974年版
（清）孙星衍集校：《汉官六种》，《四部备要》本。
刘珍等撰，吴树平校注：《东观汉记校注》，中州古籍出版社1987

年版。
(晋) 葛洪撰，周天游校注：《西京杂记》，三秦出版社 2006 年版。
(晋) 常璩撰，刘琳校注：《华阳国志校注》，巴蜀书社 1984 年版。
(汉) 陆贾著，王利器校注：《新语校注》，中华书局 1986 年版。
(汉) 贾谊著，阎振益、钟夏点校：《新书校注》，中华书局 2000 年版。
(汉) 刘安等著，刘文典撰，冯逸、乔华点校：《淮南鸿烈集解》，中华书局 1989 年版。
(汉) 董仲舒著，苏舆撰，钟哲点校：《春秋繁露义证》，中华书局 1992 年版。
(汉) 桓宽撰，王利器校注：《盐铁论校注》，中华书局 1992 年版。
(汉) 扬雄著，(宋) 司马光集注，刘韶军点校：《太玄集注》，中华书局 1998 年版。
(汉) 扬雄著，汪荣宝疏，陈仲夫点校：《法言义疏》，中华书局 1987 年版。
(汉) 刘向撰，向宗鲁校证：《说苑校证》，中华书局 1987 年版。
(汉) 班固撰，(清) 陈立疏，吴则虞点校：《白虎通疏证》，中华书局 1994 年版。
(汉) 王充撰，刘盼遂集解：《论衡集解》，中华书局 1957 年版。
(汉) 王符著，(清) 汪继培笺，彭铎校正：《潜夫论笺校正》，中华书局 1985 年版。
(汉) 荀悦：《申鉴 (附札记)》，中华书局 1985 年版。
(汉) 应劭撰，王利器校注：《风俗通义校注》，中华书局 1981 年版。
(晋) 葛洪撰，杨明照校笺：《抱朴子外篇校笺》，中华书局 1997 年版。
(汉) 许慎撰，(清) 段玉裁：《说文解字注》，上海古籍出版社 1981 年版。
(清) 严可均辑：《全上古三代秦汉三国六朝文》，中华书局 1958 年版。
(唐) 魏征等编，吕效祖点校：《群书治要》，鹭江出版社 2004 年版。
(宋) 洪适：《隶释隶续》，中华书局 1986 年版。
(宋) 司马光编著：《资治通鉴》，中华书局 1956 年版。
(宋) 司马光著，吉书时点校：《稽古录》，北京师范大学出版社 1988 年版。

（清）赵翼：《廿二史札记》卷四，《四部备要》本。

（清）黄汝成集释，（清）顾炎武著：《日知录集释》，上海古籍出版社 1985 年版。

（清）王鸣盛撰，黄曙辉点校：《十七史商榷》，上海书店出版社 2005 年。

（清）永瑢、纪昀主编，周仁等整理：《四库全书总目提要》，海南出版社 1999 年版。

（清）皮锡瑞：《经学历史》，周予同注释，中华书局 1959 年版。

二　今人著作

［英］崔瑞德主编：《剑桥秦汉史》，中国社会科学出版社 1992 年版。

翦伯赞：《秦汉史》，北京大学出版社 1999 年版。

吕思勉：《秦汉史》，上海古籍出版社 2005 年版。

林剑鸣：《秦汉史》，上海人民出版社 2003 年版。

田昌五、安作璋主编：《秦汉史》，人民出版社 2008 年版。

任继愈主编：《中国哲学史》第二册，人民出版社 1963 年版。

任继愈主编：《中国哲学发展史》（秦汉），人民出版社 1985 年版。

肖萐父、李锦全主编：《中国哲学史》，人民出版社 1982 年版。

侯外庐、赵纪彬、杜国庠、邱汉生：《中国思想通史》第二卷，人民出版社 1957 年版。

张岂之主编：《中国思想史》，西北大学出版社 1993 年版。

韦政通：《中国思想史》上册，吉林出版集团有限责任公司 2009 年版。

葛兆光：《中国思想史》第一卷，复旦大学出版社 1998 年版。

金春峰：《汉代思想史》，中国社会科学出版社 1997 年版。

周桂钿：《秦汉思想史》，河北人民出版社 2000 年版。

徐复观：《两汉思想史》，华东师范大学出版社 2001 年版。

李泽厚：《中国古代思想史论》，天津社会科学院出版社 2003 年版。

周桂钿：《秦汉哲学》，武汉出版社 2006 年版。

袁济喜：《两汉精神世界》，中国人民大学出版社 1994 年版。

龚鹏程：《汉代思潮》，商务印书馆 2005 年版。

马宗霍：《中国经学史》，上海书店 1984 年版。

蒙文通:《经学抉原》，上海世纪出版集团2005年版。
章权才:《两汉经学史》，广东人民出版社1990年版。
汤志钧等:《两汉经学与政治》，上海古籍出版社1994年版。
张涛:《经学与汉代社会》，河北人民出版社2001年版。
晋文:《以经治国与汉代社会》，广州出版社2001年版。
孙筱:《两汉经学与社会》，中国社会科学出版社2002年版。
王铁:《汉代学术史》，华东师范大学出版社1995年版。
张立文主编，周桂钿、李祥俊著:《中国学术通史》(秦汉卷)，人民出版社2004年版。
熊铁基:《秦汉新道家》，上海人民出版社2001年版。
熊铁基:《秦汉文化史》，东方出版社2007年版。
熊铁基、马良怀、刘韶军:《中国老学史》，福建人民出版社2005年版。
熊铁基、刘固盛、刘韶军:《中国庄学史》，湖南人民出版社2003年版。
那薇:《汉代道家的政治思想和直觉体悟》，齐鲁书社1992年版。
张运华:《先秦两汉到家思想研究》，吉林教育出版社1998年版。
孙以楷主编，陈广忠、梁宗华著:《道家与中国哲学》(汉代卷)，人民出版社2004年版。
戴黍:《〈淮南子〉治道思想研究》，中山大学出版社2005年版。
赵吉惠主编:《中国儒学史》，中州古籍出版社1991年版。
李申:《中国儒教史》，上海人民出版社1999年版。
刘厚琴:《儒学与汉代社会》，齐鲁书社2002年版。
陈启云:《中国古代思想文化的历史论析》，北京大学出版社2001年版。
陈启云:《儒学与汉代历史文化》，广西师范大学出版社2007年版。
周桂钿:《董学探微》，北京师范大学出版社1989年版。
黄卜民:《天人合一:董仲舒与汉代学术思潮》，岳麓书社1999年版。
程宇宏:《荀悦治道思想研究》，中山大学出版社2005年版。
干春松:《制度化儒家及其解体》，中国人民大学出版社2003年版。
钟肇鹏:《谶纬论略》，辽宁教育出版社1991年版。

季乃礼：《三纲六纪与社会整合——由〈白虎通〉看汉代社会人伦关系》，中国人民大学出版社 2004 年版。
向晋卫：《〈白虎通义〉思想的历史研究》，人民出版社 2007 年版。
柳诒徵：《中国文化史》，东方出版中心 1988 年版。
顾颉刚撰，王煦华导读：《秦汉的方士与儒生》，上海古籍出版社 1998 年版。
阎步克：《士大夫政治演生史稿》，北京大学出版社 1996 年版。
余英时：《中国思想传统的现代诠释》，北京大学出版社 2001 年版。
余英时：《士与中国文化》，上海人民出版社 2003 年版。
林甘泉：《中国古代政治文化论稿》，安徽教育出版社 2004 年版。
瞿同祖：《汉代社会结构》，上海世纪出版集团 2007 年版。
林剑鸣等：《秦汉社会文明》，西北大学出版社 1985 年版。
谢国桢：《两汉社会生活概述》，陕西人民出版社 1985 年版。
孙机：《汉代物质文化资料图说》，文物出版社 1991 年版。
韩养民：《秦汉文化史》，人民教育出版社 1996 年版。
马新：《两汉乡村社会史》，齐鲁书社 1997 年版。
黄留珠主编：《周秦汉唐文明》，陕西人民出版社 1999 年版。
王子今：《秦汉区域文化研究》，四川人民出版社 1998 年版。
王子今：《秦汉社会史论考》，商务印书馆 2006 年版。
周振鹤：《中国历史文化区域研究》，复旦大学出版社 1997 年版。
周振鹤：《西汉政区地理》，人民出版社 1987 年版。
李晓杰：《东汉政区地理》，山东教育出版社 1999 年版。
葛剑雄：《西汉人口地理》，人民出版社 1986 年版。
葛剑雄：《简明中国移民史》，福建人民出版社 1993 年版。
葛剑雄：《中国人口史》第一卷，复旦大学出版社 2000 年版。
袁祖亮：《中国古代人口史专题研究》，中州古籍出版社 1994 年版。
王玉德、张全明等：《中华五千年生态文化》，华中师范大学出版社 1999 年版。
尚秉和：《历代社会风俗事物考》，江苏古籍出版社 2002 年版。
张亮采：《中国风俗史》，团结出版社 2005 年版。
瞿兑之：《汉代风俗制度史》，上海文艺出版社 1991 年版。

张紫晨：《中国民俗与民俗学》，浙江人民出版社 1985 年版。
张紫晨：《中国民俗学史》，吉林文史出版社 1993 年版。
韩养民、张来斌：《秦汉风俗》，陕西人民出版社 1987 年版。
王文宝：《中国民俗学发展史》，辽宁大学出版社 1987 年版。
王文宝：《中国民俗学史》，巴蜀书社 1995 年版。
王文宝：《中国民俗研究史》，黑龙江人民出版社 2003 年版。
邓子琴：《中国风俗史》，巴蜀书社 1988 年版。
岳庆平：《中国秦汉习俗史》，人民出版社 1994 年版。
严昌洪：《中国近代社会风俗史》，浙江人民出版社 1992 年版。
钟敬文主编：《民俗学概论》，上海文艺出版社 1998 年版。
钟敬文主编，萧放副主编，郭必恒等著：《中国民俗史》（汉魏卷）人民出版社 2008 年版。
韩养民：《中国风俗文化学》，陕西人民教育出版社 1998 年版。
韩养民、韩小晶：《中国风俗文化导论》，陕西人民教育出版社 2002 年版。
赵世瑜：《“眼光向下”的革命—中国现代民俗思想史论》，北京师范大学出版社 1999 年版。
秦永洲：《中国社会风俗史》，山东人民出版社 2000 年版。
晁福林：《先秦民俗史》，上海人民出版社 2001 年版。
徐杰舜、周耀明：《汉族风俗文化史纲》，广西人民出版社 2001 年版。
徐杰舜主编：《汉族风俗史》，上学林出版社 2004 年版。
彭卫、杨振红：《中国风俗通史》（秦汉卷），上海文艺出版社 2002 年版。
[英] 马林诺夫斯基：《文化论》，中国民间文艺出版社 1987 年版。
杨宽：《古史新探》，中华书局 1965 年版。
萧公权：《中国政治思想史》，辽宁教育出版社 1998 年版。
刘泽华主编：《中国古代政治思想史》，南开大学出版社 1992 年版。
刘泽华主编：《中国政治思想史》（秦汉魏晋南北朝卷）浙江人民出版社 1996 年版。
白钢主编，孟祥才著：《中国政治制度通史》（第三卷）秦汉，人民出版社 1996 年版。

严耕望：《中国地方行政制度史》，上海古籍出版社（影印本）2007年版。

安作璋、熊铁基：《秦汉官制史稿》，齐鲁书社 2007 年版。

葛志毅、张惟明：《先秦两汉的制度与文化》，黑龙江教育出版社 1998年版。

黄留珠：《秦汉历史文化论稿》，三秦出版社 2002 年版。

卜宪群：《秦汉官僚制度》，社会科学文献出版社 2002 年版。

李玉福：《秦汉制度史论》，山东大学出版社 2002 年版。

万昌华、赵兴彬：《秦汉以来基层行政研究》，齐鲁书社 2008 年版。

杜正胜：《编户齐民——传统政治社会结构之形成》，台北联经出版事业公司 1990 年版。

廖伯源：《使者与官制演变——秦汉皇帝使者考论》，文津出版社 2006年版。

杨树达撰，王子今导读：《汉代婚丧礼俗考》，上海古籍出版社 2000年版。

刘增贵：《汉代婚姻制度》，台北华世出版社 1980 年版。

杨宽：《中国帝王陵寝》，黑龙江人民出版社 1987 年版。

杨宽：《中国古代陵寝制度史研究》，上海人民出版社 2003 年版。

罗开玉：《丧葬与中国文化》，三环出版社 1990 年版。

徐吉军、贺云翱：《中国丧葬礼俗》，浙江人民出版社 1991 年版。

李如森：《汉代丧葬制度》，吉林大学出版社 1995 年版。

韩国河：《秦汉魏晋丧葬制度研究》，陕西人民出版社 1999 年版。

徐吉军：《中国丧葬史》，江西高校出版社 1998 年版。

陈华文：《丧葬史》，上海文艺出版社 1999 年版。

李如森：《汉代丧葬礼俗》，沈阳出版社 2003 年版。

[英] 詹·乔·弗雷泽：《金枝》，民间文艺出版社 1987 年版。

詹鄞鑫：《神灵与祭祀——中国传统宗教综论》江苏古籍出版社 1992年版。

[韩] 具圣姬：《汉代人的死亡观》，民族出版社 2003 年版。

余英时：《东汉生死观》，上海古籍出版社 2005 年版。

林富士：《汉代的巫者》，台北稻香出版社 1988 年版。

蒲慕州：《追寻一己之福——中国古代的信仰世界》，上海古籍出版社2007年版。
蒲慕州：《墓葬与生死——中国古代宗教之省思》，中华书局2008年版。
马良怀：《崩溃与重建中的困惑——魏晋风度研究》，中国社会科学出版社1993年版。
彭卫：《汉代社会风尚研究》，三秦出版社1998年版。
孙家洲：《两汉政治文化窥要》，泰山出版社2001年版。
陈苏镇：《汉代政治与〈春秋〉学》，中国广播电视出版社2001年版。
苏志宏：《秦汉礼乐教化论》，四川人民出版社1991年版。
陈戍国：《秦汉礼制研究》，湖南教育出版社1993年版。
姚伟钧：《礼：传统道德核心谈》，广西人民出版社1996年版。
华友根：《西汉礼学新论》，上海社会科学院出版社1998年版。
杨志刚：《中国礼仪制度研究》，华东师大出版社2001年版。
梁治平：《寻求自然秩序中的和谐》，中国政法大学出版社1998年版。
瞿同祖：《中国法律与中国社会》，中华书局2003年版。
［美］费正清：《美国与中国》，商务出版社1987年版。
高敏：《秦汉史论集》，中州书画社1982年版。
丁毅华：《丁毅华史学论文自选集》，湖北人民出版社2002年版。
赵国华：《赵国华史学论文初编》，湖北人民出版社2002年版。

三　考古材料及出土文献

睡虎地秦墓竹简整理小组编：《睡虎地秦墓竹简》，文物出版社1978年版。
高敏：《云梦秦简初探》，河南人民出版社1979年版。
刘信芳，梁柱编著：《云梦龙岗秦简》，科学出版社1997年版。
骈宇骞：《始皇二十六年诏书“则”字解》，《文史》第五辑。
王玉清：《秦始皇陵调查简报》，《考古》1962年第8期。
秦俑坑考古队：《秦始皇陵东侧第三号兵马俑坑清理简报》1979年第12期。
雒忠如：《陕西兴平县茂陵勘查》，《考古》1964年第2期。

湖南省博物馆、中国科学院考古研究所：《长沙马王堆二、三号汉墓发掘简报》，《文物》1974 年第 7 期。

中国科学院考古研究所技术室：《满城汉墓“金缕玉衣”的清理和复原》，《考古》1972 年第 2 期。

高文：《汉碑集释》，河南大学出版社 1985 年版。

谢桂华、李均明、朱国炤编：《居延汉简释文合校》，文物出版社 1987 年版。

甘肃省文物考古研究所等编：《居延新简》，文物出版社 1990 年版。

连云港市博物馆等编：《尹湾汉墓简牍》，中华书局 1997 年版。

胡平生、张德芳：《敦煌悬泉汉简释粹》，上海古籍出版社 2001 年版。

张家山二四七号汉墓竹简整理小组编著：《张家山汉墓竹简［二四七号墓］》（释文修订本），文物出版社 2006 年版。

廖伯源：《简牍与制度》，广西师范大学出版社 2005 年版。

四　论文

韩养民：《中国风俗文化三千年研究》，《民俗研究》1999 年第 2 期。

韩养民：《20 世纪的中国风俗文化研究》，《西北大学学报》（哲社版）1999 年第 2 期。

韩养民：《21 世纪中国风俗文化研究走向》，《西北大学学报》（哲社版）2000 年第 1 期。

齐涛、刘德增：《中国民俗的历史分期》，《民俗研究》2000 年第 2 期。

孙家州、邬文玲：《汉代士人“移风易俗”理论的构架及影响》，《中州学刊》1997 年第 4 期。

万建中：《秦汉风俗文化的演变趋势》，《南昌大学学报》（人文社科版）1999 年第 2 期。

万建中：《试论秦汉风俗的时代特征》，《民俗研究》2000 年第 2 期。

彭卫、杨振红：《转型与契合———解读秦汉风俗》，《史学理论研究》2001 年第 3 期。

萧放：《中国传统风俗观的历史研究与当代思考》，《北京师范大学学报》（社科版）2004 年第 6 期。

赖德杰：《“风俗”略考》，《内蒙古农业大学学报》（社科版）2007 年第 1 期。
林荣琴：《试析〈史记·货殖列传〉与〈汉书·地理志〉中的风俗地理思想》，《西北大学学报》（哲社版）1997 年第 4 期。
王大建：《两汉民俗区研究》，《山东大学学报》（哲社版）2004 年第 3 期。
王子今：《秦汉王朝的区域文化政策》，《光明日报》1999 年 5 月 28 日。
孙家洲：《论汉代的“区域”概念》，《北京社会科学》1999 年第 2 期。
谢子平：《秦汉之际区域文化的冲突与整合》，《人文杂志》2002 年第 1 期。
林剑鸣：《秦始皇会稽刻石辨析》，《学术月刊》1994 年第 7 期。
李福泉：《儒法并用移风易俗——论秦始皇礼俗改革》，《秦文化论丛》第二辑。
刘文瑞：《德礼法的嬗变与渗透——秦国政治思想杂论》，《秦文化论丛》第九辑。
臧知非：《周秦风俗的认同与冲突——秦始皇“匡饬异俗”探论》，《秦文化论丛》第十辑。
王爱清：《秦“以吏为师，以法为教”新议》，《秦文化论丛》第十一辑。
张文立：《秦对传统文化整合的启示》，《陕西历史博物馆馆刊》（第五辑），西北大学出版杜 1998 年版。
臧知非：《周秦风俗的认同与冲突》，《秦陵秦俑研究动态》2002 年第 4 期。
臧知非：《秦“以吏为师、以法为教”的渊源与流变》，《江苏行政学院学报》2008 年第 4 期。
杨东晨、杨建国：《秦朝“以吏为师”及其相关问题考辨》，《阴山学刊》2006 年第 2 期。
杨瑾：《移风易俗对秦文化变革的影响》，《西安财经学院学报》2008 年第 1 期。
牟发松：《从“移风易俗”看秦汉对地方社会的控制》，《社会·历史·文献——传统中国研究国际学术讨论会论文集》2006 年。
阎晓君：《略论秦汉时期地方性立法》，《江西师范大学学报》（哲社版）2000 年第 3 期。
[日] 工藤元男、莫枯译：《云梦秦简〈日书〉所见法与习俗》，《考古与文物》1993 年第 5 期。
陈成军：《试谈西汉巡行使者的职能和作用》，《中国历史博物馆馆刊》2000 年 1 期。
吴海燕、范志军：《两汉“风俗使”演变及职能初探》，《河南师范大学学报》（哲社版）2002 年第 3 期。
刘太祥：《试论秦汉行政巡视制度》，《郑州大学学报》（哲社版）2004 年 5 期。
张强、杨颖：《两汉循行制度考述》，《南京师大学报》（社科版）2008 年 3 期。
夏增民：《遣使巡行制度与汉代儒学传播》，《华中科技大学学报》2008 年 4 期。
孙家洲：《汉代执法思想中的理性因素述论》，《南都学坛》2005 年第 1 期。
雷戈：《两汉郡守的教化职能——秦汉意识形态建制研究之一》，《史学月刊》2009 年第 2 期。
李珉：《汉朝“以孝治天下”管见》，《西南民族学院学报》1999 年 4 月增刊。
曹方林：《西汉“孝悌力田”述评》，《文史杂志》2006 年第 1 期。
黄富成：《略论汉代乡村农官——力田》，《农业考古》2006 年第 4 期。
万义广：《汉代“孝悌力田”述论》，《农业考古》2007 年第 4 期。
牟发松：《汉代三老：“非吏而得与吏比”的地方社会领袖》，《文史哲》2006 年第 6 期。
杨际平：《汉代内郡的吏员构成与乡亭里关系——东海郡尹湾汉简研究》，《厦门大学学报》（哲社版）1998 第 4 期。
雷戈：《为吏之道——后战国时代官僚意识的思想史分析》，《首都师范大学学报》（社科版），2005 年第 1 期。
丁毅华：《“习俗恶薄”之忧，“化成俗定”之求——西汉有识之士对社会风气问题的忧愤和对策》，《华中师范大学学报》1987 年第 4 期。
朱海龙、黄明喜：《陆贾教化思想探析》，《华南师范大学学报》（社科版）2004 年第 3 期。
丁毅华:《〈淮南子〉的风俗论》,《学术月刊》1991 年第 6 期。
戴黍:《试论〈淮南子〉对“法”、“德”、“风俗”的糅合》,《伦理学研究》2007 年 2 期。
张岱年:《董仲舒思想的历史地位》,全国首届董仲舒哲学思想讨论会论文集《董仲舒哲学思想研究》,河北人民出版社 1987 年版。
沈壮海、李育:《董仲舒德教方法论探析》,《武汉大学学报》(哲社版）1995 年第 4 期。
黄钊:《董仲舒以“独尊儒术”为特征的道德教化思想探析》,《河南大学学报》(社科版）2004 年第 4 期。
张文英:《董仲舒的“性三品说”与君主的教化责任》,《学术论坛》2009 年第 4 期。
陈华文、俞樟华:《司马迁的民俗观》,《民俗研究》1991 年第 1 期。
党超:《论班固的风俗观》,《南都学坛》2004 年第 6 期。
林丽雪:《〈白虎通〉“三纲”说与儒法之辨》,《中国哲学史研究集刊》1984 年第 4 期。
苏志宏:《〈白虎通〉的礼乐教化观》,《四川师范大学学报》1990 年第 5 期。
史树青:《从〈风俗通义〉看汉代的礼俗》,《史学月刊》1981 年第 4 期。
张汉东:《〈风俗通义〉的民俗学价值》,《民俗研究》2000 年第 2 期。
马亮宽:《略论汉代的反谶纬思潮》,《聊城师范学院学报》1995 年第 2 期。
吴小强:《试论秦人婚姻家庭生育观念》,《中国史研究》1989 年第 3 期。
李贞德:《汉隋之间的“生子不举”问题》,《“中央研究院”历史语言研究所集刊》66 本 3 分册。
王子今:《秦汉“生子不举”现象和弃婴故事》,《史学月刊》2007 年第 8 期。
韩养民:《秦人葬俗探源》,《文史知识》1992 年第 6 期。
李如森:《西汉墓葬及其反映的社会面貌》,《吉林大学》(社科版)

1995 年第 6 期。
李如森：《西汉墓葬透视的社会与历史》，《光明日报》1996 年 6 月 11 日。
韩国河：《论秦汉魏晋时期丧葬礼俗的宗教性》，《中州学刊》1997 年第 3 期。
蒲慕州：《汉代薄葬论的历史背景及其意义》，《“中央研究院”历史语言研究所集刊》61 本 1980 年。
龚国祥、张三夕：《浅谈汉魏薄葬思想》，《武汉师范学院学报》（哲社版）1984 年第 6 期。
段尔煜：《两汉厚葬之风刍议》，《云南社会科学》1989 年第 1 期。
陈江风：《汉画像中的玉璧与丧葬观念》，《中原文物》1994 年第 4 期。
黄宛峰：《汉文帝并非薄葬》，《南都学坛》1995 年第 1 期。
韩国河：《论秦汉魏晋时期的厚葬与薄葬》，《郑州大学学报》（哲社版）1998 年第 5 期。
徐国荣：《东汉儒学名士薄葬之风和吊祭活动的文化蕴涵》，《东方论坛》2000 年第 4 期。
王子今：《霸陵薄葬辨疑》，《考古与文物》2002 年第 2 期。
郝建平：《论汉代厚葬之风》，《临沂师范学院学报》2007 年第 2 期。
晋文：《以经治国与汉代教育》，《徐州师范学院学报》（哲社版）1991 年第 4 期。
董继辉：《汉代教育评述》，《重庆师院学报》（哲社版）1993 年第 3 期。
郝建平：《论汉代教育对社会的影响》，《阴山学刊》1993 年第 3 期。
张涛：《经学与汉代教育》，《历史教学》1997 年第 2 期。
王文涛：《汉代家庭教育管见》，《河北师范大学学报》（教科版）1999 年第 3 期。
肖世民：《论汉代学校教育》，《唐都学刊》2002 年第 2 期。
李建业：《孝与汉代家庭教育》，《东岳论丛》2007 年第 3 期。
许智银：《浅论汉代地方官办教育的发展》，《商丘师范学院学报》2004 年第 4 期。
秦进才：《两汉〈孝经〉传播与行孝管窥》，《社会科学战线》2005 年第1期。

张鹤泉:《东汉时代的私学》,《秦汉史论丛》第五辑。

林剑鸣:《会稽"淫风"考》,《历史研究》1995年第2期。

孙家洲:《汉代巫术风探幽》,《社会科学战线》1994年第5期。

陈国光:《试论西汉崇奢尚巫风俗的形成》,《湖南师范大学学报》(社科版)1993年第3期。

[韩]文镛盛:《汉代巫觋的社会存在形态》,《北京师范大学学报》1999年第4期。

[韩]具圣姬:《汉代的鬼神观念与巫者的作用》,《史学集刊》2001年第2期。

詹子庆:《战国时代世风问题散论》,《史学集刊》1990年第3期。

[日]狩野直喜著,梁韦弦译:《两汉世风的差异》,《唐都学刊》1991年第1期。

[日]增渊龙夫:《汉代民间秩序的构成和任侠习俗》收入刘俊文主编,黄金山、孔繁敏等译:《日本学者研究中国史论著选译》(第三卷),中华书局,1993年版。

王子今:《两汉人的生活节奏》,《秦汉史论丛》第5辑。

史建群:《战国秦汉世风的区域性特征》,《中国史研究》1996年第2期。

李健国:《汉末世风与郑玄经学》,《安顺师专学报》(社科版)1997年第1期。

张强:《汉高祖刘邦与西汉世风》,《陕西师范大学学报》(哲社版)1997年第3期。

马新:《人生哲理谣谚与两汉世风》,《民俗研究》2001年第1期。

周振鹤:《从"九州异俗"到"六合同风"—两汉风俗区划的变迁》,《中国文化研究》1997年第4期。

刘瑛:《试论商品经济对两汉世风的影响》,《江西师范大学学报》(哲社版)2002年第2期。

刘厚勤:《儒学与汉代社会风气的擅变》,《天府新论》2004年第1期。

路海潮:《儒学与西汉世风》,《唐都学刊》2004年第5期。

郭炳洁:《浅析西汉前期世风世俗化特征》,《哈尔滨学院学报》2006

年第9期。

郑玉东：《两汉前期世风之比较》，《华北水利水电学院学报》（社科版）2007年第3期。

程宗璋：《中国传统社会“无讼观”再认识》，《中华文化论坛》1999年第3期。

于语和：《试论“无讼”法律传统产生的历史根源和消极影响》，《法学家》2000年第1期。

梁聪：《孔子的“无讼”论对构建和谐社会的意义》，《西南民族大学学报》（人文社科版）2005年第10期。

程政举：《中国古代息讼思想探源》，《新乡师范高等专科学校学报》2007年3期。

彭卫：《汉代的血族复仇论》，《河南大学学报》（社科版）1986年第4期。

周天游：《两汉复仇盛行的原因》，《历史研究》1991年第1期。

曹金华：《〈轻侮法〉与东汉的血亲复仇风》，《扬州大学学报》（人文社科版）1992年第3期。

刘厚琴：《论儒学与两汉复仇之风》，《齐鲁学刊》1994年第2期。

臧知非：《春秋公羊学与汉代复仇风气发微》，《徐州师范学院学报》（哲社版）1996年第2期。

张涛《经学与汉代的丧葬、祭祀活动及其复仇之风》，《山东大学学报》2001年第4期。

王立：《秦汉游侠精神实质与复仇习俗心态成因》，《西南民族学院学报》（哲社版）2001年第6期。

刘黎明：《汉代的血族复仇与〈春秋〉决狱》，《西南民族学院学报》（哲社版）2002年第3期。

邱立波：《汉代复仇所见之经、律关系问题》，《史林》2005年第3期。

旷天全：《从〈华阳国志〉看汉代蜀地复仇之风》，《绵阳师范学院学报》2008年第4期。

昝风华：《汉代的社会风气与说理散文》，《哈尔滨学院学报》2008年第7期。

向晋卫：《以德治国与汉代社会》，《西安建筑科技大学学报》1999年第2期。
仝晰纲：《道德教育与汉代乡治》，《学术论坛》2000年第5期。
曹影、李秋：《汉代教化的源起及其德育职能》，《北华大学学报》（社科版）2002年第4期。
张强：《道德伦理的政治化与秦汉统治术》，《北京大学学报》（哲社版）2003年第2期。
董树利、张玲玲：《论西汉乡里教化的途径》，《衡水师专学报》2004年第4期。
余从荣、张运华：《汉代推行孝道教化的途径及启示》，《南昌大学学报》（人文社科版）2005年第1期。
黄朴民：《从礼乐观侧重点的转移看汉代的社会政治》，《历史教学》1990年第7期。
杨志刚：《汉代礼制和文化略论》，《复旦学报》1992年第3期。
华友根：《西汉的礼法结合及其在中国法律史上的地位》，《复旦学报》1995年第6期。
金景芳：《谈礼》，《历史研究》1996年第6期。
尚琤：《简论汉代的礼和法》，《史学月刊》1997年第4期。
韩秀桃：《中国古代礼法合治思想在基层乡里社会中的实践》，《安徽大学学报》（哲社版）1998年第1期。
彭林：《从俗到礼：中国上古文明的演进》，《寻根》1998年第5期。
顾向明：《试论汉代礼制的形成与演变》，《民俗研究》1998年第4期。
刘志琴：《礼俗文化的再研究——回应文化研究的新思潮》，《史学理论研究》2005年第1期。
谢子平：《秦朝治道与礼乐文化》，《学术论坛》2000年第2期。

五　硕博论文

宋燕鹏：《两汉南北朝时期淫祀》，河北大学，2002届硕士学位论文。
赵凯：《秦汉时期的舆论及其社会影响》，中国社会科学院，2003届博士学位论文。
杨辉：《“移风易俗”命题考源—在中国美学史视野下》，浙江大学，2005届博士学位论文。

范志军：《汉代丧礼研究》，郑州大学，2006 届博士学位论文。
孙宏恩：《秦汉时期的社会教育》，西北师范大学，2002 届硕士学位论文。
范嘉茹：《两汉家庭教育》河北大学，2006 届硕士论文。
陈超凡：《汉代士人家庭教育研究》，福建师范大学，2008 届硕士论文。
党超：《两汉风俗观念的政治文化考察》，北京师范大学，2008 届博士学位论文。

后记一

时光荏苒，三年前在蒙蒙细雨的初秋之时，我负笈南下来到华师桂子山报到的场景仍然历历在目，转眼间就到毕业之时，心中不禁感慨万千。三年之间，熊铁基师循循善诱、细心指导，将我一步步引上学术的轨道，教导我做人为学的道理。师母李雪松老师对我关怀备至，一次次可口的饭菜，让我在异乡找到了家的感觉。对二老感谢的话我已难以言表，最大的愿望就是二老能够健康长寿！

本文的选题、结构布局、材料收集和论文写作等方面，与历史文化学院老师们的指导是分不开的，熊师和赵国华老师对本文以秦汉风俗问题作为选题作出了充分的肯定，并对文中章节设置、材料取舍等方面进行了全面的指导。周国林老师除了对本文进行宏观把握之外，还多次以慈父的口吻建议我在论文写作时多注意健康，不要熬夜透支身体，令我感动不已、铭记在心。马良怀老师对本文写作的一些具体建议，如关于乐在移风易俗中的作用、东汉清议之风的影响等，使我受益匪浅。董恩林老师提出本文写作要注意思想、制度、实践三者之间的有机结合，使得我更加关注论文的整体性。吴琦老师从其专注的社会史领域出发对本文涉及社会史研究范畴的问题提出了专业的意见，并在吴老师指导下阅读了大量的社会史方面的书籍，让我对史学前沿研究有了充分的认识，弥补了我知识结构的不足。刘固盛老师建议从思想史、学术史的高度把握风俗问题，使得本文学术研究意义更加突出。刘韶军老师建议本文写作时要超越一般秦汉风俗史论著的常规视野，使得本文跳出风俗具体表述的藩篱，而站在更高的学术高度考察这一问题。另外，王玉德老师、姚伟钧老师、严昌洪老师对文本的写作都提出了宝贵的建议，在此，真诚的感谢各位老师的指导！

我还要向我的硕士导师袁祖亮先生表示诚挚的谢意，袁师对我的学习生活一直十分关心，读博期间更是多次询问论文进度、写作状况，督促我学习进度。

还有华师学友，我们在一起同窗共读、共同探讨、促膝畅谈，共同度过了华师三年美好时光，感谢他们在学习上与我交流共勉，在生活上、思想上为我排忧解难！

最后感谢我的夫人张艳丽女士及我们双方的父母，是他们在背后默默为我提供经济和思想上的支持，还记得爱人每次在我从家来武汉之前总要取钱给我，每到此时我心里总不是滋味，还记得每次给父母打电话时，他们都会嘱咐我注意身体和放宽心态，是他们一次次在我见难思退之时，使我振作起来继续前进。正是有了他们的坚强后盾，我才能按时完成论文写作。

博士论文暂告一段落，这也是我学术之路的新起点，在这条荆棘之路上我将努力前行。

贺科伟

2010 年 5 月 18 日于武昌桂子山

后记二

本书是在我的博士学位论文基础上修改的，毕业转眼已经三年有余了，武汉求学时的点点滴滴又浮现在脑海之中，熊铁基师的耳提面命又在我耳边萦绕，回想起来不禁眼眶有些湿润，老师和同学们的指导和帮助，让我终生难忘！想再次衷心的感谢他们！

2010 年 7 月博士毕业后，来到河南师范大学工作，工作后一直在对书稿进行补充和修改，在书稿修改的过程中，承蒙郑州大学历史学院袁延胜教授、师兄河南大学黄河文明与发展研究中心闵祥鹏副教授、师姐华中师范大学历史文化学院叶秋菊副教授等的指点，使我得以发现并订正引文谬误，他们治学的严谨使我在日常的工作和学习受益良多。

本书的出版得到了河南师范大学图书馆苏全有馆长、石军红书记、白新勤副馆长、崔宗超副馆长以及河南师范大学社科处李永贤处长等领导的支持和帮助，在此一并感谢！

最后要致以深挚谢意的是我的家人。他们始终包容我、鼓励我，是他们的爱让我在前行的路上倍感温暖。

贺科伟

2014 年 3 月 25 日于河南师大